DRESSLER

Prof. Dietrich Grönemeyer

Die neuen Abenteuer des kleinen Medicus

Für MARKUS,
ganz herzlich und
toi, toi, toi!

Dressler Verlag · Hamburg

Dietrich Grönemeyer

28. 10. 14

Haftungsausschluss

Die im Buch veröffentlichten Ratschläge wurden mit größter Sorgfalt erarbeitet und geprüft. Verlag und Autor übernehmen jedoch keine Gewähr für die Aktualität, Vollständigkeit oder Qualität der Informationen. Die Informationen dürfen auf keinen Fall als Ersatz für eine professionelle *medizinische* Beratung oder Behandlung durch ausgebildete und anerkannte Ärzte *im Einzelfall* angesehen werden. Der Inhalt kann und darf nicht verwendet werden, um eigenständig Diagnosen zu stellen oder Behandlungen anzufangen. Die Illustrationen sind teilweise bewusst pointiert oder verfremdet, um medizinische Sachverhalte plastisch darzustellen.
Eine Haftung für die Informationen wird nicht übernommen. Haftungsansprüche gegen Autor und Verlag, die durch die Nutzung der dargebotenen Informationen bzw. fehlerhafter und unvollständiger Informationen verursacht werden, sind ausgeschlossen.
Die Filmbilder im Text entsprechen nicht immer den Abenteuern, die der kleine Medicus in diesem Buch erlebt.

Überarbeitete Neuausgabe
1. Auflage 2014
© Dressler Verlag GmbH, Hamburg 2014
© Prof. Dr. Dietrich Grönemeyer
Filmdesign der WunderWerk GmbH: Jan-Philipp Schwarz, Luba Medekova-Klein, Michaela Wagner, Uwe Saegner, Oliver Skora
Alle Rechte vorbehalten
Umschlagmotiv: Noemi Merkle unter Verwendung des Filmdesigns
Fotos des Autors: Andrea Janssen
Layout des Innenteils: Manja Hellpap, Berlin
Lektorat: Ute F. Wegner, Berlin
Satz: Dörlemann Satz, Lemförde
Druck und Bindung: Firmengruppe Appl, aprinta Druck, Wemding
Printed 2014
ISBN 978-3-7915-0743-9

www.dressler-verlag.de
www.der-kleine-medicus.de
www.der-kleine-medicus-film.de

Inhalt

Die Hauptdarsteller

Wer ist eigentlich Nanolino?

Nanolino heißt eigentlich Florian Sonntag. Die Kurzform seines Spitznamens Nano bedeutet »winzig«, und wenn man ihn zum ersten Mal sieht, weiß man sofort, wie er zu diesem Kosenamen gekommen ist. Er ist zwar fast 13 Jahre alt, aber trotzdem nur so groß wie ein Achtjähriger – Nanolino ist kleinwüchsig. Doch abgesehen davon sieht er aus wie ein richtiger Lausbub – mit Segelohren, die keck unter dem strohblonden Wuschelkopf hervorschauen –, und so verhält er sich auch manchmal.

Nano ist ein erstklassiger Fußballer und auch sonst sehr sportlich, nur mit seinen schulischen Leistungen hapert es gelegentlich etwas. Zwar ist er an allem sehr interessiert, aber die Schule, oder genauer gesagt einzelne Lehrer, mag er nicht. Zusammen mit seiner kleinen Schwester Marie, ihrem Hund Kannickel, seinen Freunden Lilly, Manuel und Frido ist Nanolino jederzeit für Sport und Spannung zu haben. Seit seinem letzten Abenteuer, in dem er Dr. X und Micro Minitec kennengelernt hat, will er unbedingt Arzt werden. Deshalb hat er den Ehrennamen »der kleine Medicus« erhalten.

Wer ist eigentlich Dr. X?

Dr. X ist Arzt und der Meister der Röntgenstrahlen. Sein richtiger Name ist Heinz Xiang. Sein Vater ist Amerikaner mit deutschen Wurzeln, seine Mutter Chinesin. Da sein asiatischer Name aber so schwer auszusprechen ist, nennen ihn alle einfach Dr. X, angelehnt an das englische Wort für Röntgenstrahlen »x-rays«. Seine Praxisräume befinden sich in der Villa Ypsilon die in einem lauschigen Wald in der Nähe des Dorfes Nanoville liegt. Liebste Hobbys: Chinesische Medizin und Tai-Chi.

Wer sind eigentlich Micro Minitec und Rappel?

Micro ist die Assistentin von Dr. X. Ihre Kennzeichen: lange violette Haare, die am Hinterkopf mit zwei langen Stäbchen, die wie chinesische Essstäbchen aussehen, zusammengehalten werden und ein rotes Kaninchen namens Rappel. Es war früher Professor von Schlotters Versuchskaninchen, bis Micro Minitec es befreite. Es wurde im ersten Abenteuer zu einem unfreiwilligen Spion, da der bösartige Professor eine Minikamera in seinem Kopf implantiert hatte. Aufgrund dieser gemeinen Tat litt es häufig unter nervösen Zuckungen, deshalb taufte Micro es auf den Namen Rappel. Sie war es auch, die das Fell des kleinen Nagers rot färbte. Die leuchtende Farbe erleichtert es, das Kaninchen zu finden, wenn es mal wieder auf Stecknadelkopfgröße geschrumpft wird.

Micro Minitec arbeitet mit Dr. X zusammen und ist ein absoluter Technik-Freak. Fast ständig hat sie eine Idee für eine neue Erfindung. An ihrem rechten Handgelenk blinkt eine große silberne Scheibe mit vielen Tasten, die entfernt an eine Uhr erinnert. Ihre wohl wichtigste Kreation ist der Turbo-beamer, eine **Schrumpfmaschine.** Damit hat sie es möglich gemacht, Nanolino zu verkleinern und als ersten **Bodynauten** der Weltgeschichte auf eine Erkundungsreise durch den menschlichen Körper zu schicken. Und schon wieder hat sie etwas entwickelt, was Nanolino helfen wird, das nächste Abenteuer zu bestehen: einen fliegenden Arztkoffer.

Wer ist eigentlich Marie?

Marie Sonntag ist Nanolinos vier Jahre jüngere Schwester. Sie kümmert sich liebevoll um Kannickel, den Hund der Familie Sonntag. Aber nicht nur Tiere, sondern auch Pflanzen liegen ihr sehr am Herzen. Sooft sie es einrichten kann, besucht sie ihre Großmutter, die einen tollen Garten voller Kräuter und Blumen besitzt. Zudem hat Marie eine ganz besondere Fähigkeit: Sie verfügt über ein fotografisches Gedächtnis. Und mit ihrer glockenhellen Stimme singt sie gern, vor allem zum Entzücken ihrer Großmutter.

Wer ist eigentlich Marlene Sonntag?

Die Mutter von Nano und Marie ist Witwe. Ihr Mann ist bei einem Unglück in einem Bergwerk ums Leben gekommen. Seitdem sorgt sie alleine für die beiden Kinder. Zudem muss sie ständig Frieden im Haus stiften, wenn Nano und sein Opa Erwin wieder einmal in Streit geraten. Deshalb ist sie oft voller Sorgen. Große Hilfe bekommt sie dann von ihrer Mutter, Oma Rosi, die das Leben immer positiv sieht, sehr gelassen handelt und Lebensfreude ausstrahlt.

Wer ist eigentlich Opa Erwin?

Opa Erwin ist meist ziemlich schlecht gelaunt. Er ist Marlene Sonntags Schwiegervater und wohnt seit dem tödlichen Unfall seines Sohnes zusammen mit der restlichen Familie in der Reihenhaussiedlung am Schillerhain. Oft macht er Nano das Leben schwer. Aber insgeheim ist er stolz auf seine Enkelkinder, besonders seit sie ihn im letzten Abenteuer aus der Gewalt des bösartigen Professors von Schlotter befreit haben.

Wer ist eigentlich Oma Rosi?

Oma Rosi, wie die liebevolle Großmutter von Marie und Nanolino genannt wird, ist italienischer Abstammung. Bisher lebte sie auf dem Land in einem kleinen Haus mit einem wunderschönen Garten. Die Kinder besuchen sie dort, sooft sie können, voller Begeisterung. Dort gibt es einen riesigen Kräutergarten und eine Obstplantage, die Oma Rosi gemeinsam mit anderen Dorfbewohnern bewirtschaftet. Jetzt ist sie gerade zu ihrer Tochter Marlene und ihren Enkelkindern in den Schillerhain gezogen. Die Landvilla wird aber weiterhin als Wochenenddomizil und Anbauplantage genutzt. Oma Rosi bringt den Kindern allerlei über Naturheilkunde, Ernährung und alte Hausmittel bei. Ihr Motto ist: »Turne bis zur Urne«.

Wer ist eigentlich Mister Schlau?

Mister Schlau ist Nanolinos Sportlehrer. Er war früher Olympiateilnehmer. Mittlerweile trainiert er den FC Heimaterde, für den auch Nano stürmt. Dabei setzt er voll auf Sport- und Teamgeist. Er gehört zu den Lehrern, die sich auch außerhalb der Schule für ihre Schüler engagieren. Gesundes Essen ist genauso wichtig wie das tägliche Bewegen, so lautet ein Ratschlag an seine Spieler. »Eine Stunde Sport täglich für jeden, auf alle Fälle aber für jeden Schüler«, ist seine Devise.

Wer ist eigentlich Kannickel?

Kannickel lebt zusammen mit der Familie Sonntag im Schiller-hain. Die Hündin hat weißes und dermaßen struppiges Fell, dass man sie für eine alte Bürste halten könnte. Ihren Namen hat sie bekommen, weil sie Schlappohren wie ein Hase hat und auch wie einer hüpft, wenn sie sich freut. Besonders die Kinder liebt sie sehr und sie ist aus der Familie nicht wegzudenken. Sie ist ein Geschenk des leider früh verstorbenen Vaters.

Wer ist eigentlich Lilly?

Lilly heißt mit richtigem Namen Eliza. Sie kommt aus Kolumbien und tanzt besonders gerne zu den südamerikanischen Rhythmen. Sie ist sehr fröhlich und sieht mit ihrer bräunlichen Hautfarbe ausgesprochen hübsch aus. Zwischen Nano und Lilly kribbelt es ganz schön.

Wer ist eigentlich Professor von Schlotter?

Professor Götz von Schlotter hat sich diesen Titel gar nicht verdient, benutzt ihn aber einfach. Er ist intelligent, aber leider bösartig – sein großes Ziel ist die Weltherrschaft. Er hasst Dr. X und vor allem Micro Minitec. Schon damals, als sie noch für ihn arbeitete, hat ihn ihre technische Begabung und Kreativität grün vor Neid werden lassen. Im ersten Abenteuer klaute er ihre Turbo-Schrumpfmaschine, um sie für seinen dunklen Plan zu verwenden, die Gehirne der Menschen zu kontrollieren. Sein erstes Opfer und »Versuchskaninchen« war Opa Sonntag: Schlotter schleuste einen verkleinerten und gerade deshalb teuflischen Roboter in dessen Gehirn ein. Glücklicherweise bemerkten Nano und Marie diese Untat.

Wer ist eigentlich Scherge?

Scherge ist Professor von Schlotters dienstbarer Geist. Seine Markenzeichen sind ein abgetragener Bundeswehrparka und die Zigaretten, die ständig in seinem Mundwinkel hängen. Er stinkt fürchterlich. Manchmal fragt er sich, was ihn zuerst ins Grab bringt – sein klappriges Motorrad, das Kettenrauchen oder von Schlotters Verrücktheiten.

Wer ist eigentlich Gobbot?

Gobbot ist ein von Professor von Schlotter entwickelter Roboter und sein zweiter williger Helfer. Allerdings hat er den großen Vorteil, dass man ihm kein Gehalt zahlen muss. Scherge würde jetzt gewiss einwenden, dass auch er nur selten etwas Bares sieht …

Wie alle Roboter hat Gobbot keine Gefühle und kein Gewissen. Das macht ihn natürlich zu einem perfekten Werkzeug, um die hinterhältigen Pläne von Professor von Schlotter zu verwirklichen. Zudem hat er die richtigen Instrumente – zum Beispiel eine mit scharfen Klingen ausgestattete Hand und einen Zusatzarm mit einem Laser –, um im Körper seiner Opfer erheblichen Schaden anzurichten.

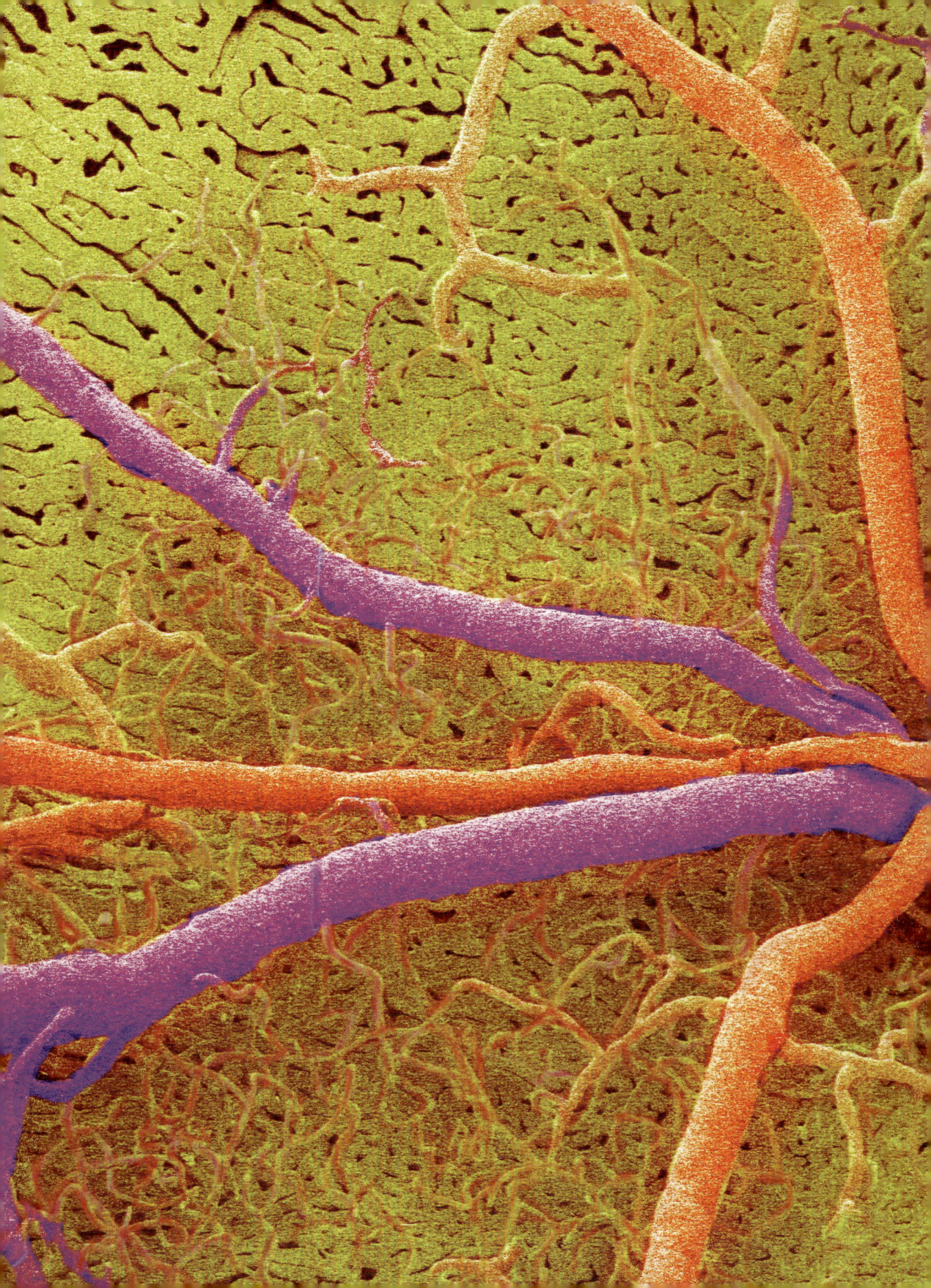

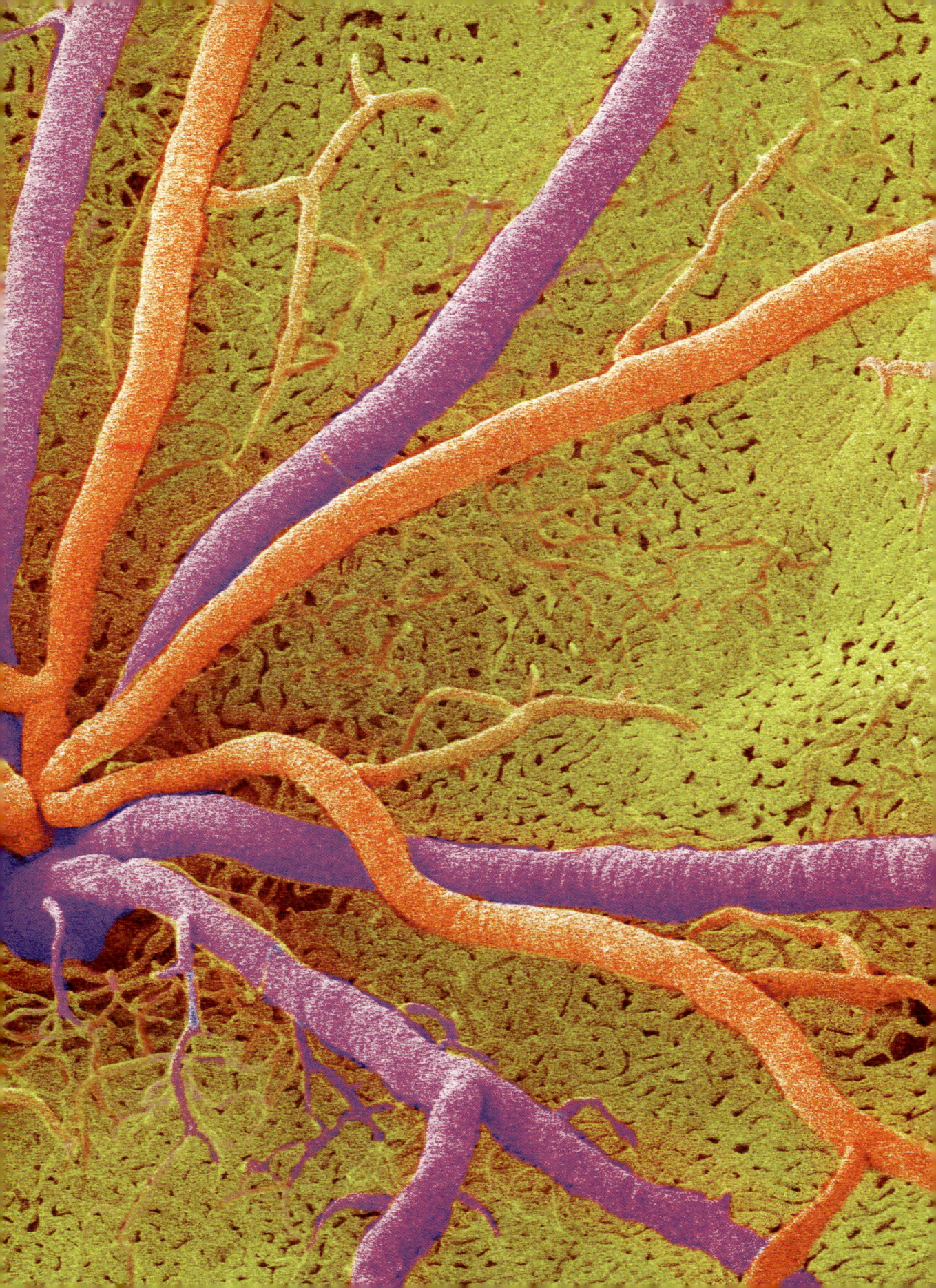

Killerviren und andere Ungeheuer

Nanolino war verzweifelt. Auf der Stirn des blonden Jungen bildeten sich große Schweißperlen, und zwischendurch hörte man sogar überdeutlich, wie einzelne von ihnen heruntertropften. Plöpp, plöpp, plöpp … »Jetzt bloß nicht nervös werden«, murmelte Nanolino vor sich hin, seine Hand schloss sich noch fester um den Steuerknüppel, seine Augen starrten wie gebannt auf die Angreifer. Eine Gruppe bösartiger Killerviren attackierte sein kampferprobtes U-Boot. Das Schiff bekam einige schwere Treffer ab. Nano duckte sich reflexartig.

Wild hämmerte sein Zeigefinger auf die Feuertaste. Gleichzeitig zog er dabei die Nase des Schiffs so hart nach oben, dass ein Konzert von Warnsignalen das Cockpit erschütterte. Seine unkontrollierten Energiesalven hatten kleine Stücke aus der »Tunnelwand« gelöst. Nanolino ärgerte sich, dass er Gewebe in der Gefäßwand verletzt hatte. Aber sein Ziel lag so nahe vor ihm, dass er jetzt darauf keine Rücksicht nehmen konnte: Der unheimliche Gegner musste endlich zur Strecke gebracht werden – ein Supervirus übelster Sorte. Er war ihm dicht auf den Fersen. Viele gefährliche Bakterien und aggressive Viren hatte er bereits erfolgreich vernichtet. »Heute muss es klappen«, dachte er. Nach ein paar waghalsigen Manövern verließ er die enge Gefäßschneise und erreichte eine riesige Höhle. Weit und breit kein Supervirus zu sehen.

»Mist! Wo ist das dumme Ding?« Er blickte sich aufgeregt um und fummelte wie verrückt an seinem Joystick.

Plötzlich wurde sein U-Boot von etwas getroffen. Die Abschirmenergie war mit einem Schlag fast aufgebraucht. Ein Blick auf den Radarschirm verriet ihm die Position des Angreifers. Der hatte sich von hinten an ihn herangepirscht. Hektisch wirbelte Nanolino das Schiff herum und staunte.

»Mann, ist der riesig.«

Wild entschlossen, bewegte er seinen Joystick hin und her, um den Supervirus zu vernichten. Gerade wollte er das Feuer eröffnen, da passierte das Undenkbare: Sein Bildschirm wurde schwarz. Nanolino schaute entsetzt. Den Tränen nahe, stieß er einen markerschütternden Schrei aus … und noch einen. Dann: Totenstille!

Etwas später, es kam ihm wie eine Ewigkeit vor, vernahm er aus der Ferne eine sonore Stimme. »Game over?« Das war Opa Erwin, wie ihn seine Enkel nannten, der gemütlich in einem Sessel an der anderen Seite des Zimmers am Fenster saß.

»He! Opa. Ich glaub's nicht!« Nanolino war immer noch außer sich. »Fast wäre ich auf dem höchsten Level gewesen …«

»Hörte sich aber wie ein Siegesschrei an.«

»Denkste, der Computer ist kurz vor Schluss ausgestiegen. Und ich war doch soooo gut wie nie zuvor. Ich hätte nur noch den Levelboss besiegen müssen. So 'n Mist!«

»Hm.« Eine Zeitung in der Hand, nickte der Opa zu Nanolino herüber.

»Ist nicht das erste Mal, dass er im entscheidenden Moment aufgibt. Opa, ich brauch dringend 'nen neuen ganz schnellen, am besten mit Flugsimulator. Muss mich doch auf weitere Abenteuer vorbereiten.« Nanolinos Augen glänzten.

»Na, na, mal sehen, jetzt mach aber die Kiste aus. Den ganzen Tag sitzt du davor, dabei scheint draußen die Sonne.« Widerwillig stand Nanolino auf. Er wollte keinen Streit anfangen. Mit Opa war manchmal nicht gut Kirschen essen. Er war ja doch ein alter Mann, der im Leben viel Anstrengendes und Gefährliches erlebt hatte. Außerdem musste Nano noch seine Sportsachen zusammensuchen, schließlich war heute ein so wichtiges Fußballspiel.

Virus

In seinem Kleiderschrank herrschte wie immer Chaos. Mühsam wühlte er sich durch Berge von T-Shirts und Sportklamotten. Irgendwo musste doch das Fußballtrikot sein. Endlich hatte er es gefunden und zog es hervor. Doch er hatte sich geirrt: Was er in der Hand hatte, war nicht das Trikot seiner Mannschaft, sondern eins, das Opa Erwin ihm beim Gartenfest geschenkt hatte. Alle seine Freunde hatten darauf unterschrieben, auch der berühmte Nationaltrainer Leo Miller – ein alter Fußballfreund vom Großvater. »Die haben schon als Babys zusammen mit Kötteln gekickt«, spottete seine Mutter, wenn Opa Erwin mal wieder mit geschwellter Brust mit seinem bekannten Freund angab.

Nanolino erinnerte sich nur zu gut an das Fest, das Opa nach seinem Abenteuer mit dem üblen Roboter Gobbot im vergangenen Jahr gegeben hatte. Zwei fiese Verbrecher, Professor Götz von Schlotter und sein Komplize Scherge, hatten diesen Mini-Roboter in das Gehirn seines Opas eingeschleust. Mithilfe dieses Roboters, den die Schurken Gobbot nannten, beabsichtigten sie, die Gehirne von Menschen zu manipulieren. Opa war sozusagen das Versuchskaninchen gewesen. Nanolino – als erster Bodynaut der Welt – und seine Schwester Marie hatten ihr Leben riskiert und sich – auf Staubkorngröße verkleinert – auf eine gefährliche und aufregende Reise ins Innere von Opa Erwin gewagt, wo sie den Kampf gegen den unheimlichen Gobbot gewannen.

Sein Opa war ihnen für ihre heldenhafte Rettungsaktion so dankbar, dass er Nanolino, Marie, Lilly und alle ihre Freunde zu einer Gartenparty einlud. Außerdem ließ er ein kleines Fuß-ballfeld auf dem Rasen aufbauen und hatte als Überraschungs-gast den berühmten Nationaltrainer Leo Miller eingeladen, der dann auch auftauchte.

Was hatten Nanolino und seine Freunde gestaunt, schließ-lich kannte jeder »Baby Miller« aus Funk und Fernsehen. Im-mer wieder schaffte Miller es, junge Talente zu entdecken und zu fördern. Wer hätte ahnen können, dass Opa Erwin früher Tür an Tür mit diesem berühmten Trainer wohnte. Aus Nach-barn waren Freunde geworden. Auf der Party hatten alle Spaß und kickten zusammen im Garten. Nur Opa musste wegen sei-ner Schmerzen in der Hüfte sitzen bleiben.

Nanolino war noch ganz in Gedanken versunken, da hörte er Opa Erwin vom Fenster her rufen: »Hey, Nanolino, du bist heute dran mit Abwaschen!«

»Ach, Opa!« Widerwillig ging er in die Küche und begann mit dem Abwasch. Der Porzellanberg war das Ergebnis mehre-rer Tage. Irgendjemand hatte sich vor seinen Haushaltspflich-ten gedrückt. Nano tippte auf sich selbst … Nach einer halben Stunde, die ihm wie eine Ewigkeit vorkam, waren nur noch ein paar Teller übrig. Er schaute auf die Küchenuhr und bekam einen Schreck. Er musste dringend los zum Spiel. Als er dann noch sein vibrierendes Handy aus der Tasche zog, wurde er blass. »So ein Mist«, zischte er, als er die SMS von seiner Mutter las: »Hilfe! Wo steckst du? Wir verlieren!«

»Opa, ich muss zum Spiel!«

»Bist du schon fertig?«, schallte es aus dem Wohnzimmer.

»Ja!«, rief Nano. Er nahm die letzten noch schmutzigen Teller, öffnete den Schrank unter der Spüle und stopfte sie in die Mülltonne. Kannickel steckte neugierig den Kopf neben ihm in den Schrank.

»Klappe zu, Affe tot!«, lachte Nanolino und schob sanft den Kopf der kleinen, struppigen Hündin beiseite. Kannickel, ein Geschenk ihres verstorbenen Vaters, schleckte den Schaum von Nanos Händen. Dabei geriet eine witzige Schaumkrone auf ihre Nase. Nano prustete los und der Schaum flog in alle Richtungen durch die Küche. Die Hündin sprang freudig kläffend hinterher und schnappte danach.

»Du kommst doch auch zum Spiel, oder?« Opa Erwin stand plötzlich in der Tür: »Brauchst nicht so zu schreien, ich bin doch schon da«, brummelte er. Und dann fügte er kaum hörbar hinzu: »Na klar komm ich, hab doch noch nie ein Spiel verpasst, oder? Aber vorher habe ich einen Termin bei Dr. X, er muss mir die Spritze gegen meine Hüftschmerzen geben.« Nanolino schaute seinen Opa aufmunternd an, schließlich war er es gewesen, der ihn überredet hatte, zu Dr. X zu gehen. Erstaunlicherweise hatte Erwin Sonntag Nanos Rat befolgt und bekam jetzt regelmäßig eine gezielte Spritze in sein Gelenk. Und inzwischen – das musste selbst Opa eingestehen – humpelte er schon sehr viel weniger.

»Na, hau schon ab, sonst kommst du mal wieder zu spät.«
Sein Opa war zwar mürrisch wie immer, aber Nanolino wusste,
dass er es eigentlich nur gut meinte.

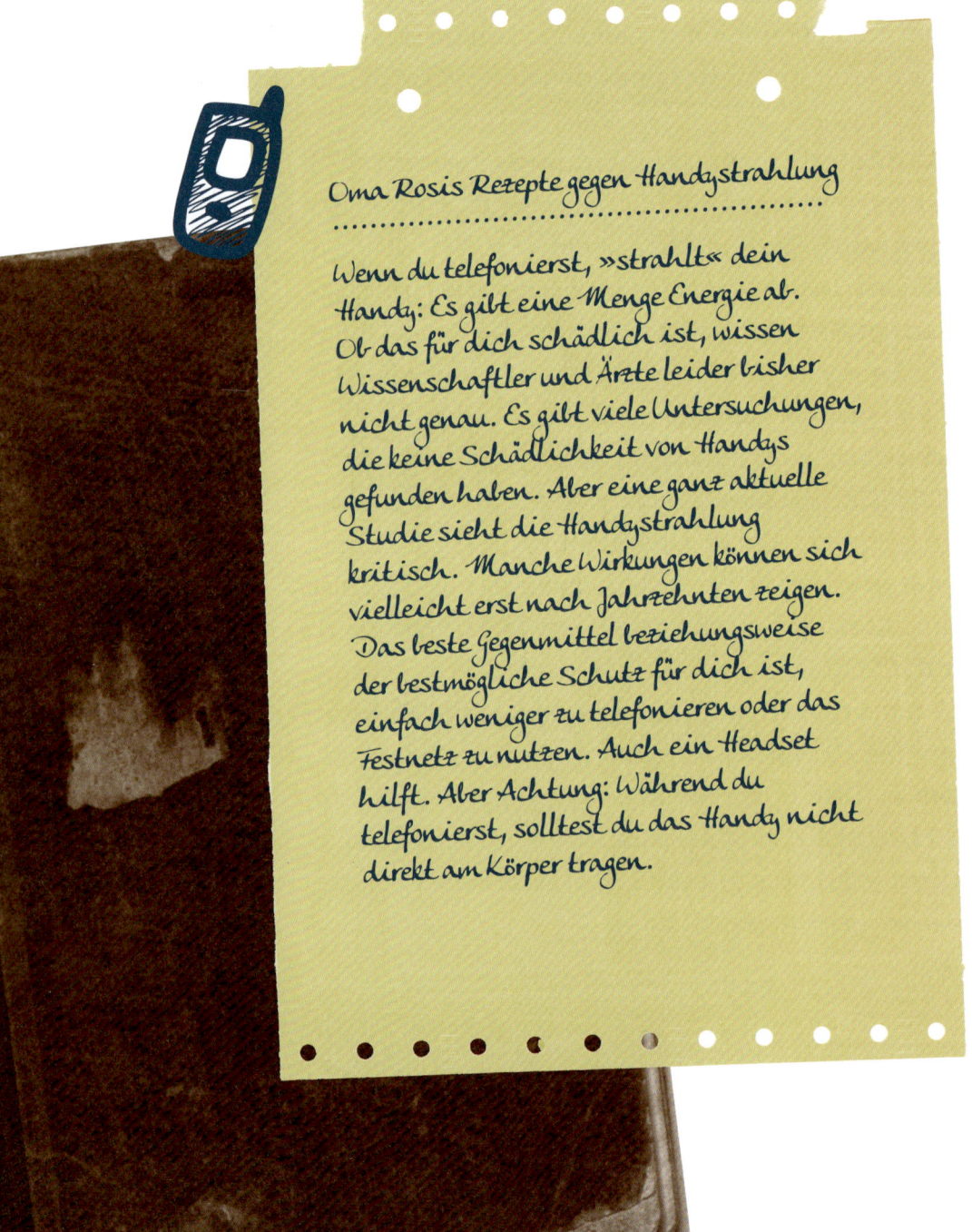

Oma Rosis Rezepte gegen Handystrahlung

Wenn du telefonierst, »strahlt« dein
Handy: Es gibt eine Menge Energie ab.
Ob das für dich schädlich ist, wissen
Wissenschaftler und Ärzte leider bisher
nicht genau. Es gibt viele Untersuchungen,
die keine Schädlichkeit von Handys
gefunden haben. Aber eine ganz aktuelle
Studie sieht die Handystrahlung
kritisch. Manche Wirkungen können sich
vielleicht erst nach Jahrzehnten zeigen.
Das beste Gegenmittel beziehungsweise
der bestmögliche Schutz für dich ist,
einfach weniger zu telefonieren oder das
Festnetz zu nutzen. Auch ein Headset
hilft. Aber Achtung: Während du
telefonierst, solltest du das Handy nicht
direkt am Körper tragen.

Schneller, als die Polizei erlaubt

Mit ein paar Sätzen war Nanolino aus dem Haus und in der Garage. Dort schnappte er sich sein Skateboard, sprang auf, schloss mit einem Knall die Garagentür und rauschte in die Einfahrt. Kannickel lief ihm freudig wedelnd entgegen. Nano machte ein Ausweichmanöver, das ihn auf Kollisionskurs mit dem in der Einfahrt geparkten roten Auto von Oma Rosi brachte. Wieder änderte er die Richtung. Dabei sah er zu spät, dass er auf den niedrigen Vorgartenzaun zuraste. Nanolino machte einen Riesensatz und landete im Blumenbeet. Kannickel leckte dem Gestürzten die Gartenerde vom Gesicht.

»Ha – vielen Dank auch.« Mühsam stand Nano auf, betrachtete die zerdrückten Blumen und inspizierte Hände und Beine.

»Zum Glück habe ich nur ein paar Schrammen und keine Wunde. Das Gelenk scheint auch okay«, sagte er zu Kannickel und klopfte seine Hose ab. »Aber wenn die Oma das sieht – die schönen Blumen sind hinüber. Nichts wie weg!«

Er rannte zur Straße, ohne Oma Rosi zu bemerken, die im Garten die Rasenkanten schnitt, sprang auf das Skateboard und sauste – gefolgt von dem kläffenden Hund – mit einem Affenzahn aus der Siedlung.

Wie immer bewegte er sich sehr geschickt auf seinem Skateboard über den Bürgersteig. Fußgänger stoben auseinander. Kannickel lief mit hängender Zunge zwischen ihnen durch, als hätte sie die Tollwut. An einer Kreuzung kam Nano an einem Polizeiwagen vorbei. Am Streifenwagen lehnten gelangweilt zwei Polizisten und maßen mit dem Laser die Fluggeschwindigkeit eines Vogels. Sie schreckten auf, als Nanolino an ihnen vorbeiflitzte. Er konnte gerade noch sehen, wie einer der Beamten sich erstaunt die Augen rieb und durch das Seitenfenster nach dem Sprechgerät angelte.

»Hey du, sofort stehen bleiben!«, krächzte es aus dem Lautsprecher auf dem Autodach. Die Polizisten sprangen ins Auto. Nano hörte noch, wie der Wagen mit quietschenden Reifen anfuhr. Eine dramatische Verfolgungsjagd begann.

»Oje, oje – heute ist wirklich nicht mein Tag.« Nanolino legte noch einen Zacken zu, raste und hüpfte über einen Fußgängerübergang, kurz bevor die Ampel rot wurde. Das Polizeiauto fuhr über Rot, bremste dann aber scharf: Tempo-30-Zone!

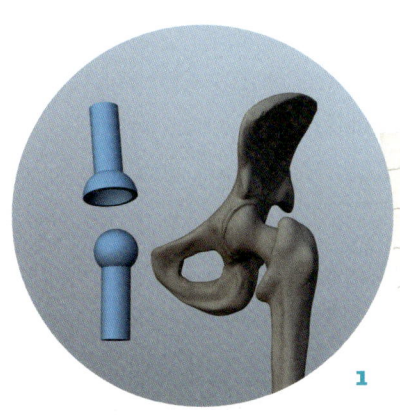

1

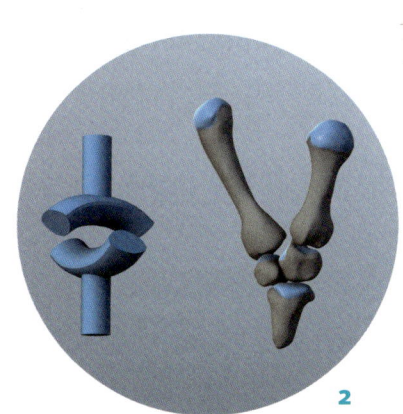

2

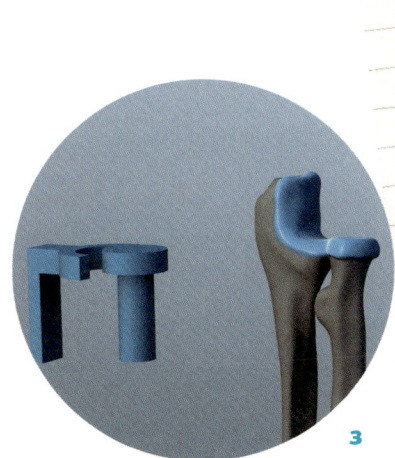

3

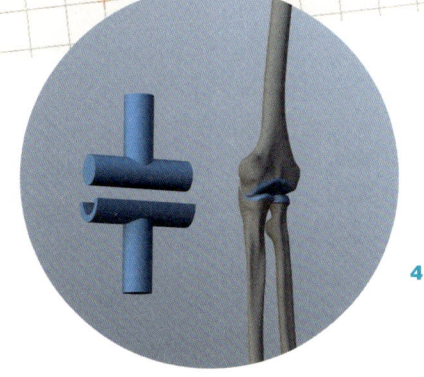

4

Gelenk

Mit einem Gelenk bewegst du benachbarte Knochen gegeneinander, zum Beispiel mit dem Sprunggelenk deinen Fuß gegen den Unterschenkel. Alle Gelenke bestehen aus zwei benachbarten Knochen und sind von einer schützenden Gelenkkapsel umgeben. Die beiden Knochen werden von starken, reißfesten Bändern zusammengehalten. Alle Knochenenden sind von einer stoßdämpfenden superglatten Fläche, dem Gelenkknorpel überzogen. Im Zwischenraum, der Gelenkhöhle, befindet sich eine Flüssigkeit, die wie Schmieröl funktioniert. Deine zahlreichen Gelenke sind ihren jeweiligen Aufgaben angepasst. Schulter- und Hüftgelenke, also die Ansätze von Armen und Beinen, sind frei bewegliche Kugelgelenke (1). Hier bildet ein Knochenende eine Kugel, die sich in einer Gelenkpfanne bewegt. Der Daumen ist mit einem Sattelgelenk (2) befestigt. Er kann sich in zwei verschiedene Richtungen bewegen, aber nicht drehen. Zapfengelenke (3) ermöglichen nur Drehung und sitzen zum Beispiel an den oberen Halswirbeln und am Ellenbogen – daher kannst du den Kopf beziehungsweise den Unterarm drehen. Scharniergelenke (4) funktionieren ähnlich einem Türscharnier nur in einer Richtung – dazu gehören Knie-, Finger- und Ellenbogengelenke.

Ungläubig sahen ihm die Polizisten hinterher und verfolgten Nanolino mit Sirene und Blaulicht. Nano bog in einen Parkweg ein, die Räder des Skateboards knirschten über den Asphalt und verlangsamten seine rasante Fahrt. Besorgt schaute er zurück. Der Polizeiwagen fuhr auf den Bürgersteig und hielt vor dem Park. Der Ordnungshüter hinter dem Lenkrad brüllte ihm etwas hinterher, nur ging es in Kannickels Bellen unter. Der Hund hatte ebenfalls die Verfolgung aufgegeben, stand nun neben der Fahrertür und beschallte die Staatsmacht.

Nano blieb kurz stehen, winkte und rief: »Moin, moin, die Polizei!« Dann hörte er die Kirchturmglocke zur vollen Stunde schlagen.

»Mist – schon so spät!«

Nano klemmte sich das Board unter den Arm.

»Komm, Kannickel!«, rief er und rannte los.

Der Weg wurde zunehmend matschig. Nano rannte quer über die Wiese an einer älteren Dame vorbei, die erschrocken ihre Handtasche an sich presste und ihm irgendetwas hinterherrief. Nano eilte über den Spielplatz, sprang über den Sandkasten und duckte sich unter einem Kind hinweg, das etwas hilflos und schlaff, als hätte es jemand dort vergessen, an einer Turnstange hing.

Als er den Park hinter sich gelassen hatte, stieg er wieder auf sein Skateboard. Gerade stürzte er auf dem Bürgersteig um die Ecke, da schoss etwas Rotes durch seine Beine.

»Was …?!« Mehr brachte er nicht heraus, als seine Beine neuerlich den Bodenkontakt verloren. Dann wurde die Welt schwarz – und weich. Vorsichtig hob Nano seinen Kopf und sah, dass er auf jemandes Bauch gelandet war. Gemeinsam lagen sie auf dem Bürgersteig, Nano oben, der Fremde unten.

Der Fremde war eine Frau. Ein bekanntes Gesicht schaute ihn verärgert an.

»Micro Minitec! Du hier?« Und nicht in Hollywood, wollte er noch versöhnlich anfügen. Verkniff es sich aber, als er ihren grimmigen Blick sah.

»Nanolino, zum Teufel! Kannst du nicht aufpassen? Fast hätte ich mir den Hals gebrochen! Lass mich mal aufstehen!«

Mit einem finsteren Seitenblick auf Nano klopfte sie sich den Schmutz von ihrer Kleidung. Nano schaute zu Boden und erkannte Rappel, Micros rotes Kaninchen, das ihm zuvor durch die Beine geflitzt war.

Rappel grinste und reichte ihm seine Pfote zur Begrüßung. Vorsichtig hob er es hoch und strich ihm über das Fell. So musste er wenigstens nicht in Micros wütend funkelnde Augen schauen. Aber er sorgte sich umsonst. Micro Minitec schien sich beruhigt zu haben. Sie lachte laut.

»Warum hast du es so eilig, Struwwelpeter?«

»Ich bin spät dran … Opa hat mich noch einen Riesenberg Geschirr spülen lassen, dabei haben wir heute ein wichtiges Fußballspiel!«

»Dann sieh zu, dass du weiterkommst, aber ras nicht so und halt die Ohren steif.« »Vermutlich kannst du besser fliegen«, dachte sie und schmunzelte beim Anblick seiner Segelohren.

Kaum war Nano außer Sichtweite, hielt neben Micro Minitec der Polizeiwagen. Die beiden Polizisten sahen so abgehetzt aus, als wären sie selbst gelaufen.

»Entschuldigen Sie bitte, haben Sie einen kleinen blonden Irrwisch gesehen? Heizt mit einem Mordstempo auf seinem Skateboard durch die Stadt, schneller, als die Polizei erlaubt.«

Micro überlegte kurz und deutete dann mit einem verschmitzten Lächeln in die falsche Richtung.

»Oh, danke – ich kenne Sie doch? Sie sind doch die hübsch…, äh, hoffnungsvolle Wissenschaftlerin, die bei Dr. X arbeitet, oder?« Der etwas rundliche Beamte bekam aufgrund seines Versprechers einen roten Kopf. Sein Kollege hustete und versteckte sein breites Grinsen hinter der Hand.

»Richtig, Wachtmeister Wachtel.«

»Ich heiße Spachtel!«

»Oh, Entschuldigung! Ich muss jetzt weiter – bis demnächst.«

Kaum waren Micro Minitec und Rappel gegangen, prustete Wachtmeister Spachtels Kollege los.

»Wachtel … Das ist großartig, Mensch, Spachtel.«

»Ach, sei still.« Spachtel schoss einen finsteren Blick auf seinen Kollegen ab und nahm die Verfolgung wieder auf.

Nanolino eilte weiter. Aus den Augenwinkeln las er noch im Vorübereilen die Spielankündigung, die in einem Glaskasten vor dem Sportplatz hing: FC Heimaterde gegen Rote Teufel Hintertux. »Das sind doch diese fiesen Kerle«, machte es sich in seinem Hinterkopf breit. Er blieb kurz stehen, denn er hatte von der wilden Jagd **Seitenstiche** bekommen. Kurze Zeit später aber raste er weiter.

Seitenstiche

Wenn du Seitenstiche hast, bleibst du am besten erst einmal stehen, grätschst deine Beine, streckst beide Arme seitwärts aus und versuchst, dich so weit wie möglich zur Seite zu beugen und mit den Händen nah an die Beine zu kommen. Dann atmest du tief in den Schmerz hinein. Solltest du keine Linderung verspüren, mache eine Faust, drücke ganz fest auf die stechende Stelle und drehe beziehungsweise dehne dich dabei oder laufe kurz rückwärts. Seitenstechen tritt meistens beim Laufen auf. Deswegen: Iss nichts direkt vor dem Laufen. Die letzte Mahlzeit sollte etwa zwei Stunden zurückliegen. Wenn du Hunger oder Durst hast, kannst du kurz vorher eine Banane oder einen Apfel essen oder in kleinen Schlucken stilles, zimmerwarmes Wasser trinken. Meide aber Getränke mit Kohlensäure oder Zucker; sie können zu Seitenstechen führen, weil sie blähen.

Fitnesstipps zur Abwehrsteigerung

Die wichtigsten Grundregeln für die Hilfe zur Selbsthilfe: die eigenen
Abwehrkräfte durch Schlaf, Ernährung, frische Luft, richtiges Atmen und
Bewegung stärken.

Schlaf
8 Stunden, wenn möglich auch mittags 30 Minuten ruhen.

Ernährung
1-mal pro Tag alle Geschmacksrichtungen mit einer Mahlzeit befriedigen:
süß, sauer, salzig, bitter, pfeffrig und zusammenziehend (ayurvedisches Prinzip).
Nur so viel essen, dass man nicht ganz satt ist. Viel Wasser trinken. Auf frisches
Obst, Gemüse und Eiweiß achten (mediterrane Kost). Das wichtigste Essen ist
das Mittagessen – dieses in Ruhe genießen. Am besten nicht nach 20 Uhr essen.

Frische Luft
3-mal am Tag für 20 Minuten im Freien spielen oder trainieren.

Richtiges Atmen
1-mal am Tag in Ruhe genüsslich hinsetzen und langsam tief ein- und ausatmen.
Mindestens 25-mal.

Bewegung
1 Stunde Bewegung oder Sport, sodass man aus der Puste kommt, an jedem Tag
für jedes Kind und jeden Erwachsenen. Das Motto hierzu: »Turne bis zur Urne.«

Naturheilkunde
Propolis (Wabenkitt) hat eine antibakterielle und antivirale Wirkung.
Die Chinesische Medizin empfiehlt Ginseng-Tee und Tai-Chi. Die Ayurvedische
Medizin verordnet Jasmin, Ganzkörpermassagen und Yoga.

Bei beginnenden Infekten

Phytotherapie
Bei leichten Infekten zeigt Echinacea (Sonnenhut) eine abwehrsteigernde Wirkung, wenn man am Anfang stündlich, später 3-mal täglich Tabletten oder Tropfen langsam im Mund zergehen lässt. Zusätzlich Zink, Selen und Vitamin C. Die Dosis bestimmt der Arzt.

Aromatherapie
Antiviral wirken Eukalyptus und Thymianöl.

Darmflora
1 Becher probiotischer Naturjoghurt täglich und nach Antibiotikagabe Milchsäure-bakterien mit Präparaten aus der Apotheke zuführen.

Trinken
Je nach Alter 1 bis 2 Liter warme Früchtetees.
Ein erhöhtes Risiko für Infektanfälligkeit haben kleine Kinder sowie alte, chro-nisch kranke oder bettlägerige Menschen. Alle Medizinsysteme der Welt haben Tipps zur Abwehrsteigerung parat.

Oma Rosis Kräuter-Express

Oma Rosi stand vor den zertretenen Blumen und wunderte sich. War das gerade ihr Enkel Nanolino gewesen, der auf seinem Skateboard wie ein Blitz an ihr vorbeigerast war? Nun war niemand mehr da, alle ausgeflogen. »Umso besser, dann kann ich in Ruhe meine Pflanzen mit der stinkenden Brennnesseltinktur einsprühen, ohne dass jemand anderes das riechen muss. Aber es ist einfach das Beste, was gegen Blattläuse hilft. Unschädlich für Salat, Obst und Gemüse … und kostet nichts!« Dann begann sie, jede Pflanze einzeln einzusprühen.

Die wärmende Majoranbutter

Man nehme
1 Handvoll Majorankraut
10 g ungesalzene Butter

Zubereitung
Zuerst schmilzt du die Butter. Den entstehenden Schaum schöpfst du bitte immer wieder ab. In diese gereinigte Butter – die Inder nennen sie Ghee und nehmen sie als Grundlage zum Anbraten genauso wie für Rezepte – gibst du den Majoran. Am besten Blätter und Blüten frisch gezupft. Solange die Butter flüssig ist, rührst du das Ganze im heißen Wasserbad, denn die Butter darf nicht sieden. Nach dem Abkühlen filterst du alles durch ein dünnes Tuch – am besten eine Kompresse aus dem Krankenhaus – in ein sauberes Glas. In einem Schraubverschlussglas hält sich die Majoranbutter im Kühlschrank ca. ein Jahr.

Dosierung
2- bis 3-mal täglich sanft auf die zu
behandelnde Region einmassieren.

Anwendung
Auf die Stirnhöhle und Nasennebenhöhlen
einreiben bei verstopfter Nase und bei Nasen-
nebenhöhlenerkrankungen, morgens und abends.
Nachts kann man sogar zur Verstärkung ein
Taschentuch auf die Stirn oder die Neben-
höhlen oder auf die Kieferhöhlen legen, dann
wirkt der Majoran noch tiefer ein.

Zusatztipp zur Abwehrsteigerung
Schneide eine Zwiebel in Würfel, lege sie in
eine Tasse und vermische sie mit 2 Teelöffeln
Honig. In ca. 5 Stunden hast du einen
Zwiebelsaft gebraut, von dem du täglich 1 bis
3 Teelöffel kleinschlückchenweise nehmen
darfst. Versuch es gerade auch bei starkem
Husten.

Achtung: nicht für Babys und Kleinkinder!

Oma Rosi spielte im Leben ihrer Enkel Marie, Nanolinos vier Jahre jüngere Schwester, und Nano immer schon eine wichtige Rolle. Nano erinnerte sich nur sehr dunkel an früher. Aber er hatte doch noch im Gedächtnis, dass sich sein leider so früh verstorbener Vater sehr um ihn gekümmert hatte. Wenn Nano krank war, rief er meistens seine Schwiegermutter Rosi an. Er war begeistert und überzeugt von ihrem Heilkräuterwissen. Sie kam immer sofort, wenn sie wieder einmal total flachlagen. Ihr Vater taufte Oma Rosi »der rettende Engel«. Ihrer von Natur aus sehr ängstlichen Tochter Marlene war das sehr recht. Sie fühlte sich beim kleinsten Unwohlsein überfordert und wollte die ganze Familie beim kleinsten Schnupfen sofort mit Antibiotika versorgen. Seit ihrer Kindheit hatte sie deshalb immer den gleichen Streit mit ihrer Mutter.

»Trau erst einmal deinen Selbstheilungskräften«, hatte sie ihrer Tochter immer gesagt. »Sie können mehr, als du denkst. Es gibt so viele tolle Hausmittel, die man erst einsetzen sollte, bevor man zu stärkeren Medikamenten greift.« »Von leicht nach schwer« behandeln war ihr Prinzip. »Dein Körper braucht einfach mehr Zeit als irgendwelche chemischen Bomben. Aber er bildet seine eigenen Medikamente selbst, wie das körpereigene Pflaster bei Wunden beispielsweise. ›Du bist deine eigene Apotheke!‹ Ist das nicht wundervoll von der Natur gelöst«, war dann die Lieblingsantwort der Großmutter.

Oma Rosi hatte nichts gegen die Schulmedizin, im Gegenteil. Viele tödliche Infektionskrankheiten wie die Pocken oder die Pest konnten ja überhaupt nur durch moderne Arzneimittel ausgerottet werden und durch Impfen und konsequente Hygiene wie Händewaschen nach der Toilette, Desinfektion

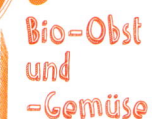

vor Eingriffen in den Körper oder heißem Waschen von Unterwäsche.

Schulmedizin und Antibiotika nicht bei jeder kleinen Infektion. Naturheilverfahren ergänzen sich wunderbar, davon war Oma Rosi überzeugt. »Genießt vitaminreiches Bio-Obst und -Gemüse, bewegt euch viel und duscht häufig abwechselnd warm und kalt, das erhöht die Abwehrkraft und senkt die Zahl der Warmduscher und Weicheier …«, fügte sie augenzwinkernd hinzu.

Bio-Obst und -Gemüse

Bis ins 19. Jahrhundert haben Menschen und Tiere sich natürlich ernährt, das heißt mit Naturprodukten vom Bauern und aus dem Garten, nicht mit Dünge- und Pflanzenschutzmitteln angebaut. Heute bekommen wir zunehmend Obst und Gemüse, das durch chemische oder physikalische Prozesse verändert wurde. Düngemittel sorgen für schnellen Wuchs, Pflanzenschutzmittel vernichten Bakterien oder Pilze. Aber Kleinstlebewesen tragen häufig dazu bei, dass Schädlinge abgehalten werden und die Pflanzen Nährstoffe bilden. Durch gentechnische Manipulationen sollen Pflanzenschutzmittel überflüssig gemacht werden. Dadurch werden allerdings die Erbanlagen der Frucht oder des Gemüses verändert und möglicherweise irgendwann auch bei uns. Am besten baust du dein Obst und Gemüse selbst an. Dann kannst du deine Äpfel vom Baum pflücken, Tomaten, Kartoffeln oder Petersilie aus dem Garten oder vom Balkon holen. Erkundige dich, wo in deiner Nähe ein Biobauer ist, der den Tieren naturbelassenes Futter gibt. Greenpeace beispielsweise untersucht das Bio-Angebot nach unterschiedlichen Aspekten wie zum Beispiel gentechnische Veränderungen oder Rückstände von Mitteln zur Schädlingsbekämpfung.

Die Wunder-Wickel
....

Wickel haben in der Regel eine entspannende und wohltuende Wirkung, die du dein ganzes Leben nicht mehr missen möchtest.

Anwendung
Je nach Pflanze bei <u>Blähungen</u> oder <u>Verstopfungen</u>, <u>Schlafstörungen</u>, <u>Bronchitis</u>, <u>Schmerzen</u> der Brust, des Bauches oder der Wirbelsäule. In der Regel reicht heißes Wasser.

Pflanzen
z.B. Senfmehl. Bitte deinen Arzt oder Apotheker fragen.

Achtung
Nicht bei entzündlichen Prozessen und Durchfallerkrankungen mit Fieber anwenden!

Man nehme
1 Schüssel
1 l kochendes Wasser oder Tee
3 Tücher: 1 Innentuch aus Baumwolle, 1 Außentuch aus Wolle und 1 Tuch, das ausgewrungen werden kann
1 halb gefüllte Wärmflasche, 1 Kissen

Durchführung
Zunächst wärmst du das Bett mit der Wärmflasche auf, legst aber auch schon das Außen- und Innentuch auf der Höhe, auf der der Wickel angewendet werden soll, mit ins Bett. Das Innentuch faltest du vierfach bis zu einer Größe von etwa 40 x 15 cm. Dann rollst du das Innentuch von den Seiten bis zur Mitte auf, legst es in das Wringtuch hinein und tauchst das ganze Wringtuch mit dem Innentuch in das sehr warme Wasser. Damit du dich nicht verbrennst, ist es besser, Haushaltshandschuhe anzuziehen.
Denk daran, dass das Tuch umso heißer wird, je trockener es ist.
Je nachdem, ob der Rücken oder die Vorderseite eingewickelt werden muss, legt man das Innentuch sofort (bei den Rückenwickeln) oder später (bei den Bauchwickeln) auf. Der Erkrankte setzt sich jetzt unterhalb des Außentuches ins Bett, bekommt ein Kissen oder eine Knierolle unter die Knie geschoben und legt sich ganz langsam auf das Wickeltuch. Beim Rückenwickel ist jetzt schon das Innentuch aufgelegt, ansonsten wird es ganz vorsichtig auf den Bauch- oder Brustbereich aufgelegt, je nachdem, wie der Erkrankte liegt.

Achtung!

Nicht verbrennen, deshalb vorher auf der eigenen Haut testen, z.B. am Ellenbogen, weil dort die Haut am empfindlichsten ist.

Das Tuch wird jetzt rechts und links glatt gezogen und dann ganz straff das Außentuch von links und rechts übereinandergeschlagen.

Der Wickel darf weder zu heiß sein, um keine Verbrennungen zu verursachen, noch zu kalt, damit man sich nicht erkältet.

Danach ziehst du die Außendecke bis über die Schultern hoch und legst noch eine heiße Wärmflasche auf die Wickelregion. Diese spendet zusätzliche Wärme. Du kannst aber auch noch eine Wärmflasche an anderen Stellen des Körpers positionieren, z.B. unter die Füße. Dies wird in der Regel als sehr angenehm empfunden.

Dauer
Solange es als angenehm empfunden wird, meistens nicht länger als 15 Minuten.

Häufigkeit
Einmal täglich.

Ende
Zum Schluss entfernst du den Wickel vorsichtig und trocknest den behandelten Bereich mit einem Handtuch ab. Danach achte bitte darauf, dass der Patient sich nicht verkühlt und noch eine weitere halbe Stunde ruhen kann.

Oma Rosi war vor nicht allzu langer Zeit in das kleine Reihenhaus neben den Sonntags gezogen, nachdem sie jahrelang alleine auf dem Lande vergnügt gelebt hatte. Aber jetzt war sie ein wenig langsamer geworden und wollte bei den Enkelkindern sein, um ihnen im Alltag zu helfen.

Das neue Haus von Oma Rosi glich einer Apotheke oder besser einer altertümlichen Drogerie. Dosen, Gläser, Schachteln, Tüten in allen Größen und Farben standen in Ecken, auf Schränken, Tischen oder Stühlen. Überall hingen getrocknete Blumen oder Kräuter unter farbenfrohen Gemälden und medizinischen Anschauungstafeln, wohlgeordnet und beschriftet. In den abertausend Schubladen des uralten Apothekerschrankes, den Oma Rosi auf dem berühmten Pariser Flohmarkt günstig erworben hatte, waren Kräuter aus aller Herren Länder verborgen, unzählige Gewürze, wundervolle Heiltees, bunte Pillen und Pasten, selbst gemachte Tropfen und Säfte sowie Utensilien für Wickel und Verbände. Obendrauf thronten die wichtigsten medizinischen Bücher, Nachschlagewerke und Lexika aus mehreren Jahrhunderten. Oma Rosi juckelte täglich mit ihrer Ente, auf der OMA ROSIS KRÄUTEREXPRESS stand, zu ihrem wunderschönen Garten, den sie behalten hatte. Dann packte sie Obst und Gemüse in Kisten und Tüten, die die gleiche Aufschrift wie ihr Auto trugen, für den Wochenmarkt.

Fett weg — Der ultimative Fett-Burner

Wenn der Bauch ein wenig oder auch mehr wabbelt, am besten sofort mit dem 3er-Pack »Fett weg« des kleinen Medicus beginnen! Dieses Bauchfett scheint ein Zeichen für besonders belastendes Fett für das Herz und die Gefäße zu sein: Frühverkalkungen oder auch Herzstillstand durch einen Herzinfarkt schon im jungen Alter zwischen 20 und 30 nehmen weltweit leider zu.

3er-Pack Antifett

1. Bewegen, bewegen und nochmals bewegen
2. Fettarmes und kohlenhydratarmes Essen
3. Turbo-Wrap

Der ultimative Kick, um sichtbar weniger Bauchumfang zu bekommen, ist der »Fett weg«-Turbo-Wrap — sozusagen ein »Wunderwickel« mit ganz speziellen Bioaktivstoffen, die die Fettzellen zur Erschütterung bringen. Hierzu solltest du je 10 Tropfen Rosmarinöl, Lavendelöl und Zitronenöl mit einem Teelöffel Olivenöl mischen. Dann gießt du einen halben Liter warmes Wasser darauf und wringst ein Leinentuch darin aus. Dieses schlägst du fest um deinen Bauch, ziehst noch ein großes Frottee-Handtuch darüber und legst dich 40 Minuten ganz entspannt unter deine Bettdecke. Und schwups — na ja — der Bauch wird noch nicht weg sein, aber es hilft, das Gewebe zu straffen. Und wenn du das mehrfach machst und dich vorher ganz viel bewegst und auch vernünftiger isst — vor allem Fett weglässt —, wird dein Bauch irgendwann ganz straff. Besonders, wenn du täglich 5 Minuten oder noch besser 10 Minuten gute Bauchmuskelübungen machst, und vor allem: wenn du dich täglich viel bewegst und viel Obst und Gemüse isst.

Opa Erwin kam aus dem Haus der Sonntags nebenan, holte sein Motorrad aus der Garage und setzte seine Motorradmütze auf. Da erblickte er Oma Rosi, die mit erhobener Pflanzenspritze zwischen den Beeten stand.

»Pass auf, dass du mir nicht den Salat zertrampelst!«

Sie schob ihre Maske hoch und schaute streng nach oben, da Opa Erwin mindestens einen Kopf größer war.

»Ach, du alte Kräuterhexe, ich wage mich doch gar nicht in deine Nähe, oh, ich meine natürlich die deines Salats.« Opa Erwin schüttelte ärgerlich den Kopf. »Ich habe einen Termin bei Dr. X, damit er mich wegen meiner schmerzenden Hüfte behandelt.« Er rümpfte die Nase. »Das Zeug, was du in der Hand hast, stinkt gewaltig!« Er hielt sich angewidert die Nase zu, drehte sich um und knatterte auf seinem Motorrad davon. Oma Rosi konnte sich ein Lächeln nicht verkneifen.

Das »Opa-Experiment«

Opa Erwin hatte die Villa Ypsilon von Dr. X erreicht. Leoberta, die kesse Krankenschwester, schaute ihn besorgt durch ihre große Brille an, als er über die Türschwelle humpelte. »Wie geht es Ihnen, Herr Sonntag? Warten Sie, setzen Sie sich kurz, der Doktor kommt gleich.« »Ach danke, Leoberta!« Schwerfällig ließ sich der Opa auf den Stuhl fallen. »Man wird ja nicht jünger.« Er mochte Schwester Leoberta. Auf eine gewisse Art erhellte sie sein Gemüt. Bei ihr hatte er nie das Gefühl, ein alter Mann zu sein.

In diesem Moment tauchte Dr. X in der Tür auf. »Einen schönen guten Tag! Kommen Sie, Herr Sonntag. Wir wollen uns mal Ihre Hüfte angucken.«

Opa Erwin betrat das Behandlungszimmer, ohne allerdings seine Motorradmütze abzunehmen. Er schämte sich vor allem vor Leoberta, denn er hatte kaum noch Haare auf dem Kopf.

An diesem schönen Sommertag war es trotz offenem Fenster und Ventilator warm in dem Raum und Opa Erwin schwitzte. »Wollen Sie Ihre Motorradmütze nicht absetzen?«, fragte Dr. X und fügte lächelnd hinzu: »Leoberta macht Mittagspause und kommt erst in einer halben Stunde zurück.« Opa Erwin schaute den Doktor misstrauisch an, überging die Anspielung allerdings geflissentlich: »Na gut, wenn Sie meinen, es ist wirklich sehr heiß hier.«

Zur gleichen Zeit, nur einige hundert Meter entfernt, verfolgten zwei finster aussehende Kerle das Treiben in der Villa Ypsilon. Ein blasser, kränklich aussehender Mann mit hageren Gesichtszügen starrte auf einen Bildschirm. Seine wirren Augen verbarg er hinter einer Sonnenbrille. Er hasste Sonnenlicht, seine Haut hatte jede Farbe verloren, und überall schimmerten bläuliche Adern durch. Zu lange schon hatte er im Dunkeln gearbeitet und dabei andere Menschen und die Sonne gemieden. Jetzt blickten die blutunterlaufenen Augen gebannt auf einen kleinen Bildschirm.

Neben ihm saß ein glatzköpfiger, barbarisch aussehender Fiesling, dessen Haut gelblich schimmerte – durch die Zigarettenwolke, die ihn einhüllte, war das aber kaum zu erkennen. Alle paar Sekunden schüttelte ihn ein kräftiger Husten. Seine dunklen und buschigen Augenbrauen verbargen seine kohlschwarzen Augen fast völlig. Der Mund verzog sich zwischendurch immer wieder zu einem üblen Grinsen und entblößte die gelblichen Stummelzähne.

Plötzlich beugte er sich zu seinem Nachbarn. »Ja, Professor von Schlotter, gleich ist es so weit. Gleich haben wir es geschafft!« »Psst, Scherge!«, schnauzte der Professor, »Ich will keinen Augenblick verpassen!«

Auf dem Bildschirm konnten sie sehen, wie Dr. X sich mit Opa Erwin unterhielt, aber verstehen konnten sie nichts. Die Liege, die Bilder an der Wand und die Instrumente, alles war genau zu erkennen. Opa Erwin lag entspannt auf der Liege im Behandlungszimmer. Dr. X nahm eine Spritze, die mit einer durchsichtigen Flüssigkeit gefüllt war, desinfizierte die Stelle auf der Haut und setzte die Spritze an, langsam leerte sie sich.

»Scherge, wir haben es geschafft. Es war eine geniale Idee von mir. Seit Monaten kommt der Alte zu Dr. X und lässt sich eine Spritze geben. Jedes Mal haben wir ihn über die Kamera in seiner Motorradmütze beobachten können. Diesmal … haha … diesmal habe ICH es geschafft. Genial!« Scherge hustete wieder, zu einer längeren Antwort war er nicht fähig. »Ja gut, WIR haben es geschafft. Schließlich bist du derjenige, der gestern bei Dr. X eingebrochen ist und heimlich die Spritzen vertauscht hat. Haha, der alte Sonntag denkt wohl, er habe ein Schmerzmittel bekommen, aber in Wirklichkeit hat er jetzt unseren kleinen schnuckeligen Gobbot in sich! Oh, er wird sich noch wundern. Haha, Scherge, nun kann uns nichts mehr aufhalten. Gobbot ist besser denn je!«

Opa Erwin verließ die Villa Ypsilon humpelnd. Er schaute auf seine Taschenuhr. Schon so spät! Jetzt hatte er bereits einen

One apple a day keeps the doctor away
....

Täglich einen Apfel essen, und du kannst den Arzt vergessen!
Das Fällen eines Apfelbaums wurde in mehreren europäischen
Ländern im 16. Jahrhundert mit schwerer Bestrafung
geahndet. Im alten Russland und auch in der Mythologie
nordischer Länder galt der Apfel als Götterspeise und stand
symbolisch für unverwüstliche Jugendlichkeit und Kraft.
Weißt du, es gilt sogar einen Wissenschaftszweig, die Pomolo-
gie – das ist die Wissenschaft vom Apfel, die sich weltweit
mit mehr als 10 000 Apfelsorten beschäftigt.

Der Apfel hat eine überragende Bedeutung in der gesamten
Menschheitsgeschichte. Erinnere dich an die Bibel, als
Eva ihrem geliebten Adam einen Apfel zur Verführung reichte.
Er nahm ihn liebend gerne. Äpfel wurden einst wie Schätze
gehütet. Insgesamt wirken Äpfel stärkend auf Magenfunktion
und Herz, sind aber gleichzeitig auch entzündungshemmend
und wirken antibakteriell. Sie wirken neutralisierend
auf Giftstoffe und werden im geriebenen oder gekochten Zu-
stand gegen Durchfall eingenommen. Zur Behandlung einer
Anämie – im Volksmund »Blutarmut«, die durch Ver-
ringerung von rotem Blutfarbstoff im Blut entsteht – wird
der Apfel wegen seines hohen Gehalts an Eisen und Folsäure
gern eingesetzt. Weiterhin ist beschrieben, dass Äpfel
gegen Kopfschmerzen, Ohrensausen und Schwindel
wirken.

großen Teil des Fußballspiels verpasst und musste sich wirklich beeilen. »Hm, bei uns war früher auch nicht immer die ganze Familie bei jedem kleinen Kickerturnier dabei«, dachte er lustlos. Aber er hatte es Nanolino versprochen, und ein Versprechen musste man auch halten. Grübelnd stieg er auf sein Motorrad und knatterte davon. Seine Motorradmütze lag noch immer im Behandlungszimmer von Dr. X − er hatte sie vergessen.

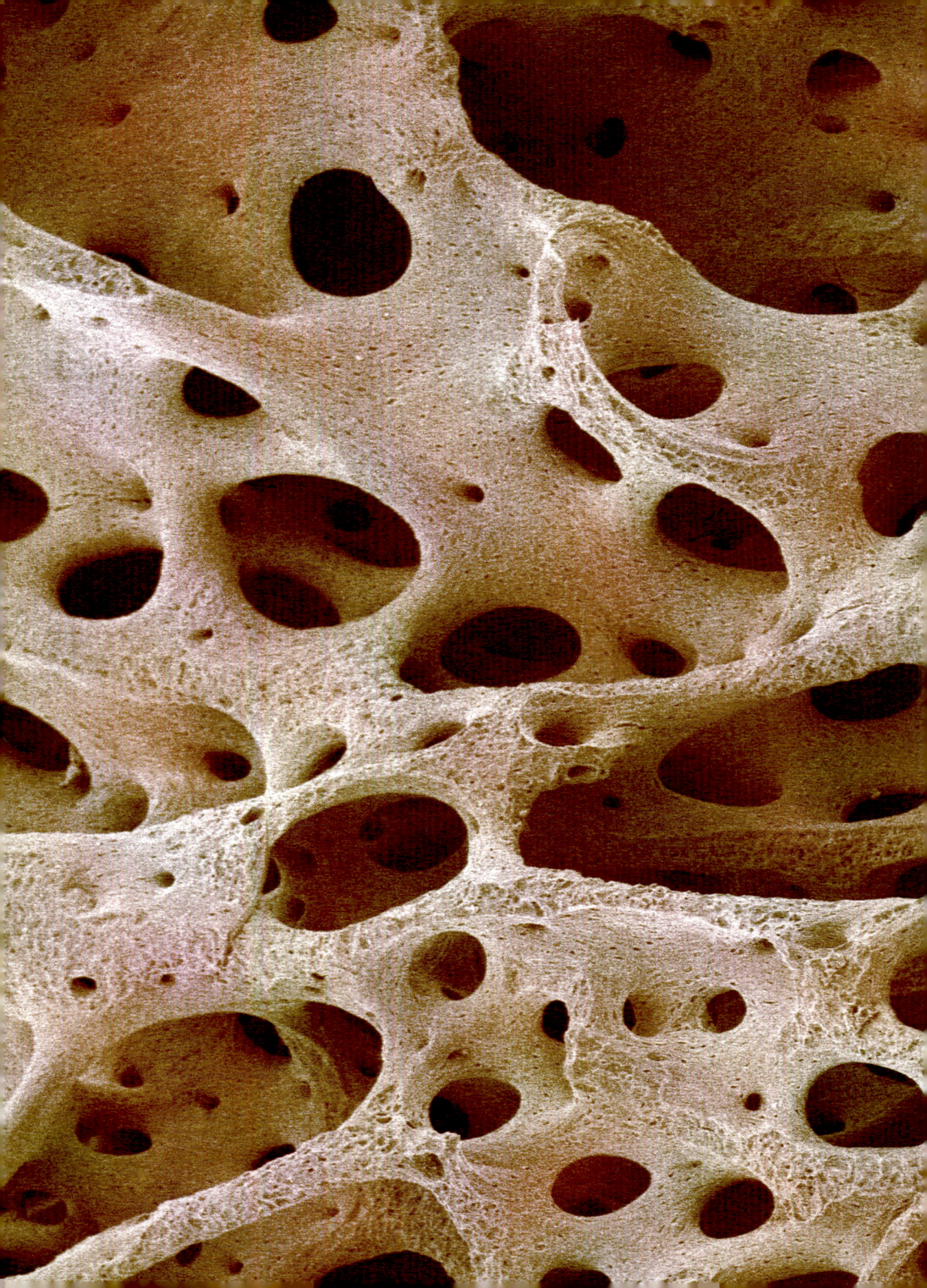

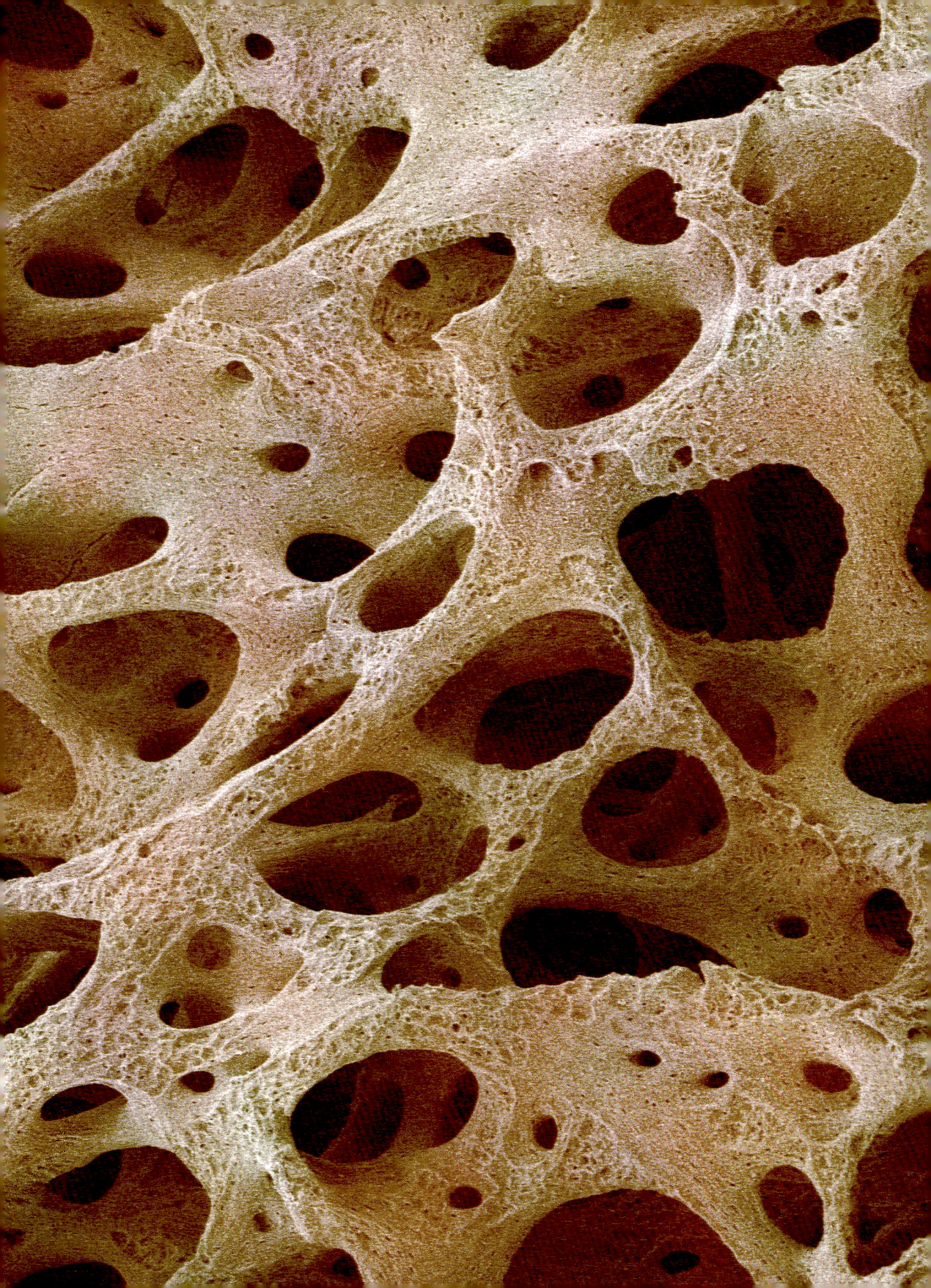

1. FC Heimaterde gegen Rote Teufel Hintertux

In Nanolinos Fußballclub »FC Heimaterde« tobte der Bär. Ein ungleiches Kinderfußballspiel sechs gegen fünf fand statt.

Die großen, fiesen Jungs aus Hintertux, die »Roten Teufel«, waren gegen die gemischte Mannschaft von Nanos Freunden angetreten. Nur Nano fehlte. Alle warteten auf ihn. Gerade hielt der gegnerische Torwart wieder einen Ball. Es gab kein Vorbeikommen. Nanos Freunde Frido, Lilly, Manuel, Ali und seine Schwester Marie erschienen bedröppelt, aber trotzdem kampfesmutig.

Auf der Gegenseite triumphierten die Jungen aus Hintertux. Einer streckte gerade Marie die Zunge heraus – echt gemein, dieser Flegel. Am Spielfeldrand hatten sich einige wenige Zuschauer eingefunden und in der ersten Reihe saß Marlene Sonntag. Direkt neben ihr Mister Schlau, der wunderbare Klassenlehrer der Kinder. Gleichzeitig war er auch der Trainer von Nanos Mannschaft.

Marie schaute wütend zu dem einen Jungen hinüber, der noch immer seinen langen Waschlappen raushängen ließ und sie mit ekligen Grimassen anstarrte – am liebsten hätte sie ihn an der Zunge über den Platz geschleift. Und prompt wurde sie ausgespielt. Sie konnte Spieler und Ball nur noch tatenlos hinterhersehen. Doch Gott sei Dank fischte Frido den eigentlich unhaltbar wirkenden Schuss aus der Luft.

»Toll, klasse gehalten, Frido! Ich wusste, dass man sich auf dich verlassen kann!«, lobte Marie ihn und rief anschließend verzweifelt zur Tribüne hinüber. »Mama! Wo bleibt denn eigentlich Nanolino?«

»Marie! Zeig's ihnen! Ich kümmere mich schon darum.« Marlene deutete aufgeregt auf ihr Handy und begann, eine SMS zu schreiben.

Dehnübungen

Wenn du immer die gleichen Bewegungen machst, ob beim Sitzen, Laufen oder deinem Lieblingssport, verkürzen sich einige Muskelgruppen. Das kannst du durch regelmäßiges Stretchen verhindern. Denk daran: Jeder Muskel hat auch einen Gegenspieler. Du hast immer einen Beuge- und einen Streckmuskel. Wichtig ist, dass du beim Stretchen beide Körperpartien gleichmäßig stark beanspruchst. Du solltest nach jedem Sport Dehnübungen machen. Ausnahme: Du hast einen Muskelkater. So machst du es: Gehe langsam in die Dehnposition hinein und halte sie dreißig Sekunden. Entspanne kurz und dehne noch ein bisschen weiter. Ein paar Übungen für dich: Beinbeuger: Stelle ein Bein nach vorn, drücke es durch, stelle die Hacke auf den Boden und ziehe die Fußspitze hoch. Beuge dich mit geradem Oberkörper leicht nach vorn, bis du eine Spannung im Rücken und Oberschenkel spürst. Hüftbeuger: Mache einen großen Ausfallschritt nach vorn und stelle den vorderen Unterschenkel gerade auf; er darf nicht über die Fußspitze ragen. Schiebe die Hüfte des nach hinten gestreckten Beines nach vorn, bis du eine Spannung in der Leiste spürst. Flankenentspannung: Stelle den rechten Fuß neben den linken. Dabei stütze deine linke Hand in die linke Seite und führe den rechten Arm nach oben. Neige den Rumpf nach links. Mache die Übung umgekehrt, also den linken Fuß neben den rechten ...

Mister Schlau war mit den Nerven ziemlich am Ende und schaute Marlene zu, wie sie immer wieder aufgeregt abwechselnd Nanolino und zu Hause anrief. Niemand antwortete.

»Wo bleibt denn der Junge, hoffentlich ist nichts passiert!«, seufzte Nanos Mutter.

Mister Schlau versuchte, sie zu beruhigen, beobachtete aber gleichzeitig das Spielgeschehen und schrie plötzlich: »Hinten doppeln, solange ihr einer zu wenig seid, Kinder!«

Marlene schaute Mister Schlau erschrocken an, auf dessen Stirn eine Ader gefährlich pulsierte.

»Entschuldigung, ich wollte Sie nicht erschrecken. Aber die kassieren gleich ein Tor«, stammelte der Trainer.

Kaum hatte er es ausgesprochen, war es schon passiert: 2:0 für Hintertux! Die Zuschauer schlugen die Hände vors Gesicht.

Marie und ihre Freunde waren völlig fertig und inzwischen so schmutzig, dass man sie kaum noch erkannte. Ein großer Junge dribbelte provozierend und voller Häme um die erschöpfte Marie herum, unterschätzte aber ihre Willenskraft. Sie mobilisierte ihre letzten Reserven und nahm ihm den Ball ab, verlor ihn aber leider gleich wieder. Sie hechtete hinterher.

»Na, Kleine, heute keine Lust zum Barbiespielen? Pah, Mädchen können doch kein' Fußball. Geh doch wieder zu deinen Puppen!«, zischte der Rote Teufel mit der Rückennummer 13 ihr zu und versuchte lachend, Marie vom Ball fernzuhalten.

Jetzt gingen Marie die Nerven durch: Sie foulte ihn. Ein Aufschrei ging durchs Publikum, der fast das Pfeifen des Schiedsrichters überdeckte.

Die Gegner nutzten den Freistoß, um ein letztes Mal vor das Tor zu kommen, hauten den Ball aber meilenweit über den Kasten. Wieder pfiff der Schiedsrichter: Halbzeit. Die Spieler des FC Heimaterde ließen sich erschöpft ins Gras fallen. Frido gab jedem eine Flasche Wasser und ein paar aufmunternde Worte dazu. Marie war völlig außer Atem, keuchte schwer und bekam kaum noch ihren Kopf hoch.

»Endlich Halbzeit!«, rief Mister Schlau, setzte sich wieder zu Marlene und bot ihr seine Wasserflasche an. Marlene Sonntag bedankte sich und nahm dann wieder das Telefon zur Hand. Mister Schlau stand auf und ging zu den Kids hinüber.

»Lange halten wir das nicht mehr durch, Mister Schlau.« Nervös zog sich Frido wieder die Torwarthandschuhe an.

»Dein Bruder hat uns echt böse reingeritten«, sagte er zu Marie.

»Da kann ich doch nichts für!«, antwortete sie pampig.

»Kinder, ihr schlagt euch super! Noch ist alles offen. Macht euch fit für die zweite Hälfte und vergesst den Ärger. Der schwächt nur eure Muskeln«, versuchte Mister Schlau sie aufzumuntern. In der Zwischenzeit war auch Marlene auf den Platz geeilt und rubbelte ihrer Tochter den Rücken ab. Die fünf Kinder begannen, ihre Muskeln zu lockern und machten sich gegenseitig Mut.

Mister Schlau instruierte Frido eingehend und gab ihm noch einige aufbauende Worte mit auf den Weg: »Du bist der wichtigste Spieler auf dem Platz. Lass dich nicht verrückt machen. Hast schon so manches Spiel in letzter Minute für uns gerettet. Denk an Neuner, den Supertorwart, der auch im Feld top spielt.« Er stupste ihn anerkennend vor die muskulöse Brust.

»Nano ist doch sonst so pünktlich, zumindest, wenn es um Fußball geht!« Marlene war verzweifelt.

Da ertönte der Anpfiff, und Marie musste aufs Spielfeld zurück.

Schon nach den ersten Spielminuten sah man, dass sich leider nichts an der drückenden Überlegenheit der Rüpel aus Hintertux geändert hatte.

»Ist bestimmt durchs Gullygitter geplumpst, euer Zwergenspieler!«, höhnte ein Roter Teufel. Da kam Nano wie gerufen auf das Spielfeld gerannt.

»Stimmt! Wollte dich gerade besuchen, warst aber nicht zu Hause!«, gab er mit einem breiten Grinsen zurück. Witze über seine Kleinwüchsigkeit hatte er schon so oft hören müssen – damit konnte man ihn nicht mehr verletzen. Erleichtert atmeten Fans und Spieler des FC Heimaterde auf. Ihr kleiner Star war endlich da.

»Hier bin ich, aufgepasst!« Begleitet von Anfeuerungsrufen warf sich Nanolino ins Spiel. Frido ging sogar das Risiko ein, das Tor für ein paar Sekunden unbewacht zu lassen, eilte zur Mittellinie und klopfte seinem Freund kräftig und sichtlich erfreut auf die Schulter. Nano konnte sich gerade noch auf den Füßen halten und schnappte kurz nach Luft.

»Nicht so heftig, Frido, lass noch was für den Gegner übrig«, rief Mister Schlau vom Spielfeldrand dem Torwart zu. »Und sieh zu, dass du wieder in die Kiste kommst.«

Mit gespieltem Ärger schüttelte er seinen Kopf, aber seine strahlenden Augen straften ihn Lügen.

»Da ist ja der Schrumpfkopf!«, versuchte erneut einer der Gegner, Nano zu hänseln. Marie stieß das Lästermaul beiseite und drang auf ihren Bruder ein: »Wo warst du denn? Deinetwegen waren wir die ganze Zeit in Unterzahl. Echt gemein, die hätten uns fast eine Abreibung verpasst!«

Nano hob abwehrend die Hände: »Tut mir leid, ich war schon so spät dran, und dann wollte Opa auch noch, dass ich das ganze Geschirr spüle! Und du ...?« Er sah seine Schwester ärgerlich an. Marie schlug sich an die Stirn. »Oh, sorry. Na ja, macht ja nichts, du bist doch ein professioneller Abspüler – äh, Abspieler.« Sie zwickte ihn schelmisch in den Oberarm ... »Noch ist das Spiel nicht verloren. Hast du Opa schon gesehen? Er hatte doch versprochen, zu kommen.«

In diesem Moment kam Erwin Sonntag auf seinem Schrott-Motorrad auf den Sportplatz geknattert und hielt mit quietschenden Bremsen, allerdings ohne Helm oder Motorradmütze. Er humpelte zum Spielfeldrand und setzte sich.

»Da ist ja Erwin. Dann hat er es also noch geschafft. Obwohl das Spiel ja schon fast vorbei ist«, seufzte Marlene Sonntag.

Die Spieler beachteten das Treiben am Spielfeldrand nicht. Frido schlug den Ball ab, der genau vor Nanolinos Füßen landete. Einen angreifenden Gegner trickste Nano und seine Schwester mit einem Doppelpass aus. Nano nutzte den gewonnenen Freiraum und stürmte weit in die gegnerische Hälfte hinein. Die verbleibenden Verteidiger dribbelte er einen nach dem anderen gekonnt aus. Jetzt stand nur noch der gegnerische Torwart vor Nanolino – breitbeinig und mit ausgestreckten Armen. Im Vergleich zu Nano wirkte er riesig, fast wie King Kong!

»Na, Schnuckilein?«

Nanolino ließ sich nicht beirren und vollführte ein paar leichtfüßige Pirouetten mit dem Ball.

»Huhu, hier bin ich! Hi-hier. Nein, hier!« Mit seinen Mätz-chen lockte er den »Riesenaffen« aus dem Tor, der stürmte auf Nano zu und stellte sich genüsslich, aber voreilig vor, wie er den kleinen Stürmer zu Brei verarbeiten würde.

»Nummeriere schon mal deine Knochen, du Hänfling!«

Plötzlich lupfte Nano den Ball lässig seiner Schwester zu, die unbewacht herangeeilt war. Elegant schob sie den Ball über die Torlinie und drückte den offen stehenden Mund des Torwarts zu. 1:2! Jubel brach aus, die bis dahin überlegenen Roten Teufel waren sichtlich geschockt.

Das Spiel ging weiter. Marie lief mit dem Ball über den lin-ken Flügel und schlug eine Flanke direkt auf den langen Pfos-ten. Manuel stand goldrichtig und brauchte nur noch den Kopf hinzuhalten: 2:2. Die Gegner nutzten ihren Abstoß aus dem Mittelkreis für einen Angriff, der allerdings sofort bei Nano endete. Er stoppte elegant den Ball, spielte ihn zu Manuel, der wiederum zu Lilly passte, die ihn zu dem an der Außenlinie lau-ernden Ali flankte. Ali – Nanos erstklassiger türkischer Sturm-partner – rief dem gegnerischen Torwart zu: »Pass auf, mein Sohn, das sind richtige Granaten, die werden dich weghauen.« Die Solidarität des Publikums war eindeutig. »Ali vor, noch ein Tor!« Ali, für seinen Überblick bekannt, sah, dass Nanolino am Strafraum völlig frei stand, und flankte ihm mit einem butter-weichen Traumpass den Ball fußgerecht zu. Nano veräppelte noch kurz den Torwart mit einer Körpertäuschung und einem: »Pass auf, du Penner, hier kommt die Pille für den Mann!« und pfefferte den Ball in den oberen rechten Winkel.

»Tooooor, Tooooor, Tooooor!« Das Publikum war nicht zu bändigen.

Mister Schlau nahm Marlene in den Arm. »Super, Ihr Florian! Diese Mixed Pickles aus Heimaterde sind ein Traum. Wer hätte das gedacht, dass Jungen und Mädchen so super miteinander Fußball spielen!«

Der Schlusspfiff ertönte. Die Spieler und Spielerinnen des 1. FC Heimaterde waren dermaßen begeistert, dass sie tanzten und sich singend in den Armen lagen und anschließend auf Nanolino schmissen. Nano lugte unter dem Stapel Körper auf dem Bauch liegend grinsend hervor.

Die Hintertuxer trotteten zerknirscht von dannen.

Marlene und der Trainer erhoben sich langsam. »Schön, dass Sie wieder hier waren und die Kinder angefeuert haben. Es war ein wichtiges Spiel für die Mannschaft«, sagte der Trainer.

»Ja, ich weiß, ich bin sehr froh, dass ich heute dabei sein konnte. Nächste Woche kann ich nicht hier sein. Ich muss zu einer wichtigen Geschäftsreise, ausgerechnet in den Sommerferien. Dabei wollte ich mit den Kindern so gerne mal Urlaub am Meer machen.«

Mister Schlau schaute sie von der Seite an: »Hmm, wissen Sie, ich wollte mit den Kindern ein Sommer-Fußball-Lager an der Nordsee veranstalten, haben Nano und Marie Ihnen davon erzählt? Kommen Sie doch einfach mit. Die Kinder fänden das bestimmt toll, und, na ja … ich würde mich natürlich auch freuen«, fügte er leise hinzu.

Marlene lächelte ihn an. »Das ist eine gute Idee!« Mister Schlau wollte noch etwas erwidern, aber da waren sie schon bei der Mannschaft angekommen.

»Opa?« Nanolino rief Opa Erwin, der sich langsam vom Spielfeldrand erhob und auf sie zuhumpelte. »Hey, hast du das gesehen? Die haben wir voll fertiggemacht.«

Opa Erwin sah die verschwitzten Kinder an und wetterte los: »Das soll ein Fußballspiel gewesen sein? So ein Kindergarten-Gehopse! Ich hätte gar nicht kommen sollen.« Ohne ein weiteres Wort humpelte er davon. Marlene verabschiedete sich hastig von Mister Schlau und drehte sich noch einmal zu ihren Kindern um. »Opa scheint müde zu sein. Da fahre ich besser mit ihm mit, nicht, dass noch irgendwas passiert.« Sie warf Mister Schlau noch einen Blick zu und stieg in den Beifahrersitz von Opas Knatterkiste. »Dann bring uns mal nach Hause, Cowboy!«

Nano wird Sportassistent vom Doc

Die Mannschaft saß in der Kabine und feierte ihren Sieg. Nano hatte seine **Dehnübungen** beendet, geduscht und rubbelte gerade seine Füße, auch zwischen den Zehen, trocken. Er wollte sich auf keinen Fall einen Fußpilz einhandeln.

»Das war ein Superspiel, Nano! Du hast ein Traumtor geschossen«, lobte Frido seinen Freund. Sie klatschten sich ab.

»Du warst auch Spitzenklasse!« Nano puffte ihm gegen den Bauch. »Wow, und deine Bauchmuskeln, man sieht, dass du regelmäßig **Krafttraining** machst.«

In diesem Moment kam Marie in die Kabine gestürzt.

»Hört mal. Ihr müsst sofort mitkommen. So was Doofes. Ich habe doch vorhin den Typen mit der Nummer 13 gefoult.«

»Ja, das war übel. So was macht man nicht! Sah nach Rache aus.«

»Ich weiß, war ein Revanchefoul. Ist mir ja auch schon total peinlich. Aber der Typ hat mich unheimlich geärgert.«

»Und wenn? Trotzdem war das gemein. Ich habe deinen Sportsgeist vermisst! Wir sind hier, um miteinander zu spielen, unsere Kräfte zu messen und nicht, um zu kämpfen, zumindest nicht unfair. Und wenn der Typ dich aufzieht, was soll's? Du weißt es doch sowieso besser, hör einfach nicht hin!«

Auch Nanolino sah seine Schwester strafend an, obwohl er das Foul in der ersten Halbzeit nicht miterlebt hatte. Marie war

Fußpilz

Ungefähr jeder Dritte leidet leider unter dieser übertragbaren Infektionskrankheit. Und du? Hat es dich auch schon mal zwischen den Zehen gejuckt? Pilze sind überall und können wochenlang überleben, am liebsten dort, wo es feucht ist: in Schwimmbädern, Sportstudios, Hotelfußböden, öffentlichen Duschen, in unbelüfteten Schuhen – besonders Kunststoffschuhen – und zwischen deinen Zehen. Also immer gut die Füße abtrocknen und die Zehenzwischenräume nicht vergessen. Föhnen ist prima, wenn du stark unter Fußpilz leidest. Fünf Minuten nachdem du deine Füße abgerubbelt hast, solltest du deine Füße mit einer Feuchtigkeitscreme pflegen. Wenn du Fußpilz bekommen hast, probiere Folgendes: Schmiere dir drei Tage lang abends ungesüßten Naturjoghurt dick zwischen die Zehen, ziehe Socken an und lasse es über Nacht einwirken. Hilft das nicht, muss dein Arzt dir das richtige Mittel verschreiben.

ganz geknickt und hüpfte sichtlich nervös von einem Bein auf das andere.

»Ihr habt ja recht, jetzt schaut mich nicht so böse an, jeder macht mal einen Fehler. Kommt lieber schnell mit, der Junge hat jetzt Knieprobleme. Oh, ich blöde Kuh. Ich könnte mich ohrfeigen. Hoffentlich ist nichts Schlimmes passiert! Sein Knie tut ihm total weh, wenn er es bewegt, obwohl nichts zu sehen ist.«

»Vielleicht markiert er nur«, sagte Nano und schüttelte den Kopf, »aber wir gehen mal hin.«

In der Nachbarumkleidekabine herrschte eine gedrückte Stimmung. Eine große Traube hatte sich um die Nummer 13 herum gebildet. Man sah den Jungen nicht, hörte ihn aber in der Stille leise vor sich hin fluchen. Einer der Hintertuxer Spieler sah die Freunde hereinkommen und sagte: »Da bist du ja wieder, du Foulerin!« Die »Roten Teufel« drehten sich um und bildeten eine Gasse, sodass Marie die Nummer 13 sah, der sie sogleich verächtlich anschaute. Marie bekam einen knallroten Kopf und stammelte: »'Tschuldigung …«

»Tja, Kinder, das sieht nicht gut aus«, hörten sie eine ihnen bekannte Stimme sagen. »Das muss ich mir mal genauer ansehen. Könnte ein **Meniskusriss** sein. Dieser Schmerz ist nicht untypisch dafür. Hoffentlich ist das Innenband intakt geblieben.«

Ein Raunen ging durch den Raum.

Die Nummer 13 war plötzlich blass geworden.

Nanolino drängelte sich nach vorn und strahlte.

»Hallo, Dr. X. Ist ja toll! Was machst du denn hier?«

»Hey, da ist ja unser kleiner Medicus. Willst du mir helfen?«

Die umstehenden Kinder bekamen Stielaugen.

»Kleiner Medicus, was soll das denn heißen?«, murmelte einer. Auch die anderen Hintertuxer begannen zu lästern.

»Dieser Zwerg, ein kleiner Medicus – das wüsste ich aber«, grummelte ein anderer hämisch. Doch Dr. X hatte alles genau gehört – auch die Sprüche: »Dieser Schrumpfgermane mit der ollen Tussi, muss sich doch erst mal ein Gehirn bestellen« und »Foulen kann die Zicke ja begnadet, aber Fußballspielen sollte man richtigen Männern überlassen.« Bevor Marie antworten konnte, griff Dr. X vehement ein.

»Jetzt reicht's, Jungs«, fuhr er dazwischen. »Wenn hier nicht augenblicklich Ruhe herrscht, gibt es für jeden eine Gratis-Impfung gegen Tollwut!«

»Das war aber ein gezieltes Stürmerfoul von der blöden Zicke«, schimpfte die verletzte Nummer 13.

Jetzt ergriff auch Nano das Wort.

»Hör mal, Alter. Meiner Schwester ist das wirklich unangenehm und sie hat sich mehrmals bei dir entschuldigt.«

Marie nickte dankbar für die Unterstützung ihres Bruders.

Meniskusriss

Der Meniskus ist dein Stoßdämpfer im Kniegelenk. Er liegt zwischen dem Gelenkknorpel des unteren Köpfchens des Oberschenkels und der oberen Gelenkpfanne des Schienbeins. Ein Ein- oder Abriss ist sehr schmerzhaft. Er kann bei heftigen Drehbewegungen ausgelöst werden. Ist der Meniskus vorgeschädigt, reichen schon geringe Belastungen. Kleinste Einrisse können von selbst heilen, große werden endoskopisch, das heißt mit einer Mini-OP-Technik, operiert. Dafür wird ein vier Millimeter dünnes Endoskop, sozusagen ein ganz schmales »Fernrohr« mit Mini-Kamera, in das Kniegelenk eingeführt. Die Ärzte können so auf einem Monitor super in dein Kniegelenk gucken und sogar durch »Rohr« operieren. Bei großen Rissen oder Defekten kann man Teile des Meniskus sogar ersetzen.

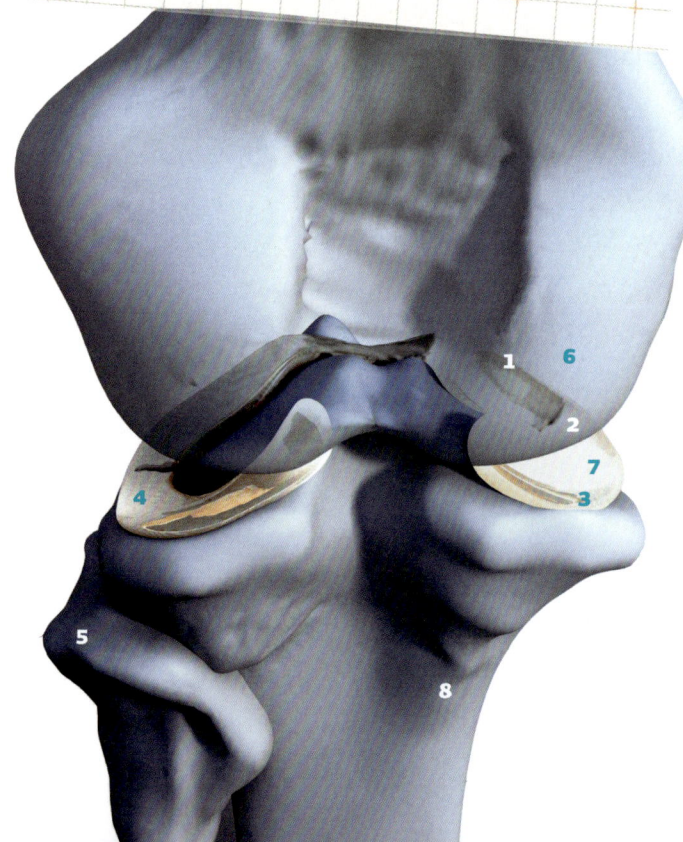

Der Meniskus hat ein
1 Vorderhorn
2 Mittelteil
3 Hinterhorn

4 Außenmeniskus
5 Wadenbein
6 Oberschenkelknochen
7 Innenmeniskus
8 Schienbein

Verband

Verrenkungen, Verstauchungen oder Knochenbrüche werden mit Verbänden ruhig gestellt, starke Blutungen mit Druckverbänden versorgt. Wunden müssen grundsätzlich gegen Druck, andere Gewalteinflüsse und Krankheitserreger geschützt werden. Man unterscheidet **Wundschnellverbände** mit Mullkompressen und Pflasterbefestigung, **Druckverbände** bei starken Blutungen, **Verbände mit Binden** für Hände, Finger und so weiter, **stabilisierende Verbände**, die flexibel sind wie elastische Binden oder Kniegelenksschoner oder aus unflexiblen Materialien bestehen, zum Beispiel Gips, Stärke, Luftkissenschienen, und **Dreieckstuchverbände**.

»Das war eine richtige Sauerei, das weiß sie. Sie wird mehrere Spiele aussetzen müssen und kann sich das Ganze noch mal auf der Ersatzbank durch den Kopf gehen lassen. Das sage ich dir als Kapitän unserer Mannschaft. Und ich werde mich auch darum kümmern, dass dir geholfen wird. Reicht das?«

»Okay, okay«, antwortete Nummer 13 kleinlaut, und Marie traten Tränen in die Augen.

»Ich bin Nano, und wie heißt du, Nummer 13?« – »Jimmy.«

»Also, Jimmy, du hältst dich bei der psychologischen Kampfführung demnächst zurück, okay? Komm, hier hast du meine Hand.«

»Ist okay«, flüsterte Jimmy und klatschte in Nanolinos ausgestreckte Hand. Verlegen sahen sich Marie und Jimmy an und … gaben sich die Hand. Dr. X war sichtlich beeindruckt von Nanos diplomatischem Geschick und schmunzelte.

»Also, Jungs, dann wollen wir mal«, rief Dr. X. Er war seit kurzem Sportarzt und arbeitete am Wochenende für diverse Fußballclubs der Jugendliga. »Komm, kleiner Medicus, du wickelst jetzt Jimmys Knie mit einem Verband ein, wie du es das letzte Mal bei mir gelernt hast, und ihr Jungs holt die Trage aus meinem Auto. Dann fahren wir zur Klinik Ypsilon. Ich rufe gleich dort an, damit mein Team die Diagnosegeräte schon mal warm laufen lässt.«

Er zwinkerte Jimmy aufmunternd zu und holte sein Handy aus der Jackentasche. Alle Kinder stürzten aufgeregt zum Auto. Nanolino bandagierte fachmännisch Jimmys Knie mit einem Kreuzwickel.

Krafttraining

Indem du deine Rücken- und Bauchmuskeln stärkst, beugst du einem Hohlkreuz, Rundrücken, Bandscheibenvorfällen oder Arthrosen, also Verschleißerscheinungen der kleinen Wirbelgelenke vor. Ein großer Fehler ist, einseitig zu trainieren, um z.B. einen starken »Waschbrettbauch« zu bekommen. Das wollen vor allem viele Jungen und Männer. Aber ebenso wichtig ist der Rücken, genauso die Seiten deines Rumpfes, also die seitliche Bauchmuskulatur. Ein paar Übungen für dich:

Mit der Diagonalübung stärkst du deine Rücken- und Pomuskeln. Lege dich auf den Bauch, halte deinen Kopf in Verlängerung zur Wirbelsäule hoch und hebe den linken Arm und das rechte Bein fünfzehn Zentimeter vom Boden. Das machst du abwechselnd dreimal links, dreimal rechts je fünfzehn Sekunden.

Der Frontstütz stärkt die gesamten Rumpfmuskeln. Du bist in der Bauchlage und legst deine Unterarme auf den Boden. Dann hebst du den gestreckten Körper an, sodass du auf die Zehenspitzen zu stehen kommst. Der Ellenbogen steht senkrecht unter dem Schultergelenk. Wenn du willst, kannst du dreimal die Beine jeweils abwechselnd fünfzehn Sekunden hochhalten.

Crunches sind super zur Stärkung der geraden Bauchmuskeln. Du liegst auf dem Rücken, ziehst die Füße an, hebst die Arme vom Boden und streckst sie mit angezogenen Handflächen nach vorn. Dann hebst du langsam Kopf und Schultern einige Zentimeter vom Boden und schiebst die Hände leicht nach vorn. Fünfzehn Sekunden anhalten und langsam wieder zurückrollen, ohne die Schultern aufzulegen. Das wiederholst du dreimal.

Angriff der Schlotterschlange

Nanolino saß allein hinten im Minibus von Dr. X, zwischen Bergen von eigenartigen technischen Geräten, die gewiss Micro Minitec gehörten. Der anstrengende Tag und die kurvige Strecke machten ihn ganz duselig. Er döste mit einem Lächeln im Gesicht ein. Eine Bodenwelle ließ seinen Körper zur Seite auf einen Ersatzreifen sacken. Unruhig fing er an, zu träumen.

Er befand sich an einem seltsamen Ort. Überall funkte und blitzte es. Ein schier unendliches Geflecht von miteinander vernetzten Kabeln umgab ihn. Mit der Sicherheit eines Träumers wusste Nano: Er befand sich in Opas Gehirn. Die Kabel waren Nervenfasern unterschiedlicher Größe. Er beobachtete, wie Opas Gedanken als rasend schnelle Ströme durch sie hindurchflitzten. Nano stand auf einem dicken Knubbel, einer Verbindung zwischen zwei Nervenfasern, und schaute an sich hinab. Dabei sah er, dass er in einer Kleidung steckte, die wie eine Mischung aus Schlaf- und Raumanzug mit Helm aussah. Ein Brummen erklang, und mit schlafwandlerischer Sicherheit drückte er auf einen Knopf, der das Kommunikationssystem seines Weltraumpyjamas einschaltete. Ein projiziertes Bild erschien auf der Scheibe seines Helms. Es war Rappel. Das rote Kaninchen schaute ihn ernst an.

»Der Knubbel unter dir ist eine **Synapse,** falls du es nicht wissen solltest. So nennt man die Verbindung zwischen zwei

Synapse

Das ist die Übertragungsstelle, aus der wie bei einer Steckdose Strom von einer Nervenzelle auf andere Nerven, Muskeln oder Drüsen übertragen wird. Sie besteht aus einem Endknopf, einer birnenförmigen Anschwellung, in dem kleine Energiekraftwerke (Mitochondrien) und synaptische Bläschen (Vesikel) enthalten sind. Aus den Vesikeln werden kleine »Strompartikel« freigesetzt, und zwar als chemische Botenstoffe, und vom angedockten »Stecker« der anderen Zelle aufgenommen. Weißt du, wie Betäubungsmittel funktionieren? Sie blockieren Tausende oder Millionen von winzigen Nervensteckdosen, sodass keine Botenstoffe übertragen werden können.

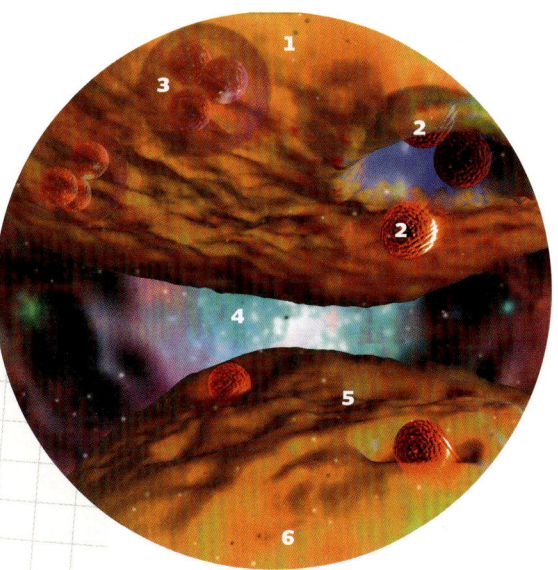

1 Axon (Neurit, Zelle I)
2 Neurotransmitter
3 Bläschen
4 synaptischer Spalt
5 Rezeptoren
6 Dendrit (Zelle II)

Nervenzellen. Aber eigentlich haben wir überhaupt keine Zeit für Erklärungen, wir müssen sofort Professor Schlotter finden«, lispelte Rappel – seine zwei großen Nagezähne behinderten ihn etwas beim Sprechen. Nanolino stutzte und glotzte das Tier an. »Schlotter ist hier? Du kannst sprechen?«

»Klar kann ich sprechen«, antwortete Rappel etwas beleidigt. »Und ja, Schlotter ist hier irgendwo und pfuscht in Opa Erwins Gehirn rum. Aber das weißt du doch, oder? Wirklich alles in Ordnung mit dir?«

»Äh, ich glaube, ich träume. Aber das ist es: … ich träume wirklich!« Nano atmete tief durch.

Neben dem Kaninchen tauchte plötzlich ein weißes, wuscheliges Geschöpf auf. Eine lange rosa Zunge hing ihm aus dem Maul.

»Wuff, wuff – du träumst nicht, Opa ist wirklich in Gefahr!«, bellte der weiße Strubbelhund. Es war Kannickel.

»Nicht zu fassen, bin ich jetzt wirklich auf den Hund gekommen?«, staunte Nano. Ihm kam alles seltsam wirr vor. »Opa ist zwar noch immer mürrisch, aber den Gobbot in seinem Gehirn haben wir doch besiegt, oder? …«

»Jetzt sei kein Hasenfuß und schnapp dir Schlotter, den alten Knochen – wuff!«

Rappel schaute seinen Copiloten strafend an. »Nichts für ungut. Aber Hasenpfoten bringen auch Glück, und das brauchen wir jetzt dringend.«

Nano trat zur Seite – und fiel in die Tiefen von Opas Gehirn. Die Nervenstränge rasten an ihm vorüber. Er versuchte, sich an einem festzuhalten, erwischte aber keinen. Nach einem ihm unendlich lang erscheinenden Fall landete er bäuchlings auf einem Strang. Ganz in seiner Nähe war wieder eine dieser Synapsen, doch sie zuckte merkwürdig.

»Alles paletti?«, bellte Kannickel in sein Ohr.

»Denke schon. Sag mal, zucken Synapsen?«

»Eigentlich nicht«, antwortete Rappel. »Könnte …«

Das Kaninchen kam nicht dazu, den Satz zu beenden. Etwas sprang Nano brutal von hinten an und zerrte ihm den Helm vom Kopf. Ohne sich umzudrehen, wusste Nano, dass es Gobbot war.

Unbarmherzig umschlang er mit eisernen Armen Nanos Brust und schleifte ihn näher an die zuckende Synapse.

Diese löste sich aus dem gegenüberliegenden Nerv und ihr Ende wand sich auf Nano zu. Am Nervenende konnte Nanolino den geschrumpften Kopf von Schlotter erkennen, seine helle Haut, die rötlichen Augen und die heraustretenden Wangenknochen. Nanolino zitterte. Dort, wo der Körper eines Menschen ist, hatte Professor Schlotter nur einen Nervenstrang. Wie eine Schlange schlängelte er auf Nanolino zu und zischte: »Ha, wen haben wir denn hier? Haben wir etwa einen kleinen Spion gefangen?« Der Kopf seines Erzfeindes starrte ihn an.

Gobbot stieß den erschrockenen Jungen von sich, aber die Freiheit hielt nicht lange, denn Schlotters Nervenstrangkörper umschlang Nano wie eine Würgeschlange. Ihre Gesichter waren sich ganz nah. Nanolino roch Schlotters schlechten Atem, als dieser ätzend kicherte.

»Noch einmal durchkreuzt du meine Pläne nicht, dein Opa gehört jetzt mir!« Wie um seine Aussage zu unterstreichen, drückte sein Schlangenleib fester zu. Nano bekam kaum noch Luft.

»Und weißt du was? DU wirst mir dabei helfen. Gobbot war gestern! Jetzt kommt die Zeit der Sobbots! Das S steht für Super: Super-Roboter. Und keine falschen Hoffnungen: Deine Minitec hat damit nichts zu tun, sie kann dir diesmal nicht helfen.«

Wieder lachte er böse. Von Schlotters Mundgeruch wurde Nano schlecht.

Gobbot, der dank eines Raketenrucksacks im Raum schwebte, öffnete ein Kästchen, aus dem eine Wolke winziger Roboter herausschwirrte, die schließlich auf Nanos Schulter landeten. Wie ein Ameisenheer machten sie sich über seinen Körper her. Es krabbelte und kribbelte auf seiner Haut, gleichzeitig fühlte sich das Metall seltsam kalt an. Er wollte schreien, bekam aber keine Luft.

»Ab ins Ohr und dann in das Gehirn des Burschen!«, krähte der Professor. Und tatsächlich, die kleinen Viecher machten sich an den Aufstieg. Nano spürte das Kitzeln an seinem Hals. Er versuchte, sich aus Schlotters Umarmung zu befreien. Der verstärkte den Druck und schnürte Nano die Luft ab. Jetzt spürte er die Roboter an seinem Ohrläppchen. Nano gelang es, eine Hand freizukämpfen, und er fasste sich ans Ohr: zu spät. Mutlos ließ er die Hand sinken und beobachtete erschrocken, wie sich seine Hand in eine Metallklaue verwandelte, die genauso aussah wie eine von Gobbots Gliedmaßen.

Mit einem Schrei erwachte er und fand sich im Auto wieder, verheddert in einen Schlauch aus Micro Minitecs Ersatzteilsammlung.

Erleichtert atmete er auf. »Es war nur ein Traum«, flüsterte er sich zu. »Nur ein Traum. Schwein gehabt!«

Dr. X betrachtete den Jungen irritiert durch den Rückspiegel: »Was machst du denn da, Junge? Spiel nicht mit

Micros empfindlichen Geräten. Komm nach vorne und schnall dich sofort an, sonst fliegst du noch durch die Kurve.« Marie nickte wissend. Nachdem man sie die ganze Zeit kritisiert hatte, erleichterte es sie, dass Nano jetzt eins auf die Mütze bekam.

»Ach – aber …«, brachte Nano gerade noch hervor, da bogen sie schon scharf in den Waldweg ein, der sie zur Villa Ypsilon brachte. Er hatte sich im letzten Moment angeschnallt.

Schweinereien in der Schlachterei

»Brrrrrrrr, brhhhhhhhh!« Das Telefon schrillte blechern in der verwahrlosten Fabrikhalle, in der früher eine Schlachterei untergebracht war. Ein furchterregender Roboter und ein dicker Mann in grüner Militärkleidung rollten im Ringkampf über den harten Fußboden. Lautes Stöhnen und Scheppern war zu hören. Immer mehr verknoteten sich Arme und Füße ineinander. In diesem Moment nahm der Roboter den Fettwanst in den Würgegriff und drückte zu.

»Hör auf, Gobbot, ich kann nicht mehr«, stöhnte der schweißtriefende Ringkämpfer. Sein bellender Husten erschütterte die Fabrik.

Im Nachbargebäude verfolgte eine spindeldürre Person den unerbittlichen Kampf auf einem Mini-Monitor. Dieser Monitor war in eine überdimensionierte Brille mit verspiegelten Gläsern montiert, die über dem Kopf festgezurrt war. Hätte man hinter die verspiegelten Gläser sehen können, wäre einem nervenschwachen Menschen vermutlich fast das Herz stehen geblieben. Was für fanatische Augen in einem fratzenartigen Gesicht starrten verbissen auf den Minimonitor in der Brille!

Die Gestalt machte ungelenke Seitensprünge und vollzog merkwürdige Tritte ins Leere, warf sich plötzlich auf den stark verschmutzten Hallenfußboden und scherte sich nicht im Geringsten um ihren Smoking. Die Fliege hing schief am Kragen.

»Verrückt, die neue Technologie, oder?«, hallte es aus den Lautsprechern im Raum.

»R-U-H-E! Jetzt reicht's!«, befahl er dem bimmelnden Telefon genervt, das – als hätte der Schreck über diesen schreienden Befehlston es gelähmt – abrupt mit dem Läuten aufhörte.

»Gut, dass man auf mich hört«, murmelte die vermummte Gestalt stolz und setzte ihre verunglückten karateartigen Bewegungen fort.

»Los, Gobbot, mach Scherge fertig«, forderte der Brillenträger giftig. »Dreh ihm den Arm auf den Rücken!« Dabei warf er sich in seinem fast völlig verdreckten Smoking auf den Hallenfußboden, griff wie verrückt mit weißen Handschuhen in die Luft, als wenn er etwas drehen wollte, und stemmte gleichzeitig seine Füße gegen einen unsichtbaren Widerstand. Eine furchterregende Technik, denn ob man es glauben wollte oder nicht, die Bewegungen des Smokingträgers übertrugen sich eins zu eins auf die des Roboters im anderen Gebäude. Dieser stemmte im selben Moment seine ungelenken Metallbeine gegen Scherge, seine Roboterarme drehten wild an dessen Ellenbogen. Zufrieden beobachtete der Smoking-Mann das schmerzverzerrte Gesicht seines Gehilfen.

»Hören Sie auf, Professor von Schlotter!« Markerschütterndes Schreien von Scherge war zu vernehmen.

»Tja, wirklich, es funktioniert, Scherge.« Und der Professor grinste hämisch.

»Pass auf! Ich drücke dich jetzt noch ein letztes Mal«, kündigte er an. Dabei schloss er demonstrativ seine rechte Hand zur Faust. »Aaauuuuu!« Scherge schrie auf, weil der Roboter im selben Moment gewaltig seine Hand quetschte, sodass das Knirschen der Knochen im Lautsprecher zu hören war. Auf dem Mini-Monitor waren die angstvoll geweiteten Augen von Scherge zu sehen.

»Genug! Super!« Mit diesen Worten stoppte der Professor die Aktion, denn auch Gobbots Augen näherten sich gefährlich denen von Scherge und starrten ihn bedrohlich an. In den Augen des Roboters waren kleine Chipkameras implantiert.

Schlotters rechte Schulter schmerzte.

»Mist, tut das weh«, fluchte er. »Ausgekugelt beim Bodenkampf?« Er drehte seine Schulter in alle Richtungen. »Zum Glück keine Luxation. Zu gerne hätte ich meinen Liebling mehr gedrückt. Hö, hö!« Ein fieses Grinsen breitete sich auf seinem verzerrten Gesicht aus.

»Scherge! Verflucht. Dieser gigantische Roboter ist irre stark! Und macht wirklich alles, was ich will. Bewegt sich völlig iden-

tisch mit meinen Bewegungen! Mein GOBBOT! Du wunder-
barer Götz-Robbot ... Ich bin begeistert. Du bist wirklich ich!
Ebendeshalb hab ich dich ja auch GOBBOT getauft. Brav, GOB-
BOT! Brav!«, säuselte er fast zärtlich, als würde er zu einem
Hund sprechen. »SUPERGOBBOT – SUPERSCHLOTTER!«

Luxation

Wenn zwei
Knochen sich
gegeneinander
im Gelenk
verschieben,
sind sie
ausgekugelt,
weil die Kugel

 des Knochenköpfchens teilweise oder ganz aus dem Gelenk gesprungen ist.
Der Arzt nennt das eine **Verrenkung** oder **Luxation**. Häufig werden dabei auch die
Gelenkkapsel und / oder die Bänder beschädigt. Wenn eine Gelenkfläche ganz
rausgesprungen ist, renkt der Arzt das Gelenk meistens unter Betäubung wieder
ein und stellt es mit Schienen oder Gips still, damit es ausheilt. Typische
Symptome: Das Gelenk ist **geschwollen, tut höllisch weh,** und du kannst es **kaum
bewegen.**

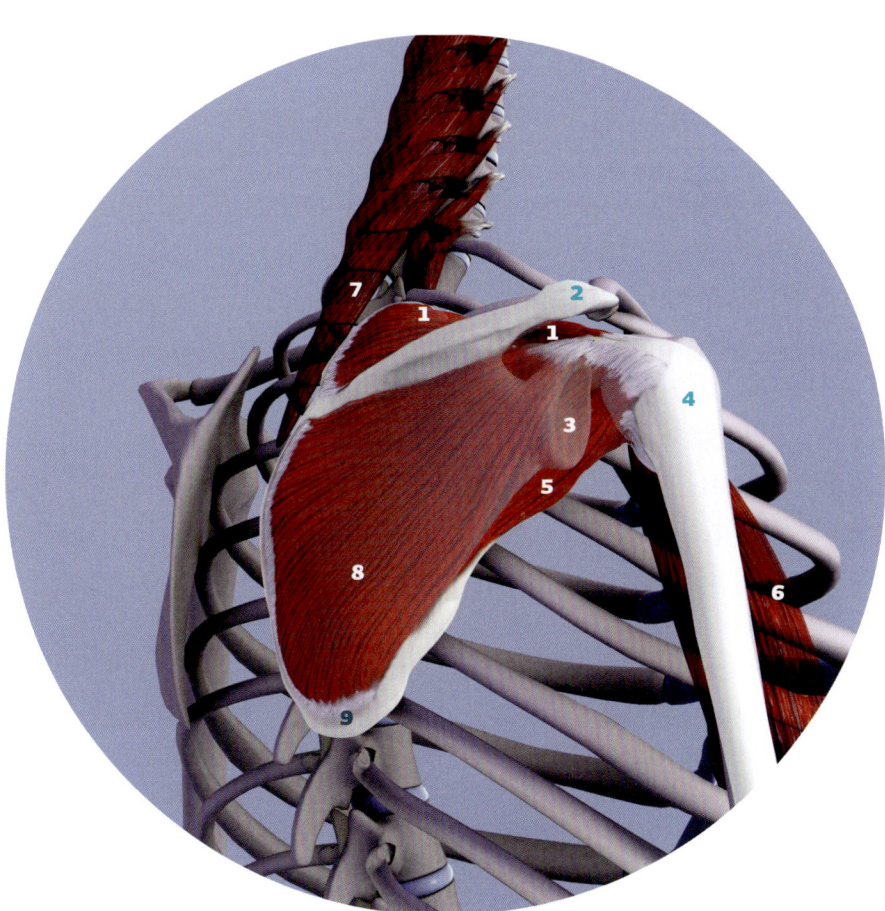

1 Ober-Grätenmuskel
(musculus supraspinatus)
2 Schulterhöhe
(Acromion)
3 Gelenkpfanne
4 Oberarmkopf (luxiert)
5 Unter-Schulterblattmuskel
(musculus subscapularis)
6 Bizeps
7 Halsmuskeln
8 Unter-Grätenmuskel
(musculus infraspinatus)
9 Schulterblatt

Während dieser ekligen Selbstbeweihräucherung nahm er mit spitzen Fingern seine Brille ab und hielt sie kurz demonstrativ in die Luft. Vorsichtig den Arm bewegend, zog er sich triumphierend die Computerhandschuhe von den Händen – Finger für Finger –, streifte die Smoking-Jacke ab und wickelte sich langsam und andächtig die sehr breite schwarze Binde ab, die er darunter getragen hatte. Sorgfältig faltete er die Binde zusammen und setzte sich auf den Boden. Bedächtig zog er die schwarzen Stiefeletten und überknielangen Strümpfe aus und rollte zwei sehr breite Ellenbogenschoner aus elastischem Material den Unterarm herunter.

»Professor, Sie sind einzigartig! Was für eine Wundertechnik! Diese Software mit den Minichip-Sensoren in Ihrer Kleidung, die Ihre Bewegungen exakt auf den Roboter überträgt, ist der Hammer!«, drang Scherges Stimme aus den Kopfhörern, die der Professor achtlos auf den Tisch geworfen hatte, der sich im Nachbarzimmer schmerzverzerrt Hände und Arme massierte.

»Jeder hört auf mein Kommando, Scherge! Wir machen uns die Welt jetzt untertan. Hast du verstanden?«

»Jawohl, Herr Professor.« Man meinte, die zusammengeschlagenen Hacken von Scherge zu vernehmen. »Die Menschheit wird zittern, wenn wir alle Roboter mikrotisiert und zur Manipulation in die Gehirne der Menschen eingeschleust haben.« Scherge kratzte sich am Kopf, dann fragte er zögerlich: »Aber was sollen die Gobbots eigentlich im Gehirn machen?«

»Dummkopf, elender Taugenichts! Das hab ich dir doch schon tausendmal erklärt.« Schlotter ging mit großen Schritten in den Nebenraum und packte den völlig erschöpften Scherge am Kragen. »Ich habe sie so programmiert, dass sie das

Zentrum im Gehirn angreifen, das für Gefühle zuständig ist. Dort schalten sie alle schönen Gefühle aus – Liebe, Mitgefühl, Freude und Nächstenliebe. All diese menschlichen Schwächen werden abgestellt. Zurück bleiben nur Neid, Hass und Egoismus! Keine Gefühlsduselei mehr, keine Freundschaften oder glückliche Familien. Niemand mehr, der sich über den Sonnenschein freuen kann oder sich verliebt. Jeder ist für sich allein. Und was machen die Menschen, wenn sie sich nicht mehr gegenseitig haben?«

Scherge nuschelte etwas Unverständliches.

»Genau, sie werden auf mich hören. Ich werde eine Armee von Menschen besitzen, die nur mir gehorcht, dann werde ICH die Welt beherrschen! Auf geht's!« Professor Götz von Schlotter ballte kräftig die Faust und kicherte beängstigend in sich hinein.

Dann registrierte er das von Neuem stoisch vor sich hin läutende Telefon.

»Was hindert dich eigentlich daran, ans Telefon zu gehen, Scherge?«

Scherge schlurfte finster dreinschauend zum Telefon und nahm ab.

»Hat aufgelegt.«

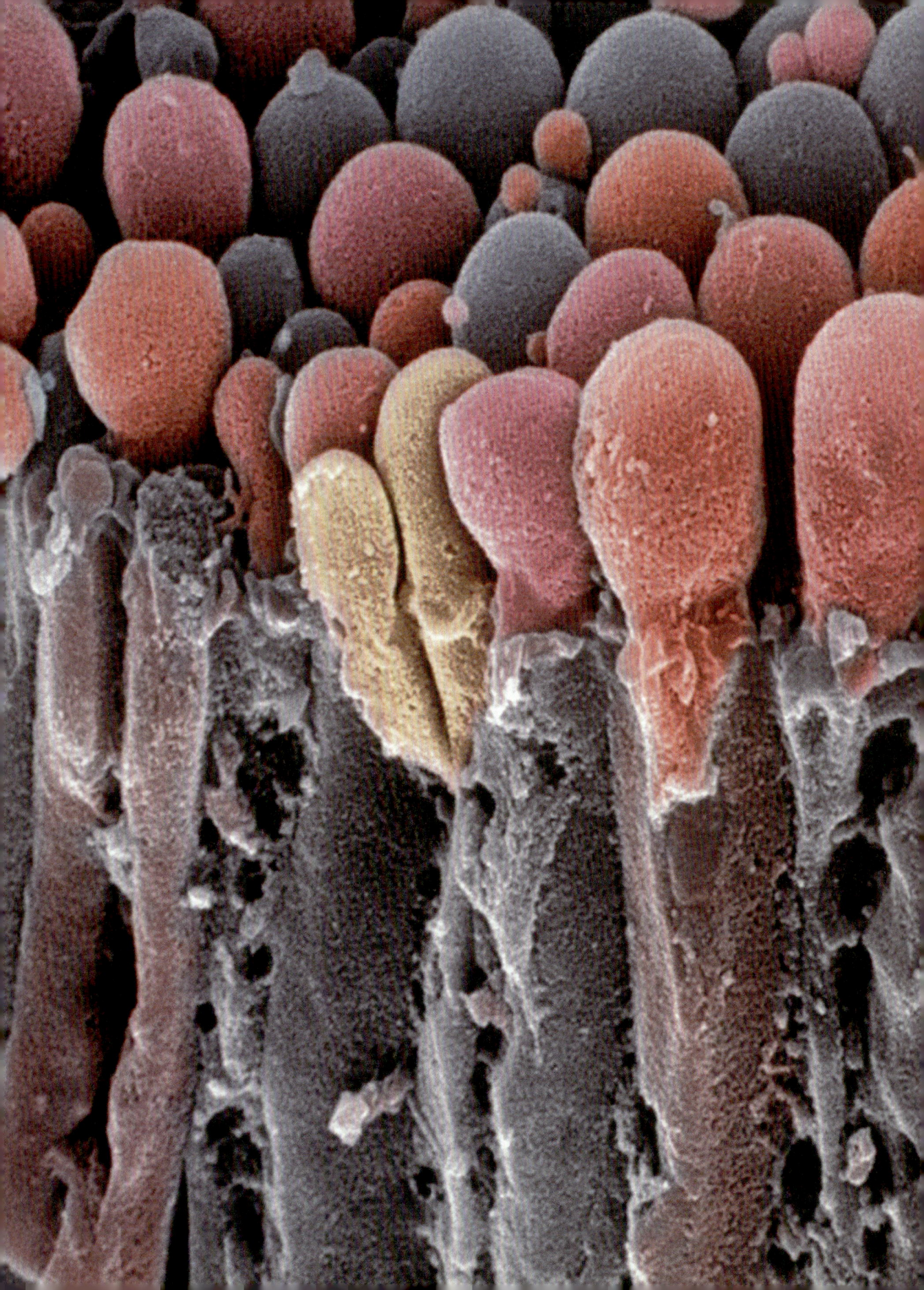

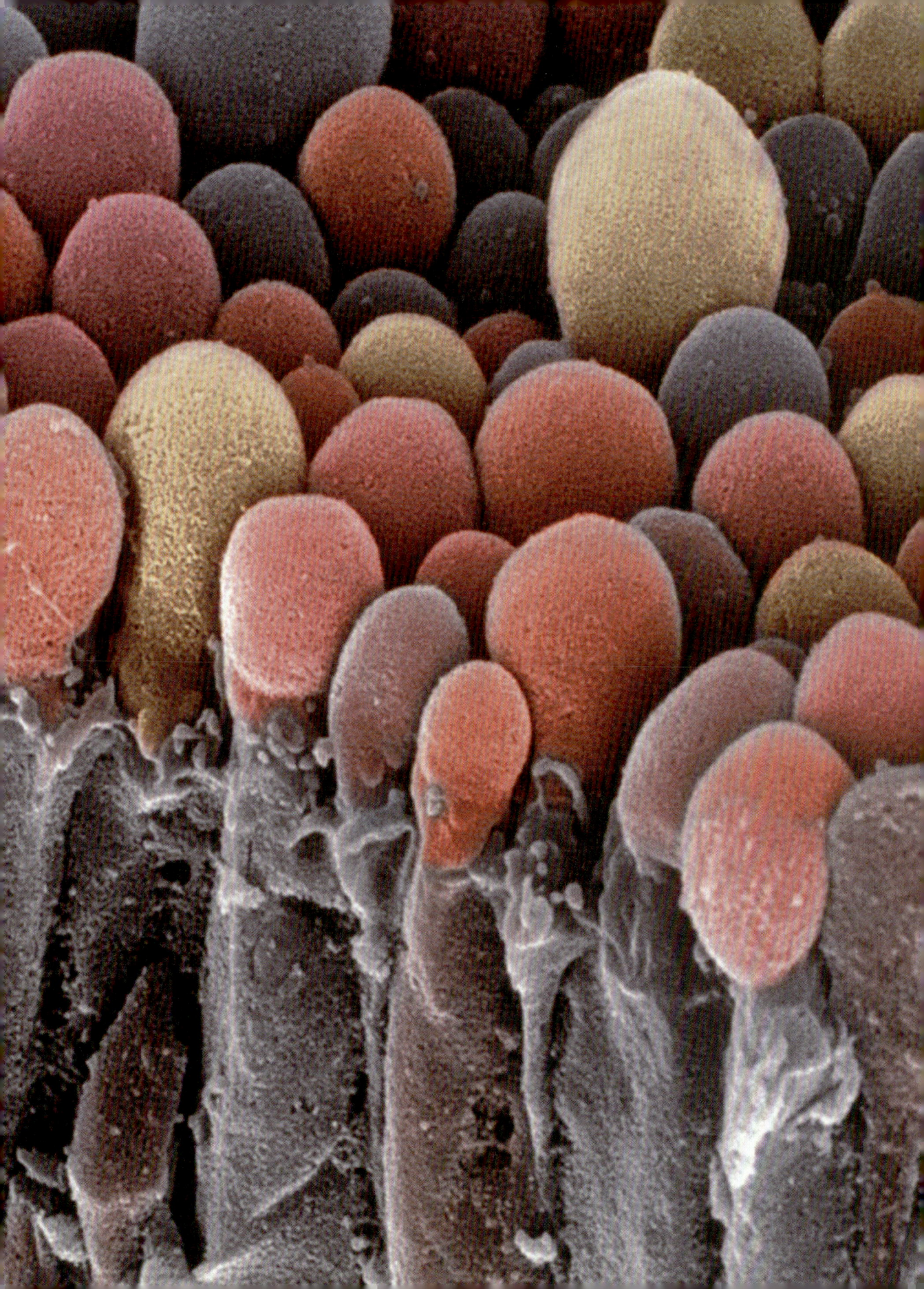

»Nachtigall, ick hör dir trapsen «

In der Villa Ypsilon war die Hölle los. Micro Minitec testete gerade ihre neueste Erfindung, den »fliegenden Arztkoffer«! Richtig gehört: Ihr Koffer hatte die Schwerkraft überwunden und sauste ständig hinter ihr her, sozusagen mit fliegenden Haaren. Denn der Koffer besaß ein Rotorblatt wie ein Helikopter mit haarähnlichen Lamellen. Wohin sich Micro auch bewegte, der Koffer flog ihr im Abstand von eineinhalb Metern hinterher, mal rechts, mal links, treppauf, treppab, und lächelte dabei aus großen Kulleraugen, die Micro nie aus dem Blick verloren. Die hinter den Kulleraugen verborgenen Kameras sorgten dafür, dass der Koffer immer einen Sicherheitsabstand zu Micro und allem anderen einhielt, damit nichts seinen gefährlich schnell rotierenden Rotorblättern zu nah kam. »Micros Distance Flight – MDF«, was so viel wie »Micros Distanz-Fliegen« heißt, nannte sie dieses System, das sie zuerst in ihren inzwischen heiß begehrten Energiesparautos getestet hatte. Rappel, Micros hennarotes Kaninchen, hoppelte vergnügt hinter dem Micro-Koffer-Gespann her, machte Luftsprünge wie ein übermütiger Hund und stolperte dabei das eine oder andere Mal über seine Schlappohren. Schwester Leoberta klatschte in die Hände und juchzte in ihrem unnachahmlichen Berliner Dialekt: »Nachtigall, ick

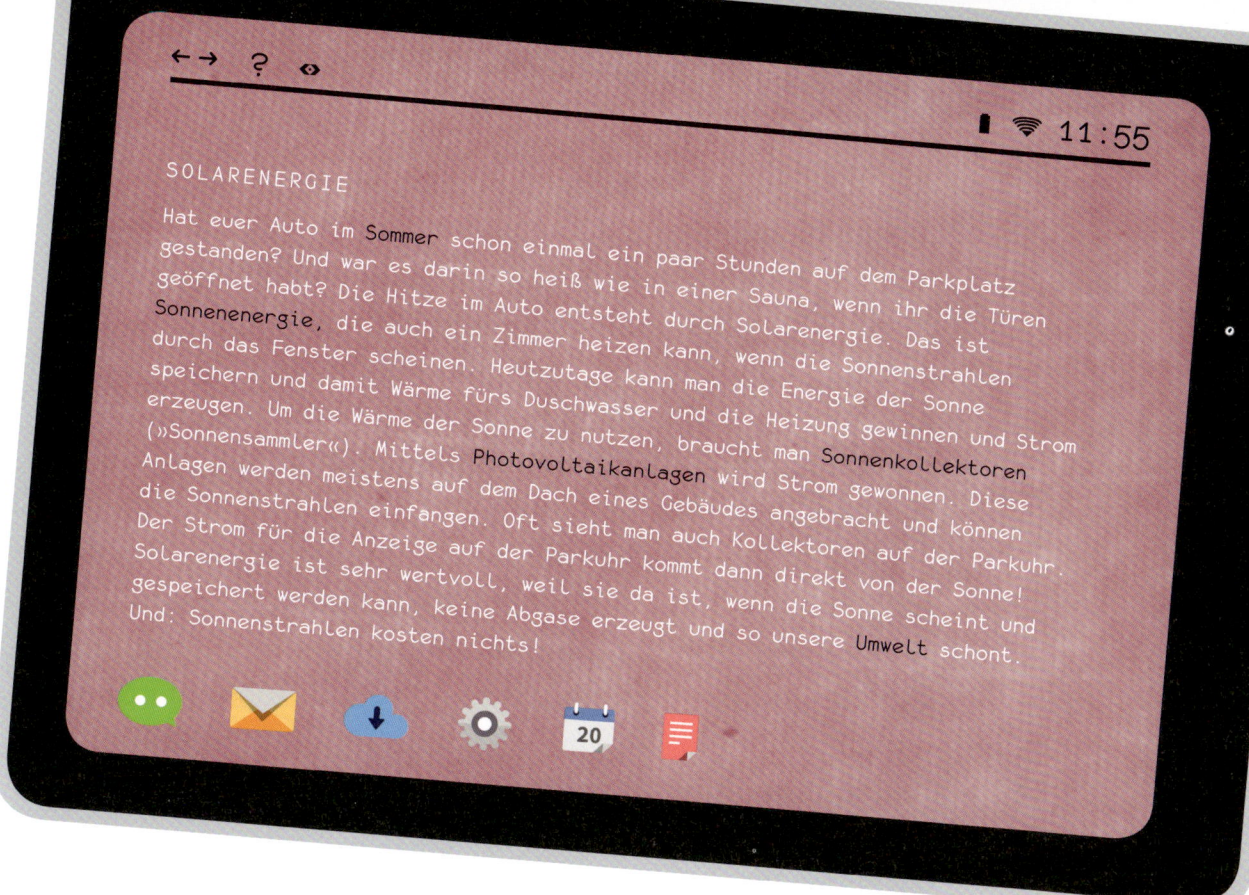

SOLARENERGIE

Hat euer Auto im Sommer schon einmal ein paar Stunden auf dem Parkplatz gestanden? Und war es darin so heiß wie in einer Sauna, wenn ihr die Türen geöffnet habt? Die Hitze im Auto entsteht durch Solarenergie. Das ist Sonnenenergie, die auch ein Zimmer heizen kann, wenn die Sonnenstrahlen durch das Fenster scheinen. Heutzutage kann man die Energie der Sonne speichern und damit Wärme fürs Duschwasser und die Heizung gewinnen und Strom erzeugen. Um die Wärme der Sonne zu nutzen, braucht man Sonnenkollektoren (»Sonnensammler«). Mittels Photovoltaikanlagen wird Strom gewonnen. Diese Anlagen werden meistens auf dem Dach eines Gebäudes angebracht und können die Sonnenstrahlen einfangen. Oft sieht man auch Kollektoren auf der Parkuhr. Der Strom für die Anzeige auf der Parkuhr kommt dann direkt von der Sonne! Solarenergie ist sehr wertvoll, weil sie da ist, wenn die Sonne scheint und gespeichert werden kann, keine Abgase erzeugt und so unsere Umwelt schont. Und: Sonnenstrahlen kosten nichts!

hör dir trapsen. Mensch, Micro Minitec, wat haste da schon wieda anjestellt. Een Koffer, der sich wie 'ne Nachtigall in die Lüfte schwingt!« Auch alle anderen Mitarbeiter und Techniker waren aus ihren Räumen und Labors gekommen und applaudierten voller Begeisterung.

»Ich danke euch allen! War eine großartige Teamleistung, dieser Koffer. Vor allem, dass wir so viel von unseren Automobiltechniken übernehmen konnten: Solarenergie für den Antrieb der Propeller auf der Kofferoberfläche und das MDF-System. Super!«

»Frrrau Minitec«, unterbrach ein Ingenieur mit russischem Akzent. »Öffnen doch mal derr Kofferr.« Er rollte das »r« überdeutlich. »In Kofferr auch Ultrrraschallgerrrät und EKG fürrr Diagnose und Laborrr, kleines. Mithilfe Solarrr- und Strrrohmungstechnologie Sie bäkommen Strrrom vorrr Diagnose – Puls- und Blutdrrruckmessung auch auttomatisch mögglich.« Micro Minitec lächelte vergnügt und staunte, als sie den Kofferdeckel öffnete. Alles, was ein Arzt benötigt, war auf kleinstem Raum übersichtlich angeordnet: Medikamente, Verbände, Spritzen, Reflexhammer und alle vom russischen Techniker erwähnten Geräte.

»Solarenergie müsste man noch für etwas anderes nutzen können«, dachte Micro Minitec. »Wie praktisch wäre es, wenn man Sonnenstrahlen einfangen und zu jeder beliebigen Zeit wieder ausstrahlen könnte, wie eine Taschenlampe mit natürlichem Licht.«

In diesem Moment großer Begeisterung stürzte Nanolino herein, gefolgt von einer Horde aufgeregter Kinder. Mittendrin lag Jimmy auf einer Trage, begleitet von Dr. X.

»Ist alles vorbereitet?«, rief er in den Raum. »Hey, was ist hier denn los?«

»Wir haben Besuch aus Tausendundeiner Nacht«, sagte Leoberta. »Een Bruda vom fliejenden Teppich is jerade mal vorbeijeflogen!« Leoberta griente, die anderen kicherten, Dr. X stutzte.

»Bitte was? Schwester, ich verbitte mir diesen Unsinn. Seid ihr alle betrunken?«

Ein Hüsteln, das durch den Raum ging, verriet, dass mancher sich nur mit Mühe das Lachen verkneifen konnte. Einer prustete los. Zorneswolken schienen sich über Dr. X' Kopf zu bilden. Micro lächelte ihn versöhnlich an.

»Lieber Dr. Xiang«, das war Dr. X' vollständiger Name, »es

ist mir eine Ehre, Ihnen meine neueste Erfindung präsentieren zu dürfen: den fliegenden Arztkoffer! Simsalabim!«

Sie klatschte in die Hände und rief: »Medico vobiscum!« Ein starkes Summen erklang, und der Koffer erhob sich wieder in die Luft und brauste durch den Raum. Nano konnte sich gerade noch zur Seite ducken und sah ungläubig hinterher. Der Koffer landete zielsicher vor Micros Füßen und öffnete automatisch den Deckel. Dr. X war überwältigt.

Die Kinder wichen erschrocken zurück, nur Nanolino beugte sich neugierig vor. Sein Traum, Arzt zu werden, hatte sich seit seinem letzten Abenteuer noch verstärkt. Daher betrachtete er die vielen kleinen Instrumente sehr genau. »Meine wundervolle Minitec«, stammelte Dr. X. »Das ist ja unglaublich, was du da wieder gezaubert hast!« Alle Anwesenden nickten begeistert, und den Kindern blieb der Mund offen stehen – genau genommen hatten sie ihre Münder aufgerissen, als der Koffer durch den Raum flog, und seitdem nicht mehr geschlossen. »Schaut euch mal das kleine Ultraschallgerät an«, rief Dr. X verzückt. Micro nahm den Schallkopf heraus und verteilte etwas Ultraschallgel darauf.

← → ? ◇

ULTRASCHALL

Mit den Augen Bilder hören - das wäre doch toll, oder? Mit einem Ultraschall kannst du das! Jeder Internist oder Allgemeinarzt nutzt dieses Stethoskop, um deinen Bauch »abzuhören«. Über einen klitzekleinen Lautsprecher, den sogenannten Schallkopf, werden viele feine Schallwellen gebündelt und über die Haut in den Körper eingestrahlt. Sie werden im Körperinneren durch die Organe gebrochen, gestreut oder zurückgeworfen. Ein kleiner Empfänger im Schallkopf nimmt die zurückkommenden Echos auf, die auf dem Bildschirm als Lichtpunkte erscheinen. Je nachdem, wie schnell oder stark die Echos zurückkommen, werden die Lichtpunkte weiß, grau oder schwarz. Viele Lichtpunkte zusammen ergeben ein Bild des Körperinneren. Damit kann man sogar ein kleines Brüder- oder Schwesterchen in Muttis Bauch beobachten. Beim Ultraschall entsteht keine Röntgenstrahlung und es sind bislang keine Nebenwirkungen oder Schäden bekannt.

»Damit die Schallwellen besser auf festes Gewebe übertragen werden können«, erklärte sie Nanolino.

Elegant wie eine Basketballspielerin warf sie die leere Tube in eine weiter entfernt stehende Mülltonne.

»Wow, Micro, wisch das Gel nicht ab. Untersuch doch mal Jimmys Knie«, schlug Nanolino vor.

»Ultraschall ist eigentlich nicht die richtige Methode, um einen Meniskusschaden oder einen Riss im Kreuzband festzustellen«, wandte Dr. X ein. »Aber um zu sehen, ob ein Gelenkerguss oder eine Blutung ins Muskelgewebe vorliegt, ist dies schon eine große Hilfe.«

Kniegelenk

Das Kniegelenk, das größte Gelenk des menschlichen Körpers, besteht aus zwei Einzelgelenken, dem Kniescheiben- und dem Kniekehlgelenk. Es wird durch das vordere und hintere Kreuzband zusammengehalten. Diese Bänder überlagern sich, wie der Name sagt, kreuzförmig und sind am Schienbein und am Oberschenkelknochen nah am Knie befestigt. Sie verhindern, dass sich beide Gelenkanteile nach vorne und hinten verschieben. Außerdem gibt es noch Seitenbänder, die zusammen mit der Gelenkkapsel das Knie bei Bewegungen zur Seite stabilisieren. Die Kniescheibe ist vorne vor dem Knie durch Sehnen mit der Ober- und Unterschenkelmuskulatur verbunden. Wenn dein Knie gereizt ist oder du einen Sportunfall hast, bei dem beispielsweise das Kreuzband reißt, kann es auch zu einem Gelenkerguss oder Einblutungen ins Gelenk kommen.

1 Oberschenkel
2 Kniescheibe
3 Gelenkhöhle
4 Meniskus
5 Kniescheibenband
6 Schienbein

7 Oberschenkelknochen
8 Kniescheibe
9 Fettkörper
10 Patellasehne
11 Schienbeinknochen

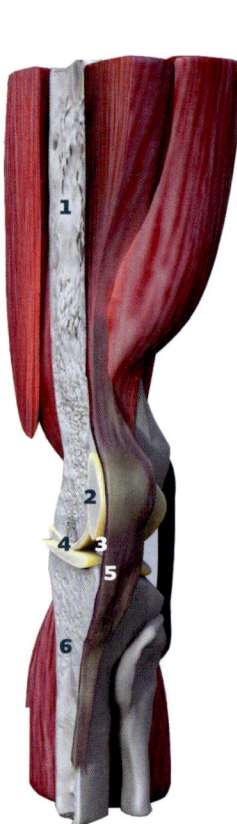

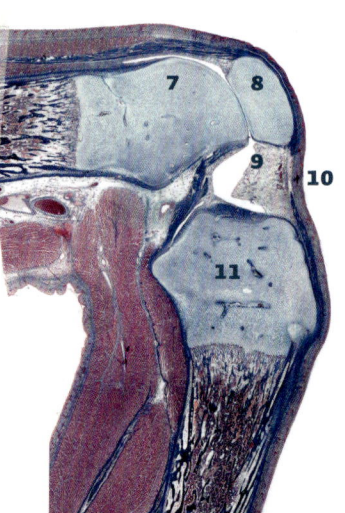

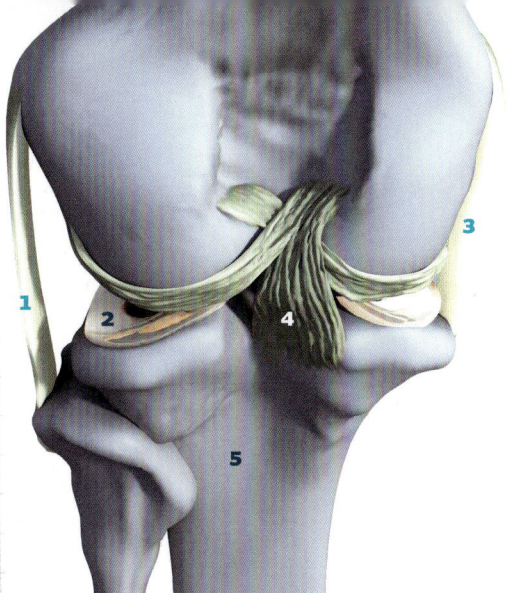

✏ Kreuzband

Das ist nicht ein Band, mit dem das Kreuz in der Kirche zusammengehalten wird. Das **Ligamentum cruciatum** – wie es von Ärzten genannt wird – besteht eigentlich aus zwei Bändern: einem vorderen und einem hinteren. Sie durchziehen das Kniegelenk, wobei sie sich kreuzen und so die Spannung aufbauen, die eine Verschiebung beider Gelenkanteile nach vorne und hinten verhindert. Dein Kniegelenk kann somit wie »geschmiert« laufen. Die Gelenkknorpel bewegen sich wie Zahnräder auf den Punkt genau gegeneinander.

»Ist das ein Kreuz mit den Bändern!« Das Kniegelenk ist eine Besonderheit, es hat wie die Wirbelsäule einen Stoßdämpfer. Dieser ist zweigeteilt in einen Innen- und Außenmeniskus und besteht aus Faserknorpel, der bei zu starker Belastung einreißen kann. Man spricht dann auch von einem Meniskusriss.

1 Außenband
2 Außenmeniskus
3 Innenband
4 Hinteres Kreuzband
5 Schienbein

»So, Jimmy, dann wird sich Micro erst mal dein **Kniegelenk** mit dem Ultraschall angucken. Keine Angst haben, das tut nicht weh. Ich werde schon mal zum Kernspin vorgehen, dort können wir gleich dein inneres Knie anschauen.«

Micro Minitec begann vorsichtig mit der Untersuchung des Knies.

Operation Jimmy

»Sieh mal, Jimmy!« Dr. X zeigte auf das Knie, das überdimensional groß im Raum schwebte und sich drehte. Er griff in dieses leuchtende und durchsichtige Kniewunder hinein und zeigte den verblüfften Kindern einen Querschnitt vom Knie auf einem im Raum sichtbaren Kernspinbild.

»Das ist eine Holografie, wie damals von Fridos Fuß«, rief Nano.

»Richtig«, sagte Dr. X. »Das ist eine holografische Darstellung. Mit so einer Holografie kann man alle Abschnitte des Körpers in den Raum projizieren. Sogar eine ganze Person. Das ist modernes Kino, Körperkino.«

»Wie im Zirkus«, murmelte ein Spieler der Roten Teufel. »Genau. Dr. X ist ein moderner Zauberer«, rief Marie. Da klappte Dr. X das Knie virtuell in der Luft auf, indem er seine Handflächen auseinanderfaltete.

»Hier seht ihr die intakten Kreuzbänder, das vordere und das hintere, da die Kniescheibe, hier unten den Außenmeniskus und dort den Innenmeniskus von Jimmy, der ganz fest mit dem Innenband verwachsen ist.«

»Wofür braucht man einen Meniskus, Doc?«, fragte Marie keck. Dr. X beugte sich zu ihr. »Das ist der Stoßdämpfer der Knie. Beide Knorpelflächen innen und außen vom Oberschenkel und Unterschenkel werden so abgepuffert und geschützt.«

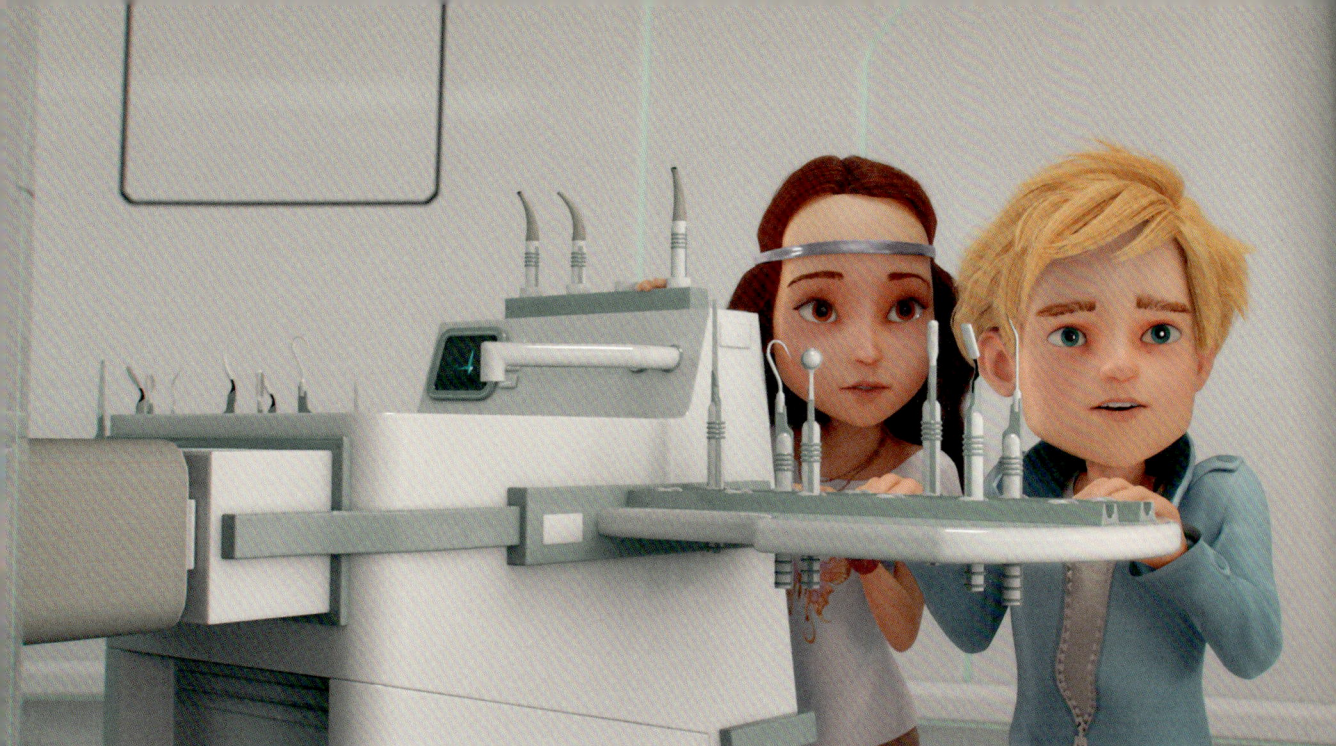

Alle Kinder umringten das schwebende Knie, betrachteten es konzentriert und hörten gespannt zu.

»Einen so anschaulichen und coolen Unterricht hatten wir noch nie!«, sagte der Torwart der »Roten Teufel« anerkennend.

»Doch was sehe ich hier? Jimmy, da ist ein klitzekleiner Riss im Außenmeniskus.« Dr. X zeigte mit seinem rechten Zeigefinger auf eine hauchdünne Linie im Bild, das er auf seiner linken Handfläche ausgebreitet hatte. »Seht ihr diese feine fadenförmige weiße Linie?« Die Kinder nickten. Marie wurde wieder rot. »So 'n Mist«, schluchzte sie. Jimmy guckte fragend in die Runde.

»Alles halb so schlimm, Jimmy. Bald wirst du wieder Fußball spielen können. Früher hat man so etwas operiert, heute können wir einen solch kleinen Riss nähen oder kleben. Bei dir ist er so winzig, dass wir ihn kleben und den kleinen Bluterguss ein wenig absaugen sollten.« Jimmy schaute misstrauisch, fast

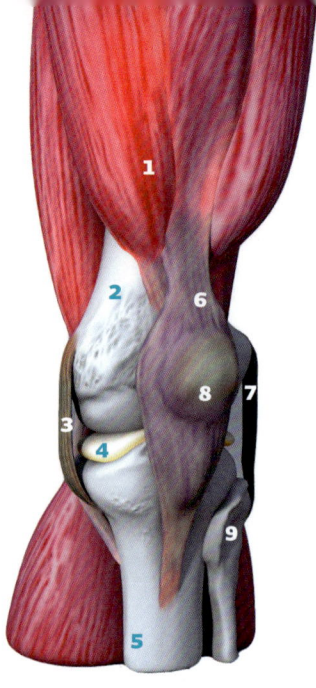

1 Oberschenkelmuskel
(musculus quadriceps)
2 Oberschenkelknochen
3 Innenband
4 Meniskus
5 Schienbein
6 Sehne
7 Außenband
8 Kniescheibe
9 Wadenbein

schielte er vor Unbehagen. Seine Mannschaft rückte näher, als wollte sie ihn verteidigen.

»Das dauert höchstens fünf Minuten, Jimmy, mit örtlicher Betäubung. Mach dir keine Sorgen«, mischte sich Micro Minitec ein, »ein kleiner Pikser, und alles ist vorbei.«

»Darf ich wieder mithelfen?«, fragte Nanolino aufgeregt. »Außerdem habe ich Jimmy mein Wort gegeben, dass ich ihm helfe!«

»Aber …«, wollte Dr. X gerade sagen, da unterbrach ihn Micro und flüsterte ihm etwas ins Ohr. Dr. X nickte zustimmend und wandte sich an Jimmy.

»Also, Jimmy, wir rufen kurz deine Eltern an, ob wir diesen kleinen Eingriff durchführen dürfen. Du bist ja noch nicht volljährig. Unser neuer medizinischer Sportassistent Nanolino, den Micro und ich gerade in unser Sportteam berufen haben, wird dich begleiten sowie die Behandlungen unterstützen. Ist das okay so, Jimmy, Nanolino?«

Nano wusste gar nicht, wie ihm geschah. Ein Schauer der Erregung lief über seinen Rücken, er brachte nur noch ein stammelndes »Da-a-anke sehr, nat-t-t-türlich« hervor und strahlte über das ganze Gesicht. »Welch eine Ehre!« Er verbeugte sich, die Kinder gratulierten ihm, und Jimmy erklärte beruhigt seine Zustimmung. Dr. X verließ kurz den Raum, um Jimmys Eltern anzurufen.

»Alles klar, sie sind einverstanden«, sagte er, als er wenig später zurückkam. »Und noch mal, Jimmy: Es geht alles schnell und schmerzlos, weil wir die ganze Behandlung in deinem Knie genauestens sehen können.«

»Desinfektion, Tupfer, Sonde und Lokale bitte.« Mit »Lokale« meinte er das örtliche Betäubungsmittel. Dr. X zog sich seinen megalangen Kittel an, streifte sich die sterilen Handschuhe über und beugte sich über Jimmys Knie.

Auf das Glas seiner Spezialbrille, einem Monokel, wurden Innenaufnahmen des Knies projiziert. Gleichzeitig konnte er mit dem anderen Auge, das nicht bebrillt war, normal sehen und so auch die feine Sonde mit seiner Hand genauestens steuern. »Echt genial!« Jimmy war tief beeindruckt, konnte er doch alles direkt auf dem Monitor über seinem Kopf genau beobachten. Er war dermaßen abgelenkt, dass er überhaupt nicht bemerkte, wie Dr. X sein Knie betäubte.

← → ? ◉ ▯ 📶 11:55

SONDE

Das ist kein Spionagewerkzeug oder Weltraumsatellit, sondern ein röhrenförmiges medizinisches Instrument, um Flüssigkeiten und Gase in den Körper einzuleiten oder Gewebeproben aus Körperhöhlen oder Organen zu gewinnen. Da gibt es zum Beispiel Magensonden, um Nahrung zuzuführen oder den Magen zu spülen. Über Infusionssonden werden Medikamente in die Blutbahn gebracht. Drainagesonden werden nach Operationen gelegt, um Blut oder Eiter abzuleiten. Mit Therapiesonden bringt man zum Beispiel schmerzstillende Medikamente direkt an die Bandscheibe. Sonden haben unterschiedliche Längen und Durchmesser und bestehen aus Metall oder Kunststoff.

steril

Ein Gespräch ohne Inhalt, Witz oder Tiefe kann »steril« sein. Das ist hier aber nicht gemeint. In der Medizin oder Naturwissenschaft nennt man Untersuchungs- oder Laborgeräte, Kleidung oder Verbandsstoffe steril, wenn sie **frei von Keimen** sind. Bei der sogenannten Sterilisation werden Mikroorganismen und ihre Überlebensformen, die Sporen, abgetötet oder so geschädigt, dass sie niemanden mehr anstecken können. Ein Mensch – Mann oder Frau – kann auch »steril« sein, weil er **zeugungsunfähig** ist und keine Kinder bekommen kann.

Gebannt starrte er auf den Bildschirm über ihm und beobachtete, wie die Sondenverlängerung in das schwarz-weiße Kniegewölbe eindrang. Er sah, wie sich plötzlich eine weiße Flüssigkeit ausbreitete und in dem Gewebe zwischen Adern, Sehnen und Muskeln verteilte.

Aber das Spektakulärste sollte noch kommen. Micro Minitec hatte Nanolino mikrotisiert. In seinem ersten Abenteuer in der Villa Ypsilon hatte sich Nano versehentlich selbst geschrumpft und war mit Rappel in einem Mini-U-Boot in Micros Darm unterwegs. Anschließend hatte er noch zwei weitere Reisen in das Innere des Körpers unternommen. Er war inzwischen ein erfahrener U-Boot-Fahrer oder, wie Dr. X es nannte: ein Bodynaut – ein Astronaut im »Körperall«. Der erste überhaupt.

Nano war in einem Nebenraum in das von Micro Minitec neu entwickelte U-Boot namens »Manta« geklettert, das bewusst einem Rochen nachempfunden war. Dr. X schaltete den Blick des Monitors per Sprachkommando ins Innere des U-Bootes um. Jetzt sah er dank der Spezialbrille Nanos Kopf lebensgroß vor sich. Micro hatte den Manta und ihn mit etwas Betäubungsflüssigkeit in ein Röhrchen aufgezogen.

»Hallo, wo bist du?«, fragte Dr. X, hielt sich das Röhrchen schmunzelnd vor das rechte Auge und schüttelte heftig die Mixtur.

»Stopp … hör auf … mir wird schlecht!« rief Nano.

Nano wurde etwas grün um die Nase. »Achter … bahnf … ah-ren ist nichts … jaaaa, nichts … dagegen! Dr. X-X-X-X!«

Jetzt presste er sich die Hand vor den Mund, als müsste er sich gleich übergeben. Das schien ansteckend zu sein: Auch Jimmy schluckte und rief laut: »Halt, aufhören!«, denn er hatte alles auf dem Monitor mit angesehen. Der Zwischenruf erschreckte Dr. X, er ließ fast das Röhrchen fallen.

»Sorry, Nano! Hatte ganz vergessen, dass kleine Bewegungen hier draußen Tsunamis im Inneren des Röhrchens auslösen. Außerdem bist du beim besten Willen nicht zu sehen!«

»Bin eben ein kleiner Wicht!«

»Ja … Das Betäubungsmittel sieht vollkommen klar aus! Ich werde dich jetzt langsam mit vorsichtigem Druck hinter die Kniescheibe bringen. In Ordnung, kleiner Medicus? Dann übernimmst du die Steuerung.«

»Oki, Doci! Bin einsatzbereit, Doc!«

Nanolino setzte sich aufrecht hin. Kurz blickte er noch eine unendlich lang erscheinende, metallisch glänzende Rutsche hinab, als er plötzlich mit der Geschwindigkeit eines Düsenjets durch das Kanüleninnere schoss und gleich darauf am Ende des Tunnels eine weiße Wand sah, die sich rasend schnell näherte.

örtliches Betäubungsmittel

Nervenleitungen kann man durch Druck, Hitze, Kälte, aber auch Medikamente unterbrechen. So können örtliche Betäubungsmittel, in der Fachsprache **Lokalanästhetika** genannt, Nerven einer bestimmten Körperregion für einige Zeit betäuben

und auf diese Weise die Schmerzleitung zum Gehirn unterbrechen. Du spürst in der Körperregion keine Hitze oder Kälte mehr, auch nicht, wenn man deine Haut streichelt.

Im Kniegebirge

Nano hatte Angst, die Beschleunigung würde seinen Kopf zerquetschen, da glitt der »Manta« in einen Riesenspalt. Vor dem Cockpit erschienen wunderschöne Spiegelflächen: schöner und weißer als jeder Neuschnee, atemberaubender als jeder Gletscherspalt, glatter als jeder Spiegel. Das gelbe Licht des U-Boots tastete die Oberfläche ab, und sie glitten an der weißen »Bergwand« vorbei. Die Spiegelwand schien gar nicht aufzuhören. Nanolino steuerte versonnen das Boot und vergaß Raum und Zeit.

»Oh, wie traumhaft, Dr. X! Schade, dass du nicht selbst hier sein kannst, Jimmy.«

Ein Gefühl unendlicher Ruhe durchströmte Nano. Die Zeit schien jetzt tatsächlich stillzustehen. Minutenlange Stille. Keiner der Beobachter wagte es, die feierliche Stimmung zu stören.

»Das ist so unbeschreiblich schön hier, Leute! Seht nur die flauschige Kissenlandschaft!« Die Scheinwerfer tasteten die stille, fremde Welt vor seinem Fenster ab und brachen sich in weißen Bergen, die aus Schaum oder Schnee zu bestehen schienen. Jimmy konnte es nicht fassen, dass es sich um sein Knie handeln sollte. Er war gedanklich genauso wie Nano in den Alpen und stellte sich vor, sich mit seinem Snowboard in diese grandiose Winterlandschaft zu stürzen. Seine Gedanken wurden durch Erklärungen von Micro Minitec unterbrochen.

 ## Knorpel

Das, was so zwischen deinen Zähnen knirscht, wenn du Fleisch isst, ist meistens Knorpelgewebe. Knorpel findet sich in deinen Gelenken, besteht aus einer gleichförmigen Grundsubstanz und Fasern und hat weder Blutgefäße noch Nerven. Nährstoffe und Sauerstoff dringen »von außen« durch die Membran in die Knorpelzellen ein. Knorpel kann sich nur gering erneuern. Deshalb heilen Knorpelschäden auch schlecht. Es gibt drei Knorpelarten: Hyaliner Knorpel ist extrem druckfest, aber auch elastisch. Er sieht glasklar aus und überzieht die Knochengelenkenden. Der äußere Ring einer Bandscheibe (Wirbelkörperzwischenscheibe) und die Menisken (Zwischenpuffer im Kniegelenk) sind aus äußerst widerstandsfähigem Faserknorpel aufgebaut. Deine Ohrmuscheln und dein Kehlkopf zum Beispiel bestehen aus elastischem Knorpel, der sehr biegsam ist.

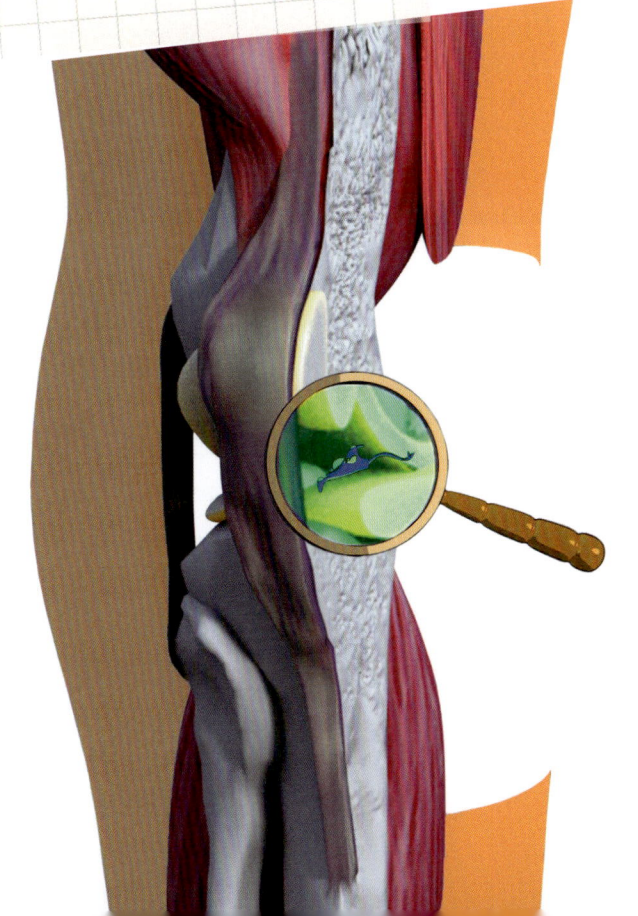

Nanolinos Expedition ins Kniegebirge

Arthrose, Arthritis

In deinem Alter ist dein Knorpel in allen Scharnieren, in den Fingern, Füßen, Beinen, Armen und der Wirbelsäule glatt wie Glas oder Eis. Doch leider verschleißen bei Profisportlern schon ab einem Alter von zwanzig Jahren die **Gelenke**. Das heißt, die glasartigen Oberflächen der unzähligen Gelenkköpfe und Pfannen werden rauer beziehungsweise durch Knochen ersetzt. In diesem Fall spricht man von einer **Arthrose**. Bei starker Belastung und im Alter wird die Knorpelschicht dünner, der Gelenkspalt wird schmaler und die einem Stoßdämpfer ähnlichen Eigenschaften des Knorpels nehmen ab.

Das tut häufig bei Bewegung weh, vor allem morgens, wenn man »anläuft«. Dazu kommen bei älteren Menschen Reibegeräusche und Morgensteifigkeit. Wenn sich Gelenke entzünden und dick und warm werden, handelt es sich um eine **Arthritis**, die anders als eine Arthrose behandelt wird.

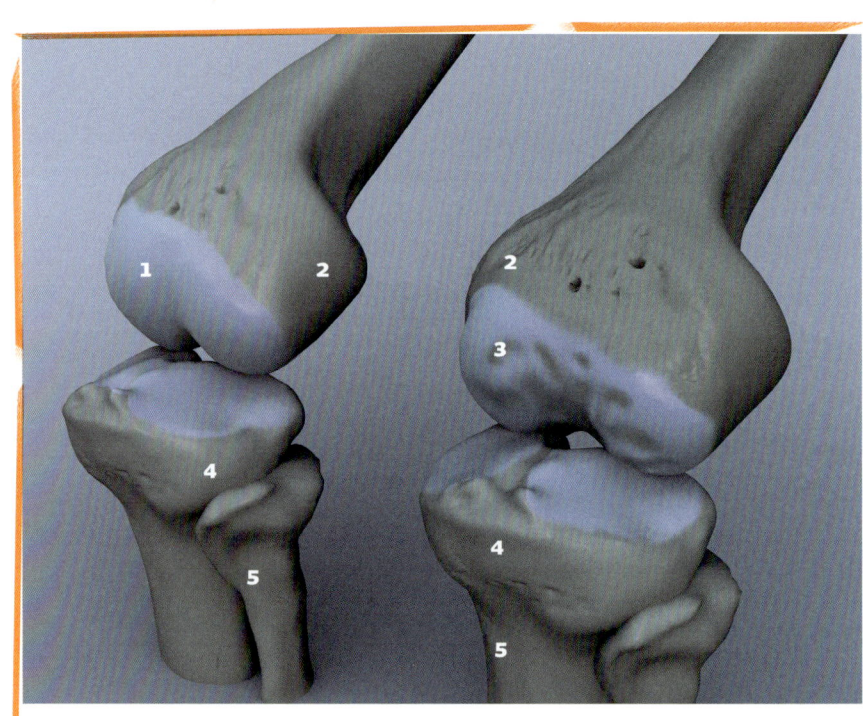

1 normaler Gelenkknorpel	**4** Schienbein
2 Oberschenkelschaft	**5** Wadenbein (außen)
3 defekte Knorpel	

»Du bist gerade am weißen Knorpel der Kniescheibe vorbei-geflogen. Noch ist die glatt wie ein Kinderpopo, aber im Alter kann sich das ändern. Bei einer Arthrose wird der Knorpel rau, geht verloren oder wird stellenweise durch Knochen ersetzt. Dann verliert die Landschaft etwas von ihrer Schönheit … Des-wegen kommt übrigens auch euer Opa einmal im Monat zu uns.« Sie wandte sich an Marie: »Seine Schmerzen im Hüftge-lenk und sein Humpeln werden durch eine Arthrose ausgelöst. Zum Glück können wir ihm mit den richtigen Medikamen-ten – künstlicher Gelenkschmiere – erst einmal helfen. Später braucht er vielleicht ein künstliches Gelenk.«

»Nun jag den Kindern keinen Schreck ein«, unterbrach sie Dr. X. »Die Schneeberge, die ihr hier seht, sind Fettpolster, die dein Gelenk schützen, Jimmy.«

»Aber die Kinder müssen doch wissen, was passieren kann im Alter, damit sie dem Knorpelabbau vorbeugen können.« Micro Minitec stampfte ärgerlich mit ihrem Stiefel auf. Man konnte richtig sehen, wie die kurzfristige Energiewelle die Akkus im Schuh auflud. Die Leuchtdioden flackerten vor Dankbarkeit lustig vor sich hin. »Doch, Dr. X, ich habe schon viel verstan-den«, versuchte Nanolino die kurze Meinungsverschiedenheit zu schlichten. »Wo ist denn nun der Riss im Kniegewölbe?«

»Mach weiter. Ist das irre hier! Das sind echt Wahnsinnsbil-der!«, rief Jimmy begeistert. Da er keine Schmerzen hatte, hatte er fast völlig vergessen, warum er eigentlich in dem Behand-lungszimmer lag. Bestechend, diese Technologie! Kameras von Staubkorngröße lieferten gigantische Vergrößerungen, besser als in HD-Fernseh-Qualität. »Papa würde Bauklötze staunen«, rief er Micro und Dr. X zu, die sich über ihn beugten.

»So, nun musst du dich sputen, kleiner Medicus.« Dr. X klatschte in die Hände. »Achte auf das Querschnittsbild im linken Monitor, da haben wir den Weg zum Meniskus aufgezeichnet. Siehst du die grüne Linie?«

»Klar! Und was ist das für ein blinkendes rotes Licht dort?«

»Das ist dein momentaner Standort im ›Schneegebirge‹. Aber jetzt gib Gas!«

Nanolino trat auf das Beschleunigungspedal, es brauste gewaltig, und der »Manta« ließ seine Flügel auf- und abschwingen. Geschmeidig und elegant wie ein echter Mantarochen glitten sie über den Gelenkspalt, der sich wie eine Schlucht auftat. Beim Blick nach draußen entdeckte Nano streifig-weiße Wände in der merklich enger werdenden Höhle. Da waren zudem dunkle Stränge, die immer näher kamen und die hin und wieder von einem gewaltigen Zucken erfasst wurden. Etwas unheimlich war das schon.

»Ich habe noch nie bewegte Berge gesehen, höchstens Bilder von Lawinen im Fernsehen. Wird das hier gleich auch brenzlig, Dr. X?« »Keine Sorge, das sind Jimmys Muskeln. Auch wenn er nur leicht den Oberschenkel anspannt oder bewegt, wird die Gelenkkapsel gestrafft. Leider wird dann auch die Durchfahrt für dich schwieriger. Bitte, Jimmy, versuch noch einige Minuten, ruhig liegen zu bleiben.« Jimmy gab sich die größte Mühe. Bei dem Gedanken daran, dass ein zerquetschtes Mini-U-Boot für immer in seinem Knie stecken könnte, mit dem Skelett eines kleinwüchsigen Jungen darin, wurde ihm ganz mulmig.

Dr. X schaute ihn an: »So ist es richtig, Jimmy, wie eine lebende Statue. Nur, warum schaust du so merkwürdig? Ist dir etwas auf den Magen geschlagen?«

»Alles bestens, Dr. X«, antwortete Jimmy. »Aber Nano soll sich etwas beeilen. Mein Knie ist doch keine Touristenattraktion, die man stundenlang angaffen muss!«

»Jimmy hat recht! Du musst da jetzt durch«, entschied Micro Minitec. »Du musst dich durch die Mitte zwängen, denn der Riss ist innen.« Sie stampfte energisch mit den Schuhen auf, sodass sich die Akkus der Schuhsohlen erneut aufluden. »Siehst du: hier.« Sie markierte mit dem Mauszeiger den haarfeinen Einriss, sodass er auf allen Monitoren zu sehen war.

»Er ist zwar nur zwei Millimeter lang, aber er kann bei Belastung, besonders beim Sport, größer werden.«

Nanolino war an der Außenseite des Meniskus angekommen.

»Wo ist der Spalt nur?«

Unruhig suchten seine Augen den Horizont ab. Das Licht des »Mantas« glitt über weißes Gletschergelände. »Ich finde ihn einfach nicht. Sieht alles gleich aus, wie unberührter, frisch gefallener Schnee. Hier geht's nirgendwo rein.«

»Kleiner Mann im kleinen Fisch, sieh mal genau hin. Dort, direkt vor deiner Nase, ist der Spalt.« Dr. X vergrößerte den Bildausschnitt, und siehe da: Eine hauchdünne spaltförmige Öffnung wurde sichtbar.

»Da, da soll ich durch?« Nanolino fing an zu stammeln. »Das, das ... ist doch viel zu schmal!«

»Du wirst schon sehen, es geht«, munterte ihn Micro Minitec auf. »Geht nicht, gibt's nicht!«

Sie lachte: »Außerdem war dein Papa Bergmann. Der musste sich doch auch häufig durch engste Flöze zwängen, oder? Glück auf, kleiner Bergmann!«

Bei dem Gedanken an seinen verstorbenen Vater wurde Nano weh ums Herz. Aber nur für einen kurzen Moment, dann schwoll ihm auf einmal die Brust. Er wollte es seinem Vater nachtun, griff energisch zum Steuerknüppel und steuerte direkt auf den Spalt zu.

»Wir stellen jetzt von außen die Flügel des ›Mantas‹ starr und aktivieren den Luftantrieb, dann kommst du besser durch das Gebirge.«

Micro Minitec gab einige Sprachbefehle, holte den »Manta« ins Bild und Jimmy sah, wie sich das U-Boot zwischen Meniskus und Gelenkknorpel durchzwängte. Er hielt die Luft an und drückte Nano die Daumen.

»Puh, ganz schön eng hier.« Es knackte gefährlich. Nanolino zuckte zusammen.

»Hauptsache, es hält dicht.«

»Keine Sorge, wir haben dich und das U-Boot gerade noch weiter mikrotisiert, das wird reichen!« beruhigte Micro Minitec und erklärte den Automatikmechanismus des Mikrotisierens. »Wenn's enger wird, wirst du und alles in, um und mit dir auch kleiner. Dann knackt es eben manchmal.«

»Heißt das etwa, das Boot verfügt über einen eigenen Schrumpfmechanismus?«

»Nicht ganz, aber du hast es erfasst. Ich habe die Technik des Schrumpfens weiter verfeinert. Irgendwann hatte ich die Idee, doch einfach mal eine Mikrotisierungsmaschine zu mikrotisieren. Und so habe ich eine Tischschrumpfmaschine gebaut, in der jetzt Jimmys Knie liegt.« Fast unbemerkt hatte sich inzwischen ein verbandähnliches Gebilde automatisch um das Knie gewickelt. Jimmy war auch ganz erstaunt, das zu hören.

»Interessant, und warum wird Jimmys Knie nicht mit mir zusammen verkleinert?«

»Ganz einfach, Nano«, erklärte Micro. »Ich habe neulich einen Fokussierungsmodus entwickeln können, der wie eine Lupe wirkt. Nur das, was mitten im Fokus liegt, wird mikrotisiert, sonst nichts.«

»Zu schade, hätte bestimmt witzig ausgesehen, so 'n ganzer Kerl mit 'nem ›Mikro-Schrumpf-Knie‹. Das hier im Knie ist schon ein Gefühl wie die ›zehnte Sohle unter Tage‹, wie mein Vater es genannt hätte – wie Tausend Meter unter der Erde im zehnten Stollen. Aber alles strahlend weiß und nicht schwarz wie Kohle.«

»Super, oder? Die spiegelglatten Flächen des Knorpels ermöglichen es dem Gelenk, ganz sanft zu gleiten, ja fast zu fließen. Das Wunderwerk Natur beeindruckt mich immer wieder!«, schwärmte Dr. X. angesichts des Kunstwerks, das sich Leben nennt.

»Ja, einfach wundercrazy!« Nanolino staunte selbst über seine Wortschöpfung in Anbetracht des Wunders dieser Schöpfung, die sich da vor ihm ausbreitete.

Nanolino sah, dass er auf der Oberfläche des Meniskus angekommen war und nun unter dem gewaltigen Dach des Knorpels in die Mitte des Knies vordrang.

Plötzlich wurde die Sicht ganz weit. Vor ihm tat sich eine große Höhle auf. In der Mitte imponierte ein Mammutbaum mit zwei in sich verdrehten riesigen Baumstämmen. Mit den starken Scheinwerfern des Mantas versuchte er, Baumwipfel und Äste zu entdecken. Doch das Auge verlor sich im Unendlichen. Ein Baum hier in dieser Höhle? Er zweifelte und merkte, dass er sich innerlich schon weit von der irdischen Realität entfernt hatte. Er war in einer eigenen Welt, einer anderen Realität, einem neuen Kosmos, in dem außer ihm noch nie jemand gewesen war. »Vielleicht ist es da draußen für uns ja genauso«, grübelte er. »Wir sehen den Himmel, die Sonne, den Mond oder die Sterne. Möglicherweise liegt dahinter, hinter oder neben unserem Kosmos eine ganz andere Welt, oder noch mehr Welten, ein anderer Kosmos. Wer weiß?« Faszinierend! Auf einmal knarrte es in der Höhle. Es war ein unheimlicher, dumpfer Ton. Der gezwirbelte Stamm des Mammutbaumes verdrehte sich in sich selbst.

»Jimmy, noch einen Augenblick, pass bitte auf!«, brüllte Micro Minitec ins Mikrophon. »Nicht bewegen, Nanolino ist fast angekommen, es wird sonst sehr gefährlich für ihn.«

»Ich muss mal!« Jimmy schubberte mit dem Hintern über

die Liege und presste die Pobacken zusammen. Dabei drehte er auch sein Knie, in dem Nanolino gerade ins Grübeln geraten war.

»Bitte, gedulde dich noch einen kleinen Moment. Du hast doch keine Babyblase.«

»Was, Nanolino, du machst Scherze!«

»Hey, ihr da oben, mir ist gerade ein gigantischer Baum in die Quere gekommen. Fast hätte er mich zwischen seinen zwei Stämmen zerquetscht. Und was für einen Lärm der macht! Hoffentlich bricht der Stamm nicht zusammen. Wenn dort der Riss sein sollte, Jimmy, dann weiß ich nicht weiter.«

»Lieber kleiner Medicus, kurz zu deiner Orientierung: Der Mammutbaum ist das vordere und hintere Kreuzband von Jimmy. Die Bänder sind gegeneinander gespannt und halten von innen das Knie zusammen. Wenn eins der Bänder reißen sollte – wie es beim Fußball immer wieder vorkommt –, dann muss operiert werden, und der Spieler fällt für mehrere Monate aus«, erklärte Dr. X seinem neuen Sportassistenten.

»Ach so! Und ich Idiot habe noch die Äste des Baumes gesucht. Weißt du, Dr. X, es ist so geheimnisvoll schön in dieser Höhlenwelt, dass ich hinter jeder Ecke irgendwelche Lebewesen erwarte. Pflanzen, Tiere, Menschen oder so. Komisch.«

»So, so«, Dr. X wurde nachdenklich. »Interessant, was du sagst. Im Kleinen ist es wie im Großen. Nur leben dort unten Zellen von vielen verschiedenen Gewebearten, Knorpel, Abwehrstoffen und Bestandteile der Schmierflüssigkeit.«

Zelle

Alle Lebewesen, Pflanzen, Tiere, Menschen, bestehen aus Abermillionen von Zellen, die je nach Funktion und Aufgaben verschieden aufgebaut sind. Sie sind untereinander durch Haftplatten verbunden. Jede von ihnen besteht aus einem Zellkern, der Zellflüssigkeit und der Zellwand und beinhaltet die Zellorganellen. Die Zellwand besteht aus Eiweiß und Fett, die Stoffwechsel-Bausteine in die Zelle hinein- oder herausschleusen. Die Entgiftung und der Transport von Eiweißbausteinen in der Zelle werden vom endoplasmatischen Retikulum, einem reich verzweigten Kanalsystem, übernommen. Eine Zelle hat sogar Verdauungsorgane, die Lysosomen. Der Golgi-Apparat, der aus flachen Hohlräumen besteht, schleust Abfall aus der Zelle heraus. Mikrozotten, winzige Zellausstülpungen, nehmen Nährstoffe auf. Als Boten der Zelle leiten Mikrotubuli Informationen von der Zelloberfläche. Die Kraftwerke der Zellen sind die Mitochondrien. Sie erzeugen die Energie für den Zellstoffwechsel. Im Zellkern liegt das Erbgut des Menschen, verschlüsselt in der Desoxyribonukleinsäure, kurz DNS. Der Zellkern steuert auch den Zellstoffwechsel.

1 Organellen
2 Zellmembran
3 Golgi-Apparat
4 Zellkern
5 Mitochondrium
6 endoplasmatisches Retikulum
7 Kernkörperchen (Nucleolus)

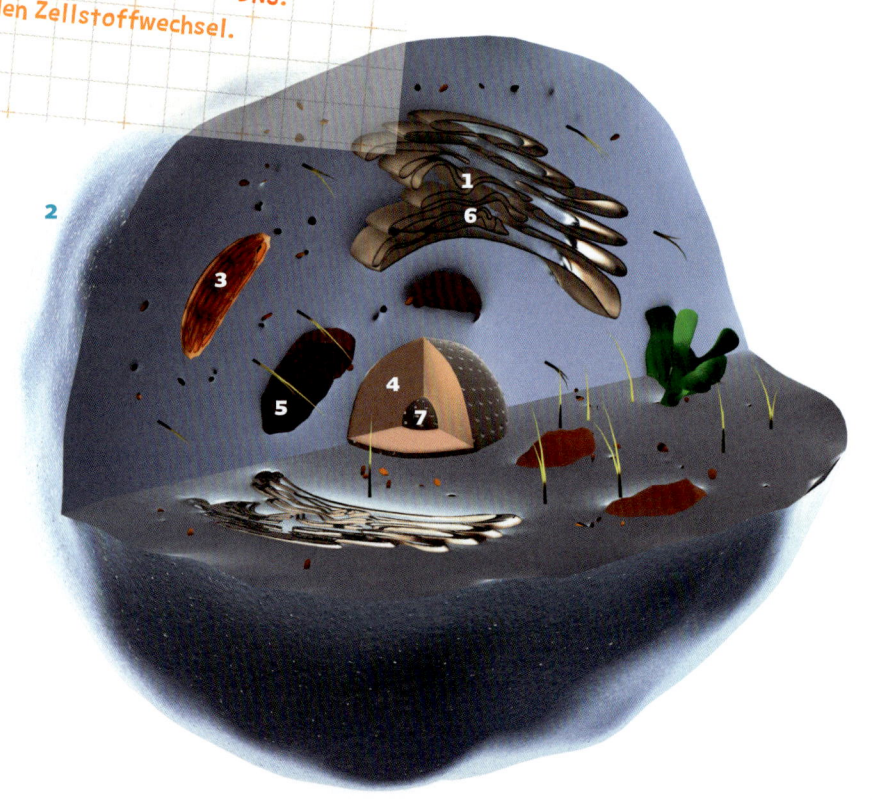

»Also, Nano. Beeil dich! Jimmy muss aufs Klo.« Micro wurde ärgerlich.

»Beeil dich, ich kann es kaum noch halten!« Trotzdem sah Jimmy mit Faszination zu. »Dreh dich mal um. Der Riss ist genau gegenüber von dir.«

»Ja, ich weiß. Hab ihn auf der Karte schon entdeckt.«

Und tatsächlich, auf der anderen Seite klaffte ein kleines Loch in der weißen Wand – es war nicht zu übersehen.

»So, du schwebst jetzt ganz vorsichtig ans Loch heran und führst mit dem rechten Joystick den Stachel des Mantas behutsam in den Spalt.«

»Okay!« Nano betätigte den Joystick. Zunächst zaghaft, aber da er die umgesetzten Bewegungen genau auf dem Monitor verfolgen konnte, wurde er mutiger. Der rüsselartige Stachel am Hinterteil des Mantas, genau dort, wo auch ein echter Mantarochen einen Stachel hat, richtete sich auf, krümmte sich nach vorn und ragte nun über das Cockpit hinaus. Das ganze Schiff schien zu rumpelno und der Stachel wurde länger und länger. Jimmy beobachtete auf dem Monitor über seinem Kopf, wie sich der »Manta« aufblähte und größer wurde. Micro Minitec hatte nämlich die Automatik ausgeschaltet und auf »Makrotisieren« umgestellt.

»Und jetzt den Rüssel rein und den Schalter ›Medikamente‹ drücken, das macht unsere ›Heilmunition‹ scharf!« Micro drängelte, sie wollte endlich aktiv werden.

»Vorsichtig, Nanolino!«, begleitete Dr. X mit sanfter Stimme jede Aktion von Nanolino. »Gut so!«

Jimmy hielt den Atem an. »Jetzt drück den Knopf auf dem

Joystick. Ja, so, super!« Gezielt leitete Nanolino die Klebemasse in den Spalt, den er zuvor mit Betäubungsspray besprüht hatte.

Jimmy war glücklich! Er hatte nichts gespürt, nicht einmal ein Kribbeln.

»Voll cool, Nanolino. Auf dich ist echt Verlass!«

Die verführerische Apfel-Karotten-Limonade
....

(für 4 bis 6 Gläser)
400 g Karotten
Saft von 1 Zitrone
Honig nach Geschmack
Mineralwasser, so viel du willst

Zunächst wäschst du die Karotten, schälst und zerkleinerst sie in kleine Stücke. Die Äpfel werden gewaschen und, wenn es kein Bio-Obst ist, auch geschält, geviertelt und die Kerne entfernt. Mit einem Entsafter presst du den Karotten- und Apfelsaft heraus. Danach mit Honig und Zitronensaft abschmecken. Zum Abschluss kannst du den Saft nach Belieben und deinem Geschmack entsprechend mit Mineralwasser auffüllen.

»Nano, gut gemacht!«, bestätigte Micro.

»Ähm, Entschuldigung«!

»Was gibt es, Jimmy?«

»Ich müsste jetzt wirklich dringend für kleine Jungs raus.«

»Sicher, sofort, aber vorher holen wir erst den kleinen Jungen aus dir raus.«

Jimmy guckte verständnislos, dann ging ihm ein Licht auf, er lachte lauthals und wollte gar nicht mehr aufhören.

Nach dem Abenteuer in Jimmys Knie saßen die Kinder im Garten der Villa Ypsilon. Mit selbst gemachter Apfellimonade, die Leoberta ihnen gebracht hatte, hockten sie im Kreis um Jimmy, der sein verbundenes Knie auf einer Liege ausstreckte.

Nanolino und seine Freunde räkelten sich in der Sonne und schlürften ihre Getränke, als sie ein immer lauter werdendes Motorgeräusch hörten. Es war Mister Schlau in seinem Auto, der sie wie versprochen abholen und nach Hause bringen wollte. Niemand hatte Lust, die Villa zu verlassen. Widerwillig nahmen die Kinder Abschied von Leoberta, Micro und Dr. X. Als Nanolino Micro die Hand gab, drückte sie ihm heimlich einen zusammengefalteten kleinen Zettel in die Hand. Nanolino schaute sie fragend an, aber sie schüttelte nur beschwörend den Kopf und bedeutete ihm, den Zettel zu lesen.

Im Auto faltete er die Notiz auseinander und hatte Mühe, Micros Gekritzel zu entziffern: »Nanolino, ich brauche dringend deine Hilfe. Kannst du morgen nach dem Mittagessen vorbeikommen? Dann macht Dr. X sein Nickerchen. Behalte das für dich. Bis morgen, Micro.«

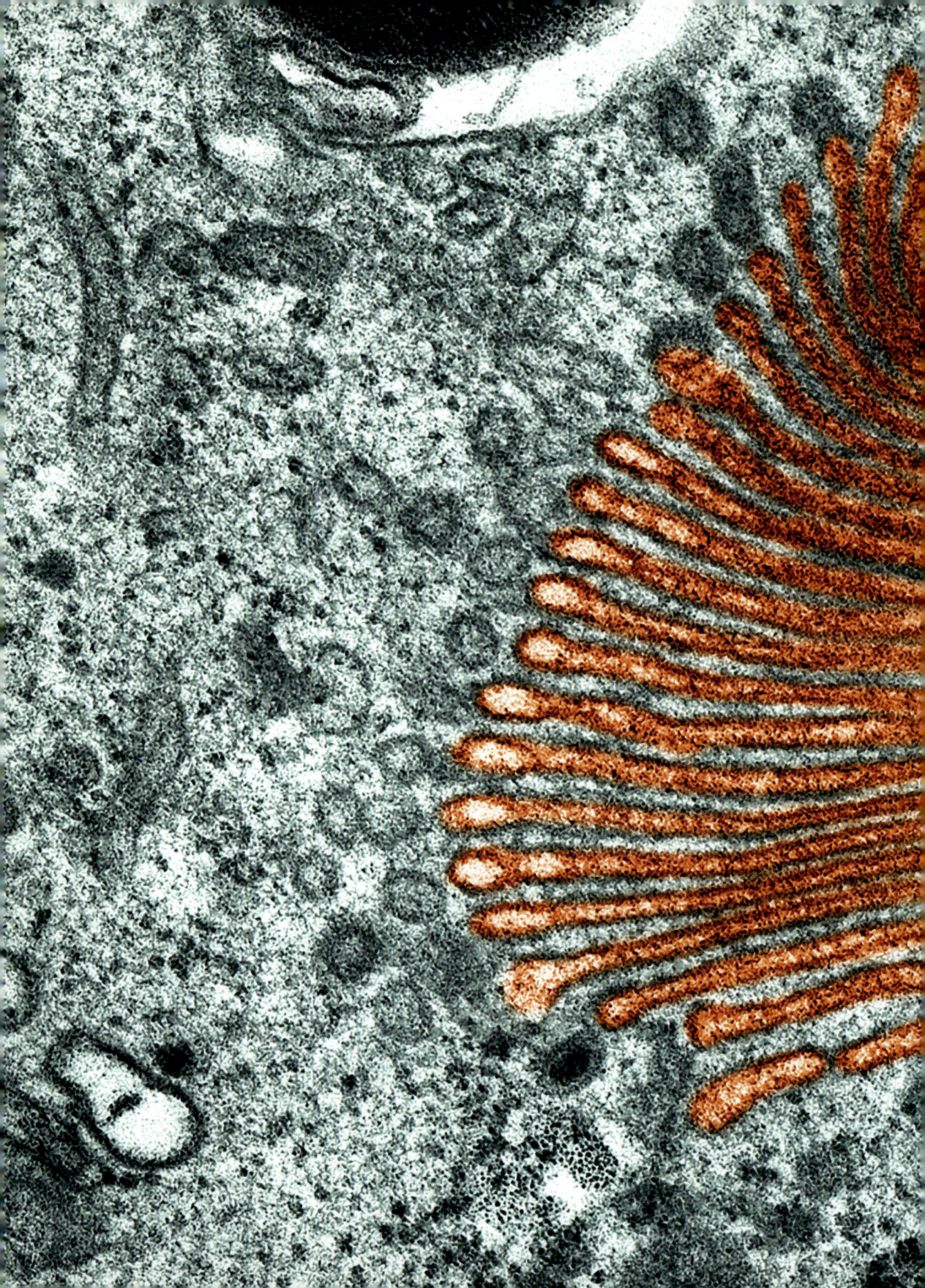

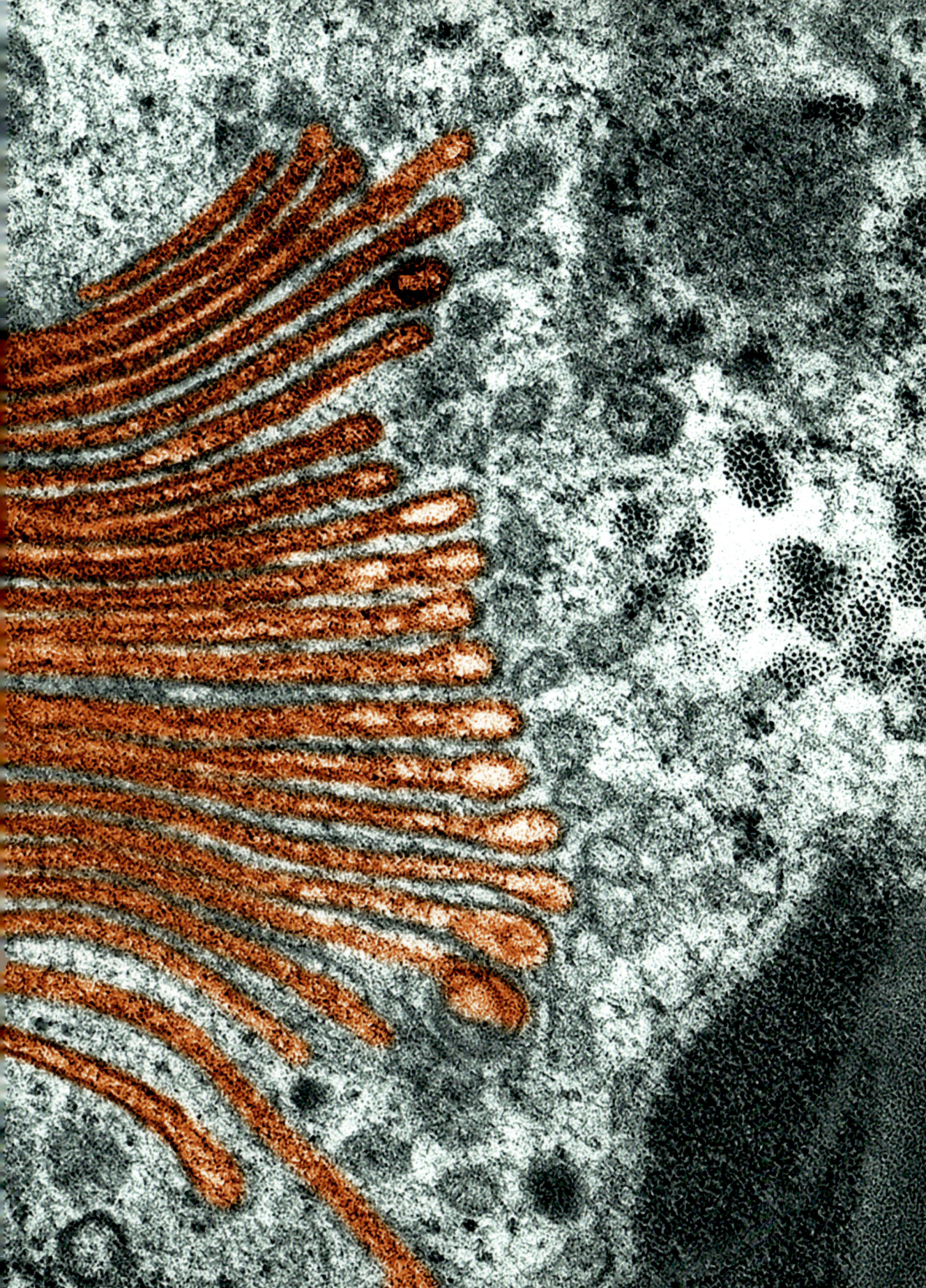

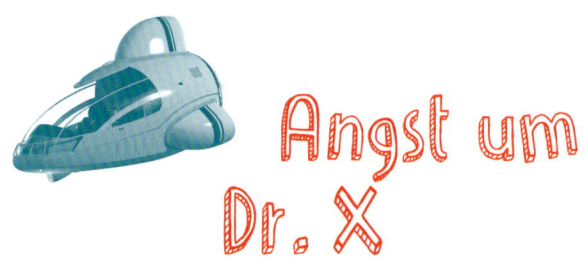

Angst um Dr. X

»Hey, Rappel. Wo willst du hin?«, rief Micro Minitec. Sie folgte ihm und sah, dass es sich einen neuen Schlafplatz neben der Tür gesucht hatte. Aber was war denn das? Rappel hatte es sich auf der Motorradmütze von Opa Erwin bequem gemacht, seine Nase mümmelte zufrieden auf und ab.

»Nee, Rappel, da kannst du nicht liegen bleiben. Die muss ich Nanos Opa zurückgeben, der hat sie bestimmt beim letzten Mal hier vergessen.« Micro nahm die Mütze hoch und betrachtete sie. Ob ihr so ein Ding auch stand? Sie setzte die Motorradmütze auf und musterte sich im Spiegel.

»Na, sieht doch witzig aus«, bewunderte sie sich. Aber was war das? Diese kleine schwarze Brosche in Stirnhöhe? Micro nahm die Mütze ab und tastete sie Millimeter für Millimeter ab, bis sie schließlich auf ein kleines, festes, schwarzes Etwas stieß. Eine böse Vorahnung beschlich sie, doch sie wollte ganz sicher sein. Schnell holte sie eine Lupe aus der Schublade des kleinen Schränkchens. Jetzt sah sie fast aus wie Sherlock Holmes – allseits bekannter Detektiv –, wie sie mit der Lupe so über Opa Erwins Kopfbedeckung saß. Tatsächlich, sie hatte sich nicht getäuscht. Vorsichtig mit einer Pinzette zog sie eine winzig kleine Kamera hervor. Sie entdeckte einen kleinen Sender, wobei ihr allerdings der Standort des Empfängers nicht klar war. Sendete die Kamera die ganze Zeit, also auch jetzt? Ihr wurde schlecht bei dem Gedanken, dass andere die ganze Zeit spioniert hatten.

Micro kannte nur eine Person, die dazu fähig war. Nur einer konnte Interesse daran haben, Opa Erwin auf Schritt und Tritt zu verfolgen: Professor von Schlotter und sein mieser Gehilfe Scherge, der die Befehle ausführte. Er meldete sich also wieder zurück. Zu gerne hätte sie das Gerät noch genau untersucht, aber es gab nur eine Lösung: Die Kamera musste sofort zerstört werden, um weiteres Unheil zu vermeiden.

Micro beschloss, Nanolino und den anderen nichts von ihrer Entdeckung zu verraten – es würde sie nur beunruhigen. Ihr fiel etwas Besseres ein. Sie lächelte in sich hinein.

Am nächsten Tag, gegen Mittag machte sich Nanolino auf den Weg zur Villa Ypsilon. Er hatte niemandem Bescheid gesagt, sondern sich heimlich aus dem Staub gemacht. Micro Minitec erwartete ihn schon an der Eingangstür und führte ihn sofort in Dr. X' Zimmer. Dieser lag selig schnarchend auf seinem Sofa. Rappel hatte es sich darunter gemütlich gemacht und schlief ebenfalls.

»Pst!« Micro legte einen Zeigefinger vor den Mund und zwinkerte Nanolino vergnügt zu.

»Ich mache mir schon seit einiger Zeit Sorgen um Dr. X.« Mit gedämpfter Stimme erklärte sie ihm, warum sie ihn zu sich gebeten hatte. Zu häufig habe sie Dr. X in letzter Zeit mit seinem unentwegten »Häh« genervt. Fast nach jedem Satz: »Häh, was hast du eben gesagt?« Dabei halte er sich seine großen Hände hinter beide **Ohren.** Das sah zwar total lustig aus, denn manchmal wackelte er auch mit seinen riesengroßen Händen, sodass sie wie schlabbernde Elefantenohren aussahen. Brauchte Dr. X ein Hörgerät, oder war er nur unaufmerksam oder chronisch übermüdet? Sie wollte es mit Nanos Hilfe herausfinden.

Nur Dr. X sollte davon nichts wissen, denn er würde aus Eitelkeit nicht zugeben wollen, dass er schlecht hörte. Schon mehrmals hatte sie ihn angesprochen, doch jedes Mal winkte er ab und sagte, er habe vielleicht nur etwas Wasser im Ohr, und außerdem würde Micro in letzter Zeit zunehmend nuscheln. Deshalb hatte sie nun Nanolino ins Vertrauen gezogen, der natürlich sofort für ihre Vorschläge Feuer und Flamme war.

»Vielleicht ein neues Abenteuer als Bodynaut«, schoss es ihm durch den Kopf. »Und dann könnte ich doch dabei auch Dr. X helfen, von dem ich so viel gelernt habe«.

Micro Minitec erklärte ihm genau ihre neuen Erfindungen. Sie hatte zwei neue Mikrotisierungssysteme entwickelt: eine Tischmaschine und einen haushohen Superturbo-Quaser mit zwei Toren. Nanolino hatte sie vor kurzem überrascht, als sie gedankenversunken mit einem großen Schraubenzieher an einem häschenartigen Gebilde fummelte, das vor ihr auf dem Tisch stand.

In seiner Mitte sah man ein kleines grünes Auto mit rot blinkendem Licht auf einem durchsichtigen Dach, das einer Tauchglocke glich. Auf der Kühlerhaube hatte es ein rotes Kreuz.

1 äußeres Ohr
2 Mittelohr
3 Innenohr
4 Bogengänge des Gleichgewichtsorgans
5 Hörnerv
6 Knöchelchen (Hammer, Amboss, Steigbügel)
7 Hörschnecke (Cortisches Organ) mit Haarzellen
8 Ohrmuschel
9 Gehörgang
10 Trommelfell
11 Ohrtrompete (Verbindung zum Nase-Rachen-Raum)

Ohr

Dein Ohr besteht aus einem Innenohr, einem Mittelohr und dem äußeren Ohr. Mit dem Ohr kannst du hören; gleichzeitig ist es aber auch ein Gleichgewichtsorgan. Wenn du das nicht hättest, wüsstest du nicht, wo oben und unten ist und würdest durch die Gegend torkeln. Im Innenohr ist eine spiralförmige und mit Flüssigkeit gefüllte Schnecke. Das ist das eigentliche Hörorgan, von dem ein Gang mit dem sogenannten Steigbügel verbunden ist. Er ist die Verlängerung von Hammer und Amboss, deinen klitzekleinen Hörknöchelchen in der Paukenhöhle im Mittelohr. Der Hammer wiederum ist direkt mit dem Trommelfell verbunden. Treffen Geräusche als Schallwellen auf das Trommelfell, setzt sich der Hammer in Bewegung, der daraufhin Amboss und Steigbügel in einen bestimmten Zitterrhythmus bringt. Dieser überträgt sich auf die Flüssigkeit der Schnecke, in der etwa 15 000 Sinneszellen mit feinen Härchen sitzen. Sie werden durch die »Wellenbewegung« umgebogen und funken dies an die Nervenzellen weiter. Über den Hörnerv gelangt der »Funkspruch« schließlich ins Gehirn, in dem alle Geräusche registriert, gefiltert und gespeichert werden. Diese Tube verstopft immer wieder, wenn du fliegst, z. B. beim Anstieg des Flugzeugs und beim Absinken des Flugzeugs, meistens bei der Landung. Deswegen wäre es gut, wenn du in solchen Fällen stark schluckst oder ein Kaugummi kaust. Dadurch kannst du den Druck in der Paukenhöhle verringern. Manchmal hilft auch starkes Gähnen oder das Pressen bei zugehaltener Nase. Wenn sich der Druck in der Paukenhöhle aufbaut, kann man auch schlechter hören. Das äußere Ohr ist eigentlich nur eine trichterförmige Ohrmuschel, über die die Schallwellen aufs Trommelfell geleitet werden.

»Nano, das hier ist meine neue Tischschrumpfmaschine. Darin verkleinere ich gerade ein Modellauto, mit dem du bald Ausflüge ins Körperinnere machen kannst. Ich habe zwei weitere Modelle entwickelt. Eins, das übergestülpt wird, und ein zweites, das wie ein Verband umgewickelt wird.«

»Wow, toll, sieht aus wie Rappel!« Nano war entzückt.

»Dieses Auto kann einfach alles: rollen, schwimmen, fliegen und tauchen. Sieh mal hier, wie sich die Räder einziehen und die Gleitflossen herausschieben.«

Sie drehte vorsichtig an einem kleinen Drehknopf.

»Ein richtiges Nanomobil, kleiner Medicus. Extra für dich als nachträgliches Weihnachtsgeschenk.« Zusehends wurde das Gefährt kleiner und kleiner. Das war besser als Weihnachten und Geburtstag an einem Tag!

»Danke, Micro Minitec«, hauchte Nano.

»Gerne. Aber jetzt komm schnell mit zu meinem Superturbo-beamer.« Sie eilte hinaus, Nano folgte ihr, und wenig später betraten sie einen lichtdurchfluteten großen Raum. Stolz zeigte sie auf ein großes Gebilde, das an einem überdimensionalen roten Blutkörperchen mit großen goldenen Zahnrädern befestigt war. Dieses Gebilde sah aus wie ein liegendes zartgrünes Reagenzglas, das auf beiden Seiten mit Öffnungen versehen war, die mit goldenen Kappen verschlossen wurden. Diese Verschlüsse waren mit Zahnrädern verbunden und öffneten sich automatisch, wenn Sensoren an den Türen außen oder innen eine Bewegung in unmittelbarer Nähe registrierten. Die Kappen waren gerade vollständig geöffnet, und Nanolino kletterte in die Röhre und machte es sich dort sofort auf einem Stuhl bequem. Er fühlte sich wie in einer Höhle, deren Wände sich seitlich auf ihn zubewegten und in genügendem Sicherheitsabstand stoppten.

Nanolino lümmelte sich gemütlich in seinen Sessel und amüsierte sich sofort köstlich über einen Comic-Film, der auf der Leinwand vor ihm ablief. »Besser als in jedem Kino! Du hast wirklich an alles gedacht, Micro!«, rief er.

Mit großer Lust hatte Micro ihre Schrumpfmaschinen weiterentwickelt. Große Gegenstände wie eine Mikrotisiermaschine oder – wenn sie wollte – auch kleine Häuser konnte sie erstmalig schrumpfen, ebenso ihre Solarmobile und andere Fahrzeuge. Vor allem für die Weiterentwicklung des U-Bootes »Manta« und all die anderen neuen Bodynauten-Fahrzeuge hatte sie sich unermüdlich in die Mikrotisierungs-Forschung gestürzt. Jedes Gefährt konnte jetzt in den Turbobeamer hineinfahren und zusammen mit den Kindern als Insassen verkleinert werden. »Hoffentlich funktioniert das bald auch mit Erwachsenen.« Oh, war sie neugierig, fast ungeduldig! Zu gerne hätte sie Nano selbst begleitet. Aber leider funktionierte die Technik bislang nur mit Kindern, Tieren und leblosen Materialien.

Aber auch farblich und oberflächenmäßig hatte sie das Schrumpfsystem weiterentwickelt. Es sah jetzt eher aus wie ein Baguette oder Hot Dog.

»Ich bin wieder die Fleischfüllung«, lachte Nano, als er die neue Maschine in Augenschein genommen hatte.

»Genau, warum soll es dir anders ergehen als den anderen armen Würstchen«, witzelte Micro Minitec.

Ein kleiner Mann im Ohr

Die Mikrotisierung ging viel schneller als je zuvor.

Nanolino war in der Tiefe der Gehörgänge von Dr. X angelangt. Die erste Strecke legte er noch zu Fuß zurück. Der kleine Arztkoffer flog ihm auf Schritt und Tritt hinterher. Sah richtig witzig aus, dieses Gespann. Dann wurde der Weg ihm aber doch zu weit, und er setzte sich in das kleine Auto, das lautlos in sicherer Distanz hinter ihm hergerollt war. Ein ungewöhnliches Gefährt, batteriebetrieben und es konnte durch Körperwärme aufgeladen werden. Es sah zwar nicht ganz so aus wie die alte »Aquarius«, mit der er den unheimlichen Kampf gegen Gobbot damals im Körper seines Opas bestanden hatte. Es sah zwar einem Blutkörperchen ähnlich, leuchtete aber giftgrün und war mit Rädern und Flügeln bestückt. Zusätzlich hörte es auf Worte und Gesten seiner Hände.

»Du musst freundlich mit ihm sprechen«, hatte ihn Micro Minitec zuvor eingeweiht, »und einfach mit deinen Händen zeigen, was du willst. Dein Nanomobil versteht die Gebärdensprache.

Nanolino glaubte, falsch gehört zu haben. Doch dann explodierte seine Stimmung. So sehr freute er sich schon darauf, damit durch den Körper zu »düsen«.

»Hm, die habe ich nie gelernt«, sagte Nano beunruhigt.

»Keine Sorge, die bringe ich dir bald bei.« Sein Gesicht hellte sich auf. »Jetzt reichen erst mal ganz einfache Befehle mit deinen Händen und Fingern: auf, ab, rechts, links, stopp und so weiter. Außerdem versteht das Nanomobil deine Stimme beziehungsweise Befehle.«

Nanolino war sehr zufrieden und bereit für ein neues Abenteuer.

Jetzt, im Gehörgang von Dr. X, winkte Nanolino den kleinen Wagen mit seinem Finger vorsichtig nach links und hielt kurze Zeit später die Handflächen mit gestreckten Armen demonstrativ von sich weg. Das Gefährt bewegte sich langsam in die von ihm angezeigte Richtung und blieb stehen. Nano stieg aus. Mit dem Zeigefinger lockte er das Auto wieder zu sich heran. »Komm schon, Autolein, komm, aber gaaanz langsam. Okay so, sitz – oh, sorry, du bist ja nicht Kannickel, stopp«, lachte er. »Bitte die Tür öffnen.« Und schon blieb sein kleines Nanomobil seitlich von ihm stehen, und die Tür zum Cockpit öffnete sich leise.

»Danke vielmals.« Voller Freude stieg Nanolino ein.

Gerade noch rechtzeitig. Denn Dr. X zuppelte mit seinem kleinen Finger nervös in seinem Ohr herum. Nanolino bemerkte erschrocken, wie sich der Höhlengang verdunkelte, und beobachtete nervös, wie sich die Wände flatterartig bewegten. »Nichts wie los!«, schrie er. Der Wagen machte einen gewaltigen Satz nach vorne, als würde er mit allen Rädern hochspringen, und fuhr los. Vor ihnen schimmerte in weiter Ferne eine silberne Wand.

»Dr. X schnarcht ruhig weiter. Keine Sorge, kleiner Medicus«, beruhigte ihn Micro Minitec von außen.

»Ich bin ›der kleine Mann im Ohr‹ und bereit für jede Herausforderung«, sagte Nano. »Das da vorne muss das Trommelfell sein.« Staunend zeigte er darauf und stieg aus. Und hastdunichtgesehen flog der Koffer hinterher und glitt elegant neben ihm zu Boden.

Nano zeigte auf die große Wand, die sich vor ihm auftürmte, und sprach zu dem Koffer, als wäre dieser ein Hund: »Sieh mal, wie wunderwunderschön! Oh, und diese gigantischen Schwingungen in der Wand. Sieht aus wie ein Segel im Wind und so hoch wie das höchste Hochhaus, das ich je gesehen habe. So wahnsinnig zart, so silbrig und gleichzeitig transparent.« Er hielt sich die Hand vor den Mund, fasziniert schaute er die glatte Wolkenkratzerwand vor sich hinauf. »Tja, aber ... leider kein Durchkommen, Micro. Ich fürchte, dass mein Ausflug genauso schnell vorbei ist, wie er begonnen hat.«

»Steig wieder ein und fahr bitte näher ran. Kannst du etwas durch das Segel sehen?« Nanolino verstärkte das Außenlicht und vergrößerte den Ausschnitt auf seinem Monitor. Plötzlich bemerkte er durch das Segel ein großes Gebilde, das wie ein überdimensional großer Trommelstock aussah, eine dem Segel anliegende Säule, die sich scheinbar im gleichen Rhythmus hoch und runter, vor und zurück bewegte wie die Wand selbst.

»Was ist denn das?«, fragte er.

»Das ist der klitzekleine Hammer im Innenohr, der auf den sogenannten Amboss schlägt und dabei den Schall vom Trommelfell, mit dem er verwachsen ist, über kleine Knöchelchen ins Innenohr überträgt. Wenn du nicht so abgelenkt wärst, hättest du längst das kleine Löchlein im großen Segel bemerkt, durch das du hindurchschlüpfen kannst.«

Nanolino wurde knallrot. »Bin ich denn zu blöd, oder was?«, dachte er. »Wo soll denn da ein Durchkommen sein?«

»Das geht doch gar nicht, Micro!«, rief er hilflos.

»Doch, da muss ein Durchgang sein. Dr. X hat als Kind im Krieg bei einer Minenexplosion in seiner Nähe einen Trommelfellriss erlitten. Damals haben die Ärzte den Riss nur notdürftig reparieren können. Bis heute darf er nicht tauchen, weil sonst Wasser in sein Ohr kommen könnte und er die Orientierung unter Wasser verlieren würde.«

Trommelfellriss

Das Trommelfell ist schnell durchbohrt. Sei deswegen vorsichtig, wenn du Wattestäbchen benutzt. Spitze Gegenstände gehören nicht ins Ohr, auch wenn das Ohr noch so juckt. Dann bitte lieber zum Hals-Nasen-Ohren-Arzt gehen! Ein Schlag aufs Ohr oder Tauchen ohne Druckausgleich können ebenfalls einen Riss erzeugen, sowie eine Mittelohrentzündung mit eitrig-blutendem Ausfluss. Stechende Schmerzen und plötzlicher Hörverlust sind die Folge. Kleinere Einrisse können mit einem sterilen Ohrverband abheilen, größere müssen operiert werden. Die Gefahr: Ist das Trommelfell gerissen, kann jeder Keim im Ohr nach innen gelangen und eine Entzündung verursachen. Deshalb nimm beim kleinsten Verdacht niemals Ohrentropfen und nimm keine Spülungen vor. Duschen und Haarewaschen sind ebenfalls verboten, denn es könnte Wasser ins Ohr dringen.

»Wieso das denn?« Nano wurde wieder hellwach.

»Er würde nicht mehr merken, wo oben und unten ist, weil im Ohr ein wesentlicher Teil unseres Gleichgewichtsorgans liegt, und zwar in den Bogengängen, die du bald sehen könntest.«

»Okay, okay. Ich suche schon«, sagte Nanolino, aus Verlegenheit bekam er einen roten Kopf, und ließ die Scheinwerfer des Nanomobils steil nach oben und danach nach unten leuchten.

Nasenspülung leicht gemacht

Hört sich blöd an, ist aber total einfach und wirkt Wunder! Die Spülung ist babyleicht durchzuführen und aktiviert die Schleimhautabschwellung. Die Inder haben solche Nasenspülungen schon vor vielen tausend Jahren zur täglichen Körperpflege genutzt. Hierzu lässt du einfach Wasser bei vornübergebeugtem Kopf in deine hohle Hand laufen, saugst es durch die Nasenlöcher ein und spuckst das Wasser durch den Mund wieder raus. Geübte saugen das Wasser durch ein Nasenloch ein und stoßen es durchs andere wieder aus. Du kannst die Spülung mehrmals am Tag wiederholen. Warmes Wasser solltest du nutzen, wenn dir kalt ist oder du fröstelst. Es gibt aber mittlerweile auch Nasenduschen in der Apotheke zu kaufen. Sie sehen wie kleine Gießkannen aus – du begießt deine Nase dann ja auch damit. Zumindest, wenn du erkältet bist.

»Ich sehe was, was du nicht siehst. Und das ist rot«, rief Micro Minitec fröhlich von außen ins Mikrophon. Sie konnte ja über die eingebaute Kamera von draußen das ganze Blickfeld von Nanolino im Inneren mit ansehen. Jetzt drohte das Rot Nanolinos Kopf zum Platzen zu bringen, denn er fühlte sich ertappt. Doch Micro meinte nur den kleinen Spalt am Unterrand des Segels und nicht Nanos Kopf, der sie in diesem Moment nun wirklich nicht interessierte.

»Da unten, Nanolino!«

»Wo denn?« Er schaute gebannt auf die riesige silbrige Gewölbewand, konnte aber beim besten Willen nichts ausmachen. Hastig sprang er aus dem Nanomobil und lief direkt an die gigantische schwingende Trommelfellwand heran. Mit seiner Stirnlampe leuchtete er sie kreuz und quer ab. Aber er konnte nichts finden. Aufgeregt ging er auf und ab und untersuchte dabei auch das zarte Trommelfell mit seinen Händen. Es vibrierte angenehm in seinen Fingern. Nichts zu finden! Frustriert kletterte er ins Auto zurück.

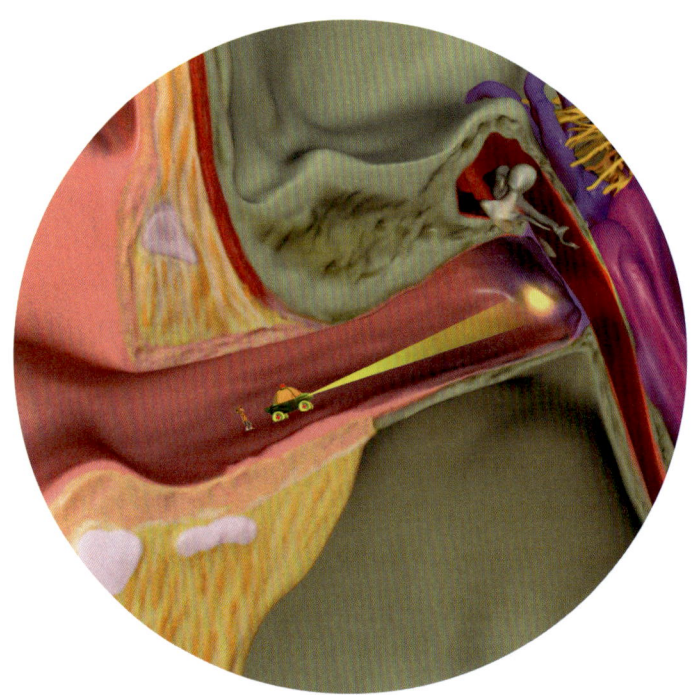

»Da unten rechts, sieh doch nur, Nanolino! Ein kleiner Spalt, groß genug, um durchzuschlüpfen!« Nano stellte den Vergrößerungsfaktor der Kamera auf unendliche Maximierung. Dann sah er es auch. Sein Herz hüpfte vor Freude. »Nichts wie durch«, rief er und spornte sein winziges Nanomobil an, zum geröteten Einriss zu rollen.

Ein beeindruckendes, rot leuchtendes Gewölbe tat sich vor ihm auf. In der Mitte über ihm schwebte etwas, das einem Altar ähnelte und auf das unentwegt der von außen sichtbare Hammer klopfte.

»Kling, klong, klickkling, klang, klung, klong«, hörte Nano. Immer wieder und immer wieder in anderen Rhythmen und Klanglängen. Er drehte die Verstärker der Innen-Lautsprecher weiter auf. »Einzigartig! Das ist besser als jeder Trommelwirbel mit dem Schlagzeug, den ich je gehört habe, Micro.« Er stockte. »Vielleicht ist dies der Raum der Seele … Was für eine Urgewalt!«

»Der Sitz der Seele? Vielleicht, wer weiß? Aber …«

»Ja, wirklich. Hier werde ich richtig andächtig. Meine eigene Seele schwingt, das merke ich genau. Es fehlt nur Musik. Mit Pauken und Trompeten …«, fiel ihm ein. »Nur fehlen die Trompeten.«

Micro lachte aus vollem Hals. »Du bist ja auch in der Paukenhöhle, so nennen wir diesen Raum. Klar, die Schallwellen übertragen sich vom Trommelfell auf den Hammer – sein Stiel ist ja mit dem Fell verbunden. Also von hier werden die Schallwellen aus der Luft auf eine Knochenleitung umgestellt. Der knöcherne Hammer – übrigens der kleinste Knochen im Körper – schlägt auf den Amboss, und dieser überträgt die Wellen auf den Steigbügel, den dort.«

Oma Rosis Heilpflanzen

··

Hagebutte

So bezeichnet man die Früchte verschiedener Rosenarten. Wahrscheinlich hast du mit den Samen als Juckpulver schon deine Freunde geärgert. Aber die Schale ist extrem heilsam. Du kannst sie einfach so essen – von den Kernen abpulen – oder Marmelade daraus herstellen. Die Marmelade fördert den Appetit und ist extrem reich an Vitamin C. Aus der getrockneten Schale der Hagebutte kann man einen vitaminreichen Aufguss machen. Das Mus eignet sich besonders wegen seiner austreibenden Wirkung und wird wie der Aufguss gegen Gicht und Rheuma verwendet. Aus den Kernen kann ein Öl gewonnen werden, das zur Hautpflege verwendet wird. Das Pulver der Hagebutte kann bei Arthrose-Erkrankungen eingesetzt werden – eine Forschergruppe identifizierte 2003 einen in der wilden Hagebutte vorkommenden therapeutischen Inhaltsstoff.

1 Amboss
2 Trommelfell
3 mit Hammer
4 Bogengänge
5 Tube

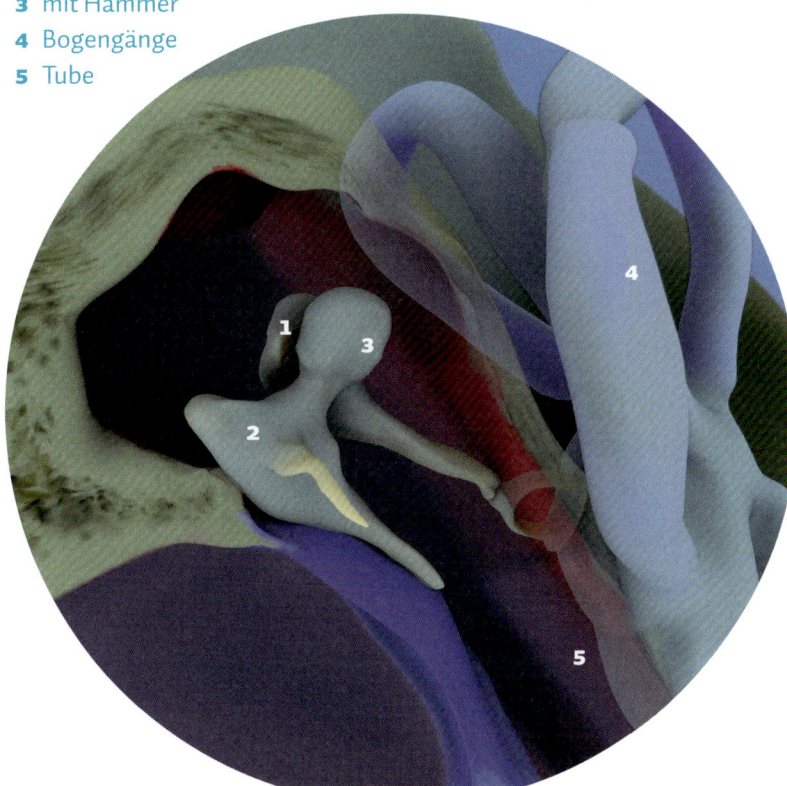

Hören

Werden Schallwellen vom Trommelfell auf die Gehörknöchelchen übertragen, setzt sich die Flüssigkeit in der Schnecke, dem eigentlichen Hörorgan im Innenohr, in Bewegung. Dadurch werden kleine Härchen der **Hörzellen** im Schneckengang gereizt. Sie werden als **elektrische Signale** zum Gehirn geleitet. Wie stark

diese Hörzellen erregt werden, hängt von der Stärke, dem Rhythmus und der Frequenz der Schallwellen ab. Tiefe Töne von 16 Hertz kann das Ohr genauso wahrnehmen wie hohe Töne von 20 000 Hertz, mehr in der Regel nicht! Fledermäuse verständigen sich beispielsweise in einem ganz anderen Frequenzbereich, den wir leider nicht hören können. Du selbst hörst meistens besser als ältere Menschen. Dein normaler täglicher Frequenzbereich liegt zwischen 100 und 8000 Hertz. Ältere Menschen sind häufig im oberen Bereich zwischen 2000 und 20 000 Hertz hörgeschädigt.

Sollten Oma und Opa schwerhörig sein oder werden, kannst du ihnen empfehlen, sich moderne Hörgeräte auszusuchen, die den ausgefallenen Frequenzbereich, der im Hörtest sichtbar ist, gezielt stimulieren.

»Ja, ja, ich sehe ihn, aber schade, leider kein Pferd in der Nähe.«
Jetzt lachte Micro Minitec noch lauter.

»Nein, natürlich nicht. Ich habe auch keins für dich mikrotisiert.« Beide wieherten vor Lachen. »Zu schade, dann könnte ich das Pferd wechseln und von meinem Nanomobil umsteigen.« Micro lachte weiter. »Also, der Steigbügel ist über seinen Boden mit der Schnecke verbunden.

Eine Schnecke hat jeder im Ohr, sonst könnte man nicht hören. Du findest darin ganz zarte Härchen, welche die unterschiedlichen Frequenzen von Geräuschen in elektrische Signale umwandeln.«

»Und dann hört man dort die Musik?«

»Nein, sondern die vielen Millionen Frequenzen und Rhythmen von Instrumenten, von Gesprochenem oder auch Geräuschen erregen ganz winzige Nerven, die dann alles – fast wie ein Mikrophon – auf Hörbahnen ins Gehirn weiterleiten. Erst dort wird alles zusammengefügt.«

»Puh, ist das kompliziert.« Nano dachte nach. »Und was soll ich hier drin? Ich will lieber noch mal ins Gehirn …« Er erinnerte sich an seinen furchtbaren Traum. War mit Opa alles in Ordnung? Nach ihrem ersten Abenteuer war er wie ausgewechselt, doch schon bald waren seine Launen zurückgekehrt und von Tag zu Tag schlimmer geworden. Vielleicht steckte mehr dahinter, vielleicht hatte Schlotter tatsächlich seine Hände im Spiel. Sollte er doch einmal über seine Befürchtungen sprechen?

»Microoooooo!« Auf einmal segelte das ganze Auto kopfüber durch die Paukenhöhle, schoss gegen die Wände, überschlug sich mehrfach, plumpste gegen Amboss und Steigbügel und drohte, unter den Hammer zu geraten.

»Nein, Micro, Hilfe, der Haaammmmmmmmmer!«, schrie Nano panisch. Denn sie flogen schnurstracks auf ihn zu. »Nei-eieieiennnnn! Miiicroooooo, Dr. XXXXXX? Schei… Mist …« kreischte er. »Jetzt werden wir langgemacht«, dachte er noch, da sackten sie plötzlich senkrecht ab und landeten … sanft auf dem Höhlengrund.

Was war passiert? Dr. X hatte sich massiv am Ohr gejuckt und im Traum seinen Kopf geschüttelt, als wollte er eine Fliege vom Kopf wegschleudern. Micro Minitec nahm ihn sanft in den Arm und bettete seinen Kopf vorsichtig auf ein Kissen. Gleichzeitig steuerte sie den kleinen Wagen von außen und aktivierte den Luftkissen-Bremsmechanismus, der Nanolino sanft zu Boden schweben ließ.

»Geschafft«, flüsterte sie. »Bist du heil, kleiner Forscher?« Nano hatte ja bereits einiges mit Micro Minitec mitgemacht. Aber das hier war schon harter Tobak. Trotzdem versuchte er, sich aufzumuntern: »Na ja, fast wäre ich unter den Hammer geraten! Und dann hättest du mich im Krankenhaus im Zimmer 1 bis 10 besuchen können, so platt wäre ich gewesen. Platter als jede Flunder.« Und schon lachten sie wieder.

Zur Schnecke gemacht

Das Nanomobil kippelte ein wenig auf seinem Landeplatz. Unter sich erblickte Nano eine tiefe Schlucht, die ihm wie eine endlose Rutschbahn erschien.

»Hör mal, wo stecke ich denn jetzt schon wieder? Über mir ein pferdeloser Steigbügel, unter mir nur gähnende Leere und … eine unheimliche Geister-Rutschbahn!« Nanolino erschrak. Gegenwind ließ plötzlich das ganze Gefährt bedrohlich wackeln. Auf einmal fühlte er sich allein. Bei den vorherigen Expeditionen war er in Begleitung. Rappel und Marie, die ihm toll geholfen hatte, Gobbot zu überwältigen. »Gemeinsam sind wir unausstehlich«, brummelte er. Er sehnte sich nach ihr. »Los, wir fliegen jetzt endlich in die Schnecke, und du findest heraus, warum Dr. X so schlecht hört«, spornte Micro ihn an.

»Wohin fliegen wir jetzt?«

»Unter dir siehst du eine Röhre, also deine ›Geister-Rutschbahn‹, die wir übrigens Tube nennen. Sie sorgt für den Druckausgleich zwischen den **Luftwegen** Ohr, Nase und Mundhöhle. Da rutschen wir aber nicht runter.«

»Ach, deswegen der Gegenwind hier?« Nanolino überlegte kurz. »Ist das auch der Druck im Ohr, den ich beim Fliegen oder Tauchen spüre? Wenn ich gähne oder die Nase zuhalte und kräftig hineinblase, wird's mit dem schmerzhaften Druck sofort besser.«

Luftwege

Man unterscheidet obere und untere Luftwege. Letztere beginnen unterhalb deines Kehlkopfes, darüber befinden sich die oberen Luftwege. Über Nase und Mund nimmst du Sauerstoff auf und atmest die Abfallgase, hauptsächlich Kohlendioxid, aus. In der Nase und den unteren Luftwegen werden auch Fremdkörperteilchen, wie zum Beispiel Staub, abgefangen. Gleichzeitig wird die Atemluft durch schleimbildende Drüsen befeuchtet und fast auf Körpertemperatur erwärmt. Die Nase ist über die sogenannte Tube zum Druckausgleich mit dem Ohr und über wunderbare Miniaturtunnel mit vielen Nasennebenhöhlen verbunden. Es gibt beispielsweise beidseits von der Nase die Kieferhöhlen, oberhalb von der Nase die Stirnbeinhöhlen, aber auch die Keilbeinhöhle und andere mehr. Wie schön wäre es, wenn du einmal Bodynaut werden könntest, um dieses Höhlensystem von innen zu bewundern ...

1 obere Nasenmuschel
2 mittlere Nasenmuschel
3 untere Nasenmuschel
4 Nasenvorhof
5 Stirnhöhle
6 Siebbein
7 Hintere Nasennebenhöhle (Keilbeinhöhle)
8 Nasenrachen
9 Mundhöhle
10 Zunge
11 Kehlkopf
12 Luftröhre
13 Lungenflügel

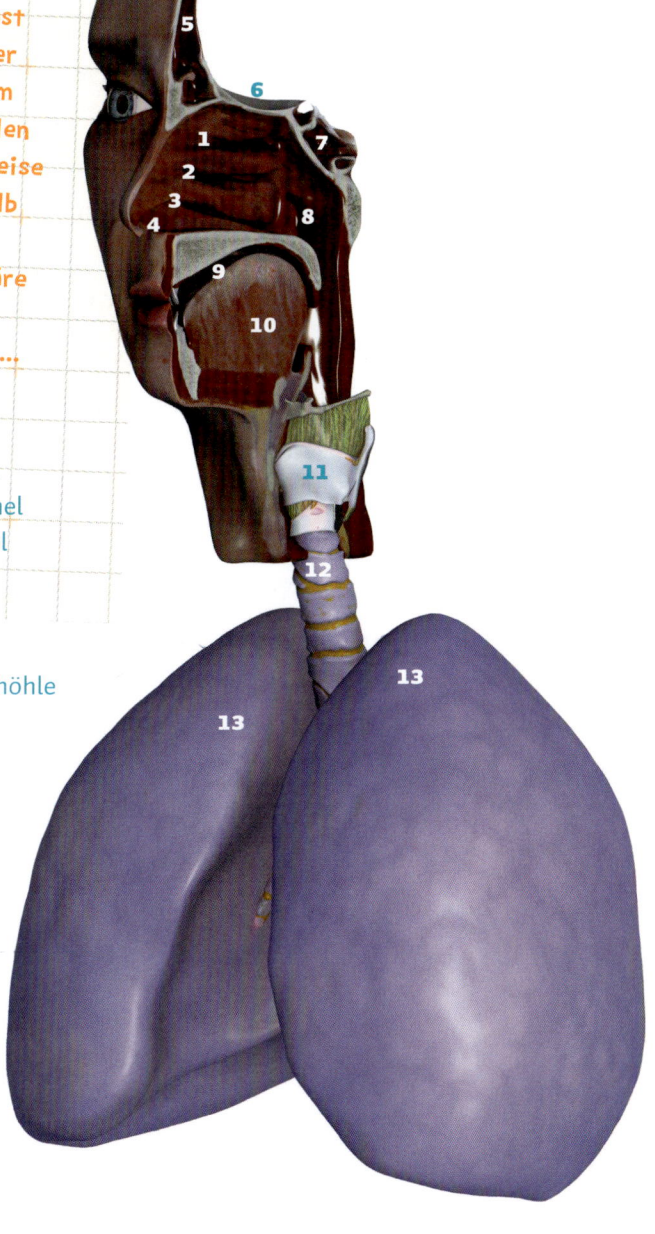

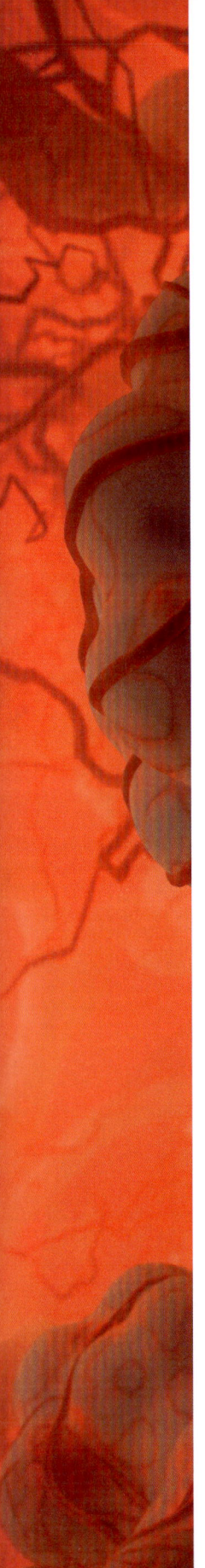

»Ganz schön schlau. Jetzt verstehe ich endlich, warum dich Dr. X zum Assi ernannt hat.« Sie grinste in sich hinein.

»Du musst auf die Tube drücken, sagte mein Vater früher immer.« Jetzt wurde er richtig übermütig.

»Aber noch mal: Da runter geht's nicht entlang, sondern ihr müsst zum Steigbügel hochfliegen und euch dann unter der Grundplatte durchquetschen, um in die Schnecke zu schwimmen.«

»Fliegen, schwimmen, fahren. Wie denn das?«

»Dein Nanomobil kann alles. Fast alles, es ist doch dein supermodernes FAST-Mobil. Das habe ich dir doch schon erklärt, oder? Aus Rädern werden Flossen, und Flügel wachsen auch gleich … Also los, keine Zeit verlieren. Verlass dich jetzt voll und ganz auf mich. Ich bringe dich dorthin, bevor Dr. X aufwacht.«

Ehe Nanolino nachdenken konnte, schoss das Nanomobil wie eine Rakete durch die Höhle, direkt unter dem Steigbügel weg durch das ovale Fenster – so nennt man den Eingang zur Schnecke –, und schwamm auf einmal seelenruhig in klarer See.

»Wow«, war das Einzige, was Nano sagen konnte.

»Wie meinen der Herr?«

»Wow, hier flimmert es gewaltig unter Wasser. Das müsstest du mal direkt erleben. Wohin das Auge blickt, flimmernde feine, haarige Algen unter Wasser, die sich in der Strömung gemächlich gegeneinanderbewegen.«

»Ja, richtig, das sind die Frequenz-Tastorgane des Ohrs.« Und nach einer kurzer Pause sagte sie verschmitzt: »Hör mal!«

»Ich hör nichts.«

»Gut hören kann er schlecht.« Sie schmunzelte.

»Wie, ich? Ich hör wirklich nichts. Bin ich jetzt taub, oder was?«

»Ach, ich mein doch nicht dich, sondern unseren Dr. Knuddelbär hier. Denk an unsere Mission.«

»Du meinst unsere Mission: hörlos im All?« Und endlich lachten sie wieder.

»Nein, hörlos im Alter oder so. Spaß beiseite. Nano, was du da siehst, sind die Härchen, von denen ich dir erzählt habe. Jedes Flimmerhaar ist mit ganz, ganz feinen Nerven verbunden, die eine bestimmte Frequenz messen. Hohe Stimmen beispielsweise erzeugen ganz viele Schwingungen eines genau zu bestimmenden hohen Frequenzspektrums, bei tiefen ist das umgekehrt.«

»Wirklich, Micro Minitec, ich höre hier drinnen rein gar nichts.«

»Genau, das passiert ja im Gehirn.«

»Ach ja, habe ich schon wieder vergessen.« Nanolino kratzte sich am Kopf.

»Und was soll ich nun tun auf dieser ›Hörlos-im-All-Mission‹, liebe Micro?«

»Du schwimmst mit dem Boot von Härchen zu Härchen und versuchst herauszufinden, wo möglicherweise einzelne unbeweglich sind.«

»Ui-jui-jui. Wenn mir das mal gelingt!«

»Übrigens, vorne bei dir beginnt das hohe Frequenzspektrum, und ganz hinten am Ende des Schneckengewölbes befindet sich das tiefe Spektrum.«

»Und wie definieren wir die einzelnen Frequenzen genau?«

»Wenn wir uns jetzt beeilen, spiele ich hier draußen auf meinem Frequenzgenerator die fürs menschliche Ohr hörbaren Töne von tief bis hoch einzeln durch – jede Frequenz nur drei Sekunden, und du fliegst einfach von Haar zu Haar und registrierst die Bewegung. Noch mal: Der Ton wird durch die Luft über das Trommelfell auf die Gehörknöchelkette übertragen und von dort in die Schnecke zu dir. Dein vor dir liegendes ›Algenmeer‹ wird durch den Druck bewegt, den der Steigbügel auf die Lymphflüssigkeit ausübt. Und jede ›Alge‹ reagiert auf eine bestimmte Tonhöhe. Capito?«

»Aye, aye, ein bodynautischer Hörtest sozusagen!«

Ein tiefes Brummen erfüllte den Raum, in dem Dr. X genüsslich schlummerte, gefolgt von immer höher werdenden Tönen. Das brachte die »Algen« in Bewegung. Nanolino tanzte quasi in seinem einem Blutkörperchen ähnelndem Nanomobil auf den einzelnen Haarspitzen. Er sprang jauchzend von Haar zu Haar, drehte Pirouetten und andere Figuren.

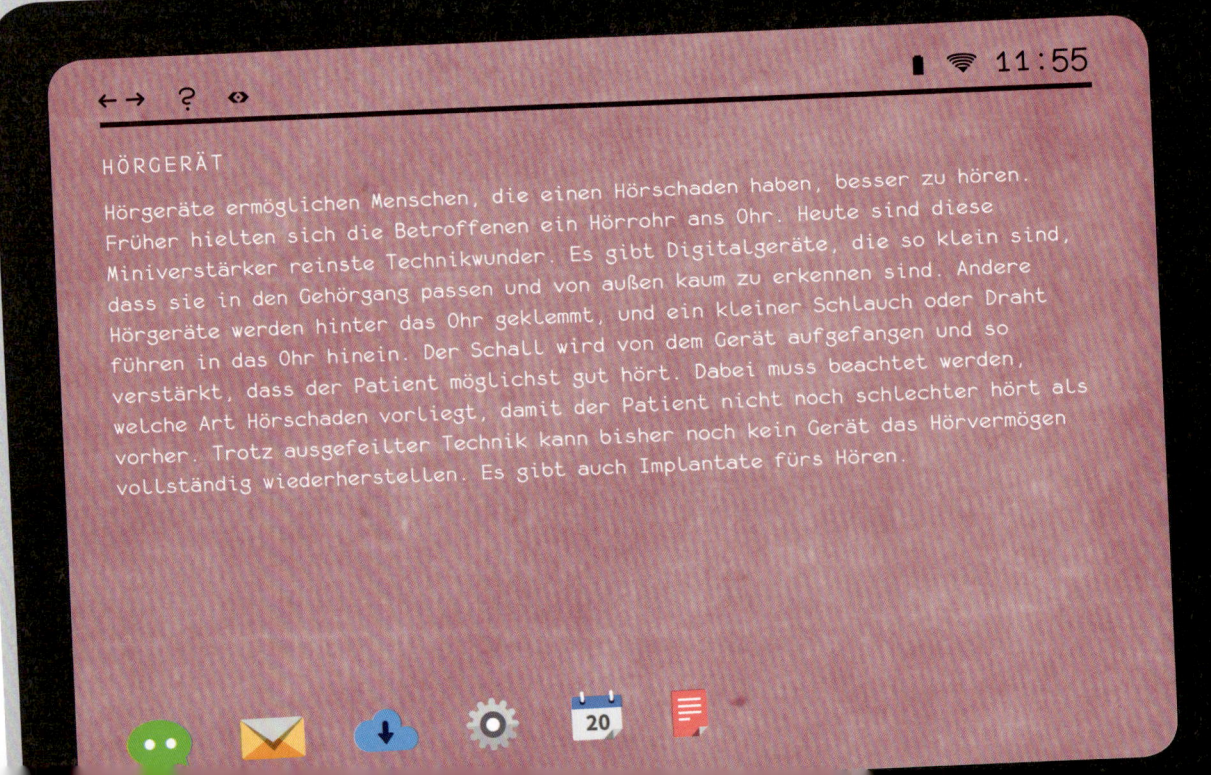

HÖRGERÄT

Hörgeräte ermöglichen Menschen, die einen Hörschaden haben, besser zu hören. Früher hielten sich die Betroffenen ein Hörrohr ans Ohr. Heute sind diese Miniverstärker reinste Technikwunder. Es gibt Digitalgeräte, die so klein sind, dass sie in den Gehörgang passen und von außen kaum zu erkennen sind. Andere Hörgeräte werden hinter das Ohr geklemmt, und ein kleiner Schlauch oder Draht führen in das Ohr hinein. Der Schall wird von dem Gerät aufgefangen und so verstärkt, dass der Patient möglichst gut hört. Dabei muss beachtet werden, welche Art Hörschaden vorliegt, damit der Patient nicht noch schlechter hört als vorher. Trotz ausgefeilter Technik kann bisher noch kein Gerät das Hörvermögen vollständig wiederherstellen. Es gibt auch Implantate fürs Hören.

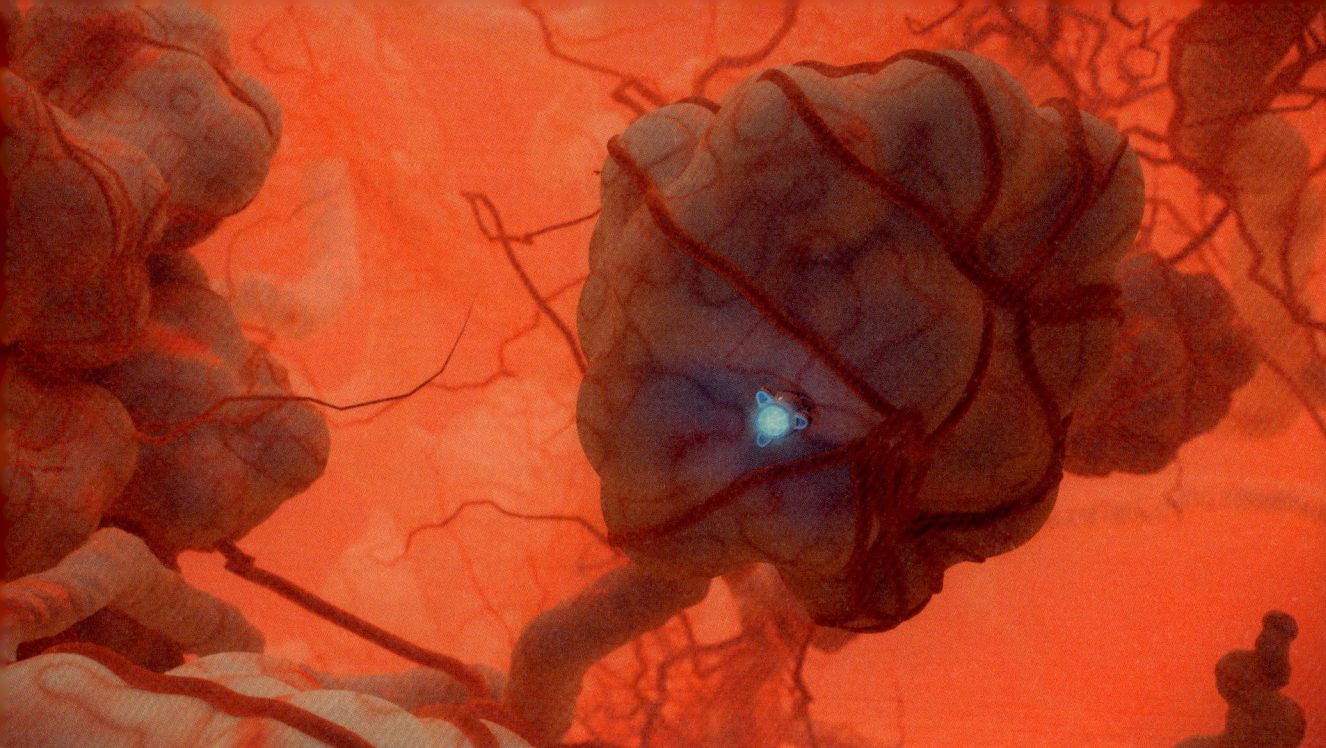

»Juppheidi, juhu.«

»Hey, was nuuuuun? Stopp!« rief er, denn plötzlich plumpste er tief nach unten. Über ihm ragten feine Stämme weit in die Luft, so weit seine Augen reichten.

»Fühle mich wie im Urwald, über mir gigantische Bäume, unter mir bewegter Boden.« Neben ihm bewegte sich ein Haar auf ihn zu, dann ein anderes. Sie schwangen gewaltig aus und klappten über Nano zusammen. Micro Minitec testete von außen die Frequenzen.

»Micro, bei mir in der Mitte passiert nichts, tote Hose!«

»Siehst du, jetzt haben wir's gefunden. Ein echter Ausfall in den hohen Frequenzen. Mal sehen, ob noch mehr geschädigt ist.« Tatsächlich fanden sie noch eine Reihe anderer schwacher Bezirke am Ende der Schnecke. Dr. X schüttelte sich im Traum.

»Wir müssen uns beeilen, Dr. X wacht gleich auf. Danke, das

hast du super gemacht, kleiner Medicus. Jetzt ruh dich aus, ich übernehme die Steuerung.«

Kurze Zeit später saß Nanolino wieder in seiner normalen Größe neben Micro Minitec und wartete darauf, dass Dr. X aufwachte, ganz stolz, dass er einmal mehr als Bodynaut helfen konnte.

Mit dem Wissen um die speziellen Frequenzen, die in der Schnecke ausgefallen waren, wollte Micro Minitec Dr. X ein winziges Hörgerät bauen, das nur diese ausgefallenen Frequenzen verstärkte. Alle anderen würden in Ruhe gelassen.

»Die alten Hörgeräte verstärken den Schall im gesamten Frequenzbereich, wodurch alle Härchen bewegt werden. Die Patienten hörten auf einmal alle Geräusche um sich herum manchmal sehr laut und stellten deshalb lieber das Gerät wieder ab oder viel zu leise ein, weil es sie störte«, erklärte sie Nano.

Riechen

Ohne Riechen würde vermutlich eine Ameise oder Biene nicht zurück zu ihrem Nest finden. Riechen spielt eine zentrale Rolle in der Insektenwelt, aber auch beim Menschen. »Du duftest so herrlich« oder »Ich kann dich nicht riechen« sind Redensarten, die auf einen unserer wichtigsten Sinne hinweisen. Was du vielleicht schon bemerkt hast: Alle Gegenstände oder Lebewesen haben einen spezifischen individuellen Geruch: feuchte Erde, Orangen, Vögel, Pflanzen oder Menschen, ja sogar Metallmesser. Du kannst sie über Gerüche unterscheiden lernen. Wusstest du, dass du sogar ein Gedächtnis für Gerüche besitzt? Das Riechen ist eigentlich ein elektrischer Vorgang. Kleinste chemische Bestandteile von Duftstoffen, möglicherweise Moleküle, reizen Bündel feiner Riechfäden im oberen Bereich der Nase. Von hier dringt der Duft über die Siebbeinzellen bis zum Riechkolben des Gehirns. Hier wird entschieden, ob ein Duft lästig, wohltuend oder sogar heilsam ist. Seit Jahrtausenden wird mit Düften beziehungsweise Aromastoffen behandelt.

Einige Tage später war das Hörgerät fertig. Zur Feier des Tages hatte Dr. X einen Karottenkuchen in den Ofen geschoben. Er duftete herrlich, man konnte ihn im ganzen Haus riechen. Vor Appetit und Vorfreude lief sogar Rappel das Wasser im Maul zusammen, die Augen zwinkerten lustig. Dr. X bedankte sich überschwänglich bei seiner Mitarbeiterin. »Meine liebe Micro, Frau Doktor, was für ein wunderbares Geschenk haben Sie mir bereitet. Sie sind einfach genial und Hellseherin obendrein. Woher wussten Sie nur, was mir fehlt?«

Sie lächelte nur verschmitzt und nahm sich ganz fest vor, Nanolino von Herzen zu danken, sobald sie ihn wiedersehen würde.

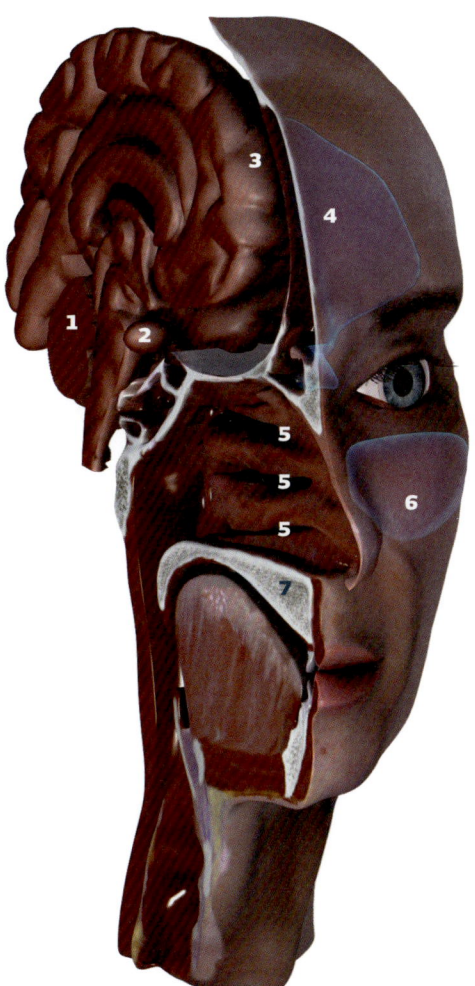

1 Kleinhirn
2 Hypophyse
3 Vorderhirn
4 Stirnhöhle
5 Nasenmuscheln
6 Kieferhöhle
7 Nasenschleimhaut

Nanolinos kaputte Leiste

»So ein Mist! Ausgerechnet mir muss so etwas Blödes passieren.« Nano fluchte leise vor sich hin. Er konnte seit Tagen nicht mehr richtig auftreten, und das Humpeln wurde immer schlimmer. Angefangen hatte es ganz plötzlich, nach dem letzten Fußballmatch. Der Schmerz im Oberschenkel – oder war er in der Leiste?, er wusste es nicht so recht – nahm unheimlich zu. Nanolino hinkte mühsam nach Hause. »Ich hinke schon wie ein einbeiniger Pirat«, dachte er. Er konnte Opas Schmerz zum ersten Mal richtig nachempfinden. Wenig später lag er auf der Küchenbank, und Oma Rosi untersuchte seinen Oberschenkel, dann seine Leiste und wickelte sie in Arnikaumschläge. Ein Glück, dass Oma Rosi zu Hause war. Seine Mutter war gleich nach dem Fußballspiel zu einer wichtigen Geschäftsreise aufgebrochen und würde erst in ein paar Tagen zurückkehren.

»Ich tippe auf Leistenbruch oder Muskelfaserriss«, sagte Oma bestimmt.

»Der soll lieber seine Schulaufgaben richtig machen und früher schlafen gehen … leistungsschwach ist der«, feixte Opa Erwin, während er den Kühlschrank durchwühlte.

»Leistenschwach, nicht leistungsschwach! Hör mal richtig zu, du Nimmersatt!« Oma Rosi war erbost.

»Halt dich da raus und hör auf, Möchtegernarzt zu sein, du

hast sowieso keine Ahnung. Der Junge soll aufhören, so viel zu kicken.«

»Aaaaauuuuuu, hör auf«, schrie Nanolino. Seine Oma hatte eben noch einmal auf seinen Leistenansatz und Oberschenkel gedrückt.

»Wenn er Schmerzen hat, muss er einfach mal zum richtigen Arzt, und nicht zu der Laientruppe von Dr. X und Konsorten. Und nicht zu dir, du Kräuterhexe. Was verstehst du schon von Medizin?« Oma Rosi und Nanolino schauten sich verdutzt an. Was war auf einmal los? Opa Erwin war doch erst vor ein paar Tagen bei Dr. X wegen seiner Arthrose gewesen, und nun schimpfte er auf den Arzt, dem er sonst vertraute? Und dann bezeichnete er Oma Rosi auch noch als Hexe … Doch bevor Nanolino etwas erwidern konnte, war sein Opa aus dem Zimmer gehumpelt. Oma Rosi wandte sich wieder ihrem Enkel zu.

»Nanolino, du spielst so viel Fußball – täglich im Verein und in der Schule, dann noch Skateboard und so weiter. Deine Leiste ist zwar nicht geschwollen, aber hier an dieser Stelle …«, sie drückte vorsichtig auf einen bestimmten Bereich, doch Nano zog reflexartig das Bein zurück, »hier ist dein Oberschenkel extrem gereizt.« Nano seufzte.

Die berühmte Essenz gegen Zerrung und Verrenkung

Man nehme
20 g Arnika
10 g Lavendel
10 g Raute
60 g Beinwell

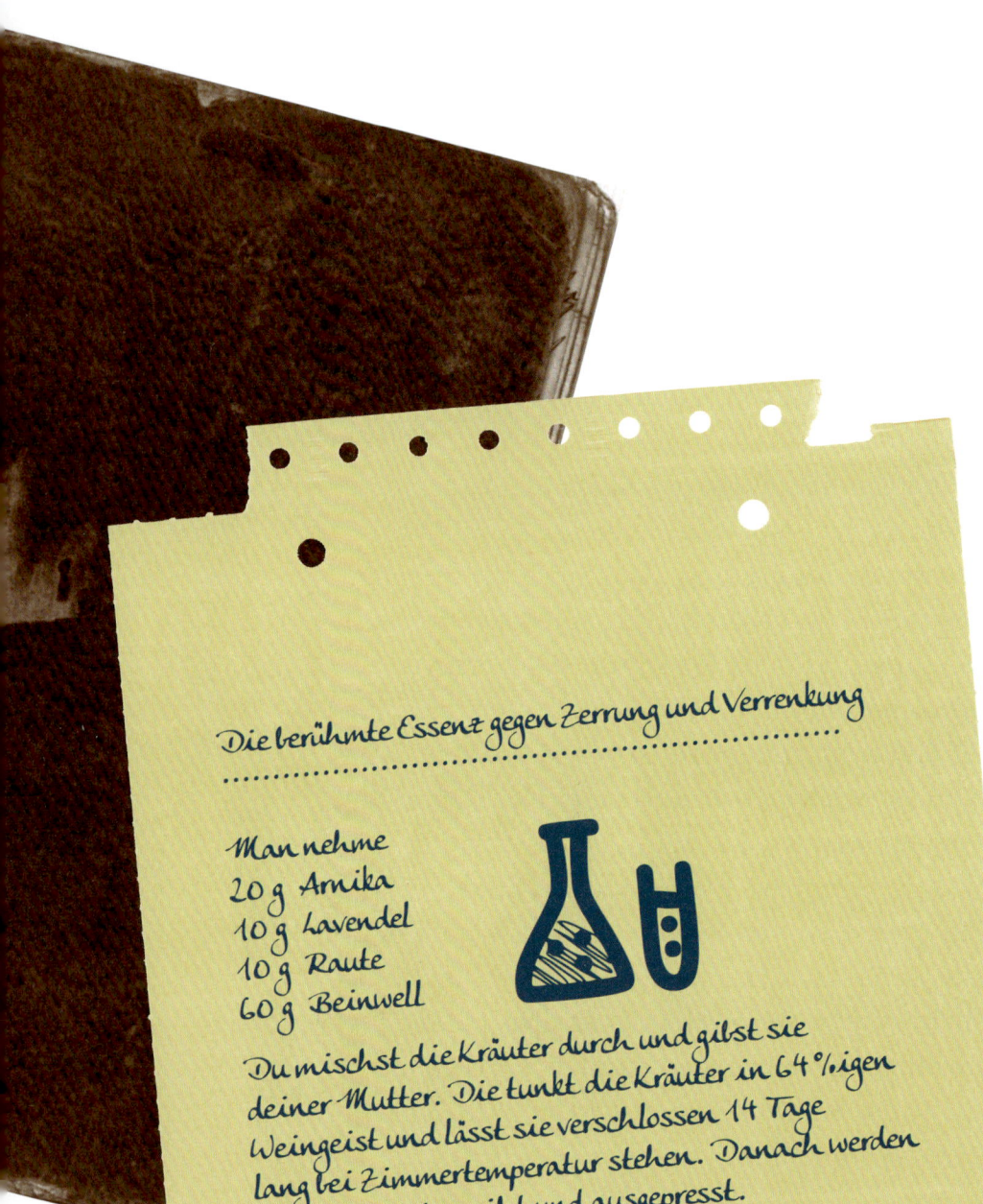

Du mischst die Kräuter durch und gibst sie
deiner Mutter. Die tunkt die Kräuter in 64%igen
Weingeist und lässt sie verschlossen 14 Tage
lang bei Zimmertemperatur stehen. Danach werden
die Kräuter abgeseiht und ausgepresst.
Mit der Essenz die betroffene Stelle mehrmals
täglich einreiben und/ oder feuchte Auflagen
machen.

Leistenbruch

1 schräger Bauchmuskel
2 hoher Leistenbruch
3 gerader Bauchmuskel
4 Nabelbruch
5 Schambein
6 tiefer Leistenbruch

Das ist ein Eingeweidebruch, bei dem sich Baucheingeweide durch die Bauchwand in der Leistengegend drücken. Passiert dies im Nabelbereich, spricht man vom Nabelbruch. Gefährlich wird ein Bruch nur, wenn das Eingeweide in der Bruchlücke festklemmt, was sehr wehtut. Leistenbrüche können ab dem ersten Lebensjahr auftreten, Nabelbrüche bereits nach der Geburt. So haben zwanzig Prozent aller Neugeborenen einen Nabelbruch, der beim Schreien oder Husten sichtbar wird: Das weiche Gewebe wölbt sich nach außen und verschwindet bei Ruhe. Schreien Babys stundenlang, erbrechen dabei und wird der Bauch härter, muss sofort der Arzt beziehungsweise ein Krankenhaus aufgesucht werden. Das Gleiche gilt, wenn Menschen aller Altersstufen starke Schmerzen in der Leiste verspüren.

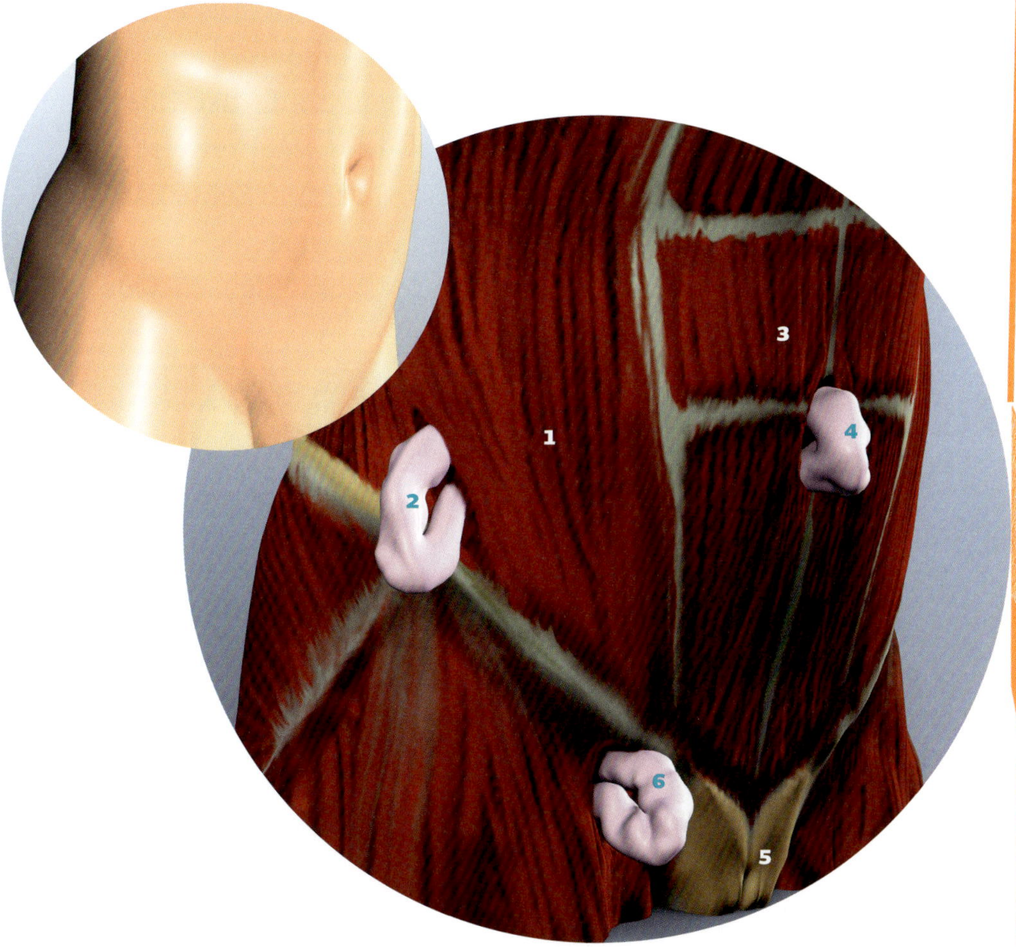

135 Nanolinos kaputte Leiste

»Du nimmst einfach mal meine Krücken von meinem Unfall, den ich kürzlich hatte. Die müssen irgendwo herumliegen«, beruhigte ihn Oma Rosi. Da stolzierte auf einmal Marie mit Krücken durch die Küche.

»Ach, da sind sie ja!«, rief Oma Rosi. »Marie, du hast ja einen siebten Sinn.« Marie strahlte. »Ruhig halten, nicht auftreten, weiter kühlen und morgen zu Dr. X.«

»Du hast keine Ahnung, wir fahren zu einem richtigen Professor«, schrie Opa Erwin aus dem Nachbarzimmer.

»Also, wenn meine Diagnose richtig ist, sollte der Oberschenkel einige Wochen nicht belastet werden. Meistens ist es nur ein kleiner, aber feiner Riss im Muskel oder am Sehnenansatz oder eine Überdehnung. Aber wenn die Leiste …«

Nanolinos Miene verdüsterte sich. »Tut saumäßig weh, jede Bewegung! Was dann?«

Gemeinsam stark –
Muskelfasern.
Das biologische
Prinzip in der Technik:
»Fasern« einer
Stahltrosse.

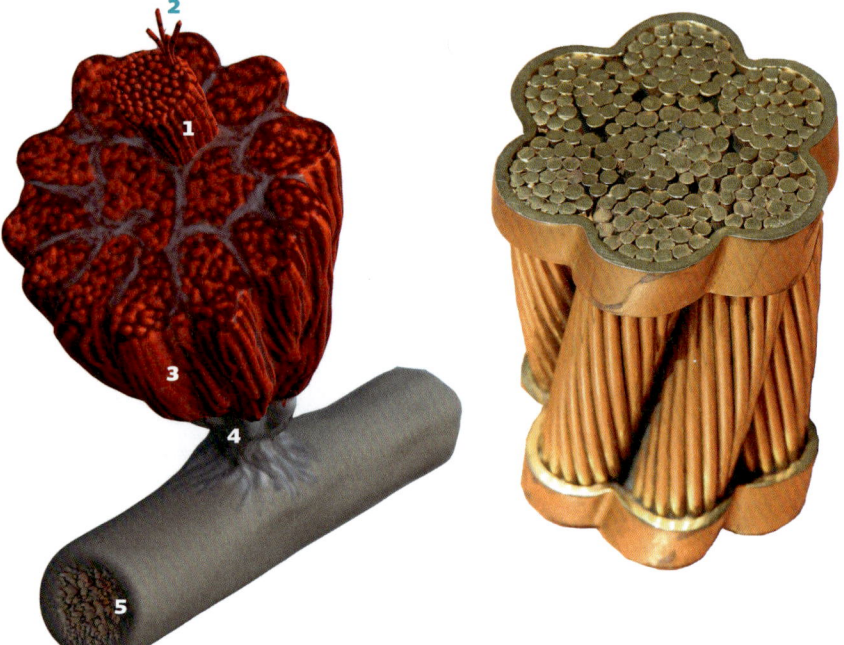

1 Muskelfaserbündel
2 Fibrille
3 Muskelhaut
4 Sehne
5 Knochen

»Keine Panik, Nano. Musst ja erst einmal von Dr. X untersucht werden. Ein Leistenbruch muss möglicherweise operiert werden, also man kann eine konservative Therapie oder eine Operation vornehmen. Häufig haben Kinder in der Wachstumsphase eine schwache Leiste. Wenn dann plötzlich eine hohe Druckbelastung entsteht, reißt Gewebe, das den Darm vom Oberschenkel fernhält, und der Darm kann sich dazwischen klemmen. Das ist nicht nur schmerzhaft sondern auch gefährlich.« Nanolino schauderte.

»Wieso?«

»Eine Darmschlinge kann sozusagen stranguliert werden und absterben.«

»Au, Schitt!«

»Aber bei dir glaube ich das nicht. Das fühlt sich mehr nach Muskelzerrung oder Muskelfaserriss an. Dr. X wird das klären.« Etwas verwirrt nickte Nanolino.

»Ja, wenn hohe Druckbelastung, wenig Aufwärmtraining direkt vor dem Spiel und ein Nimmersatt wie du zusammenkommen …«

»… tja, dann wird man eben mal aus der Kurve geschleudert«, ergänzte Marie naseweis.

»Aber die Zeit heilt alle Wunden!«, fügte Oma Rosi noch schnell hinzu, um einen Streit zwischen den Geschwistern im Anflug zu unterdrücken.

»Wenn sie nur schneller vergehen würde.«

»Das wirst du dir mal anders wünschen«, murmelte seine Großmutter nachdenklich. »Jetzt brauchst du erst einmal Ruhe, gutes Essen und viel Liebe!«

»Liebe! Ha! Dass ich nicht lache. Ich bringe den Jungen zu

einem richtigen Arzt! Da kannst du aber Gift drauf nehmen. Wo ist mein Speck?« Opa Erwin erschien im Türrahmen.

Nano erschrak und musste plötzlich an seinen Traum denken. Was war nur mit seinem Opa los? Stand Opa vielleicht noch immer unter dem Einfluss von Schlotters heimtückischen Experimenten? Hatte Nano unterbewusst etwas geahnt, hatte er deshalb von Gobbot und Schlotter geträumt? Er sah Opa Erwin an. Der alte Mann war außer sich, seine Augen funkelten seltsam. Das brutale Szenario mit Professor Schlotter und seinem Gehilfen, bei dem er selbst Teil eines Experiments mit Nanorobotern gewesen war, hatte er scheinbar schon vergessen. Nanolinos grandiosen Einsatz auch. Er hätte sterben können, damals, doch Nanolino hatte ihn gerettet. Hatte sein Großvater das alles wirklich schon wieder vergessen?

Konservative Therapie oder Operation

Wenn zum Beispiel deine Mandeln vereitert sind, könnte man operieren oder mit Medikamenten, Gurgeln und Eis die Entzündung und deinen Schmerz behandeln. Das Angenehmere für die meisten von uns ist: keine Operation. Deine Mandeln werden dadurch sozusagen konserviert. Und zwar nicht im Einmachglas, sondern sie bleiben deinem Körper erhalten. Im letzten Jahrhundert haben Ärzte schnell zum Messer gegriffen. Heute wissen wir, dass die Mandeln Bestandteil der lokalen Abwehr im Mund sind und möglichst bei dir bleiben sollten. Aber es gibt immer wieder gute Gründe, nicht nur bei Mandelentzündungen, zu operieren. Vor allem, wenn naturheilkundliche Therapieansätze und schulmedizinische Medikamente nicht wirken oder bei Notfällen.

»Entweder Erwin leidet an Gefäßverkalkung oder sein Gehirn ist damals durch Gobbot mehr geschädigt worden, als wir alle dachten«, überlegte Oma Rosi und wurde dabei ganz traurig.

»Das wirst du nicht tun, Erwin! Nano geht zu Dr. X, basta. Und die fette Cholesterinbombe hat Kannickel gefressen!«

»Was? Meinen wunderbaren Speck?«

Nanolino beschloss, einfach nicht auf Opa zu hören. »Kannst du mich morgen zu Dr. X bringen?« Oma Rosi schaute ihn besorgt an.

»Ich muss morgen zu Frau Bolle, der kranken Bäuerin, fahren. Ihr Bruder hilft mir morgen auf dem Markt, den neuen Stand für ›Oma Rosis Kräuter-Express‹ aufzubauen. Ich habe ihm dafür versprochen, mich um seine Schwester zu kümmern. Du müsstest dich doch noch an sie erinnern, Nanolino?«

Sofort fiel Nanolino wieder das Erlebnis vom vergangenen

Jahr ein. Damals besuchten seine Schwester und er Frau Bolle, eine gute Freundin von Oma Rosi. Sie hatte früher einen Tante-Emma-Laden in der Stadt gehabt. Die Kinder mochten sie sehr gern. Fast jeden Tag nach der Schule gingen sie in den kleinen Laden, kauften etwas ein und schwatzten mit ihr. Leider hatte sie aufgrund einer Krankheit den Laden aufgeben müssen und war zu ihrem Bruder gezogen, der den Bauernhof ihrer Eltern übernommen hatte. Nano erinnerte sich daran, wie Marie und er hoch oben auf dem Trecker thronten und mit den großen Rädern durch die Pfützen pflügten, die ein Gewitter zurückgelassen hatte. Tiefe Schlaglöcher ließen das Gefährt schwanken, sodass sie sich wie auf einem Schiff fühlten und Nano fast herunterfiel. Der Bauer packte ihn aber rechtzeitig und bewahrte ihn vor einem Sturz.

8 Tipps zum genüsslichen Essen

1. Freu dich aufs Essen und genieße es, wenn möglich, mit anderen zusammen.

2. Während des Essens nicht gleichzeitig lesen, arbeiten oder fernsehen.

3. Iss wie ein Feinschmecker (französisch: gourmet) und kau dabei gründlich. Lass den Geschmack auf der Zunge zergehen. Nur das, was du bewusst isst, registriert auch dein Gehirn und sagt dir, wann es genug ist. Wenn du langsam isst und mindestens 5-mal pro Bissen kaust, bist du auch eher satt. Mehr kauen wäre sogar noch viel besser, weil dann noch mehr Magensäure und Enzyme produziert werden. Das macht nicht nur schneller satt, sondern verbessert die Verdauung.

4. Viel Volumen, aber ganz wenig Kalorien haben Obst und Gemüse. Äpfel, Orangen, Möhren, Paprika oder auch Stangensellerie und Zucchini darfst du in Mengen essen.

5. Denk an die Ballaststoffe! Deshalb: Ran ans frische Gemüse oder an Hülsenfrüchte wie Bohnen, Linsen oder Kichererbsen! Hierüber bekommst du auch ganz viel Eiweiß.

6. Mittags solltest du deine Hauptmahlzeit einnehmen. Wie schön könnte das Mittagessen sein, wenn man zunächst eine Suppe vor dem Hauptgang isst und danach mit einem Stück Obst wie die Asiaten die Mahlzeit abrundet.

7. Viel zimmerwarmes und abgekochtes Wasser trinken (stilles Wasser), mindestens 1 Liter am Tag. Das stabilisiert deinen Blutdruck, macht den Kopf frei und stillt das Hungergefühl.

8. Ein leichtes Hungergefühl ist besser als ein überfüllter Magen. Denn dann kannst du sicher sein, dass alles verdaut ist und die nächste Mahlzeit richtig aufgenommen werden kann.

Der Bauer warnte sie, bevor sie auf dem Hof ankamen. »Erschreckt nicht, meine Schwester ist sehr, sehr vergesslich geworden, manchmal erkennt sie nicht einmal mehr mich.« Das konnten die beiden sich beim besten Willen nicht vorstellen. Achselzuckend sahen sie sich an.

Der Bauer fuhr auf den kleinen Hof und hielt vor einem uralten Bauernhaus. Dichter Efeu, rosarote Glyzinien und wilder Wein verdeckten fast vollständig das Fachwerkgebälk.

»Hallo, Paula. Sieh mal, wer dich besuchen kommt!«

Die rundliche Frau Bolle saß in einem Schaukelstuhl. Auf ihrem Schoß lag eine wollige, graue Katze. Ihre bernsteinfarbenen Augen musterten die drei erschrocken.

»Wer seid ihr, und was sucht ihr auf meinem Hof, schafft dieses grüne Ungetüm fort!«, sie zeigte aufgeregt auf den Trecker.

»Aber Paula, ich bin's. Erkennst du mich denn nicht?« Der Bauer sprach beruhigend auf sie ein, seine Augen schauten wieder traurig. »Wer sind Sie? Ich kenne Sie nicht. Haben wir uns schon mal getroffen?«

In ihrer Stimme lag die Sicherheit derer, die sich im Recht glauben. Der Bauer machte einen Schritt auf sie zu.

Doch sie streckte energisch die Hand aus und rief: »Halt! Bleiben Sie da stehen! Keinen Schritt weiter, oder ich rufe die Polizei!«

Den Kindern wurde die Situation unheimlich. Nano fasste sich ein Herz und sagte: »Frau Bolle, Ihr Bruder hat uns mit dem Trecker vom Bahnhof abgeholt. Wir wollten Sie besuchen. Aber stimmt, das ist ein riesiges Ungetüm. Ich bin fast heruntergefallen und hätte mir den Hals brechen können!«

»Wer hat sich den Hals gebrochen? Der Knecht? Mein Vater sagt immer: ›Balthasar, pass auf, dass du nicht in die Mistgrube fällst.‹ Aber der will ja nicht hören, jetzt ist es passiert. Gut, dass ihr ihn rausgefischt habt. Wo bleibt Vater bloß?«

Sie war mit ihren Gedanken weit in der Vergangenheit, denn ihr Vater war seit Langem tot.

»Nein, Frau Bolle, niemand hat sich was getan. Ihr Bruder hat mich in der letzten Sekunde festgehalten!«, antwortete Nano geduldig. Dabei zeigte er auf ihren Bruder, der gequält lächelte.

»Ach, das ist aber nett von Ihnen, dass Sie die Kinder beschützen, Herr …« Sie lächelte fragend. »Wie hießen Sie gleich?«

»Paul, dein …« Den »Bruder« verkniff er sich im letzten Moment, das hätte sie nur von Neuem irritiert. Sie lebte offensichtlich in einer Zeit, in der ihr wesentlich jüngerer Bruder noch nicht geboren war.

man von einer Hirnleistungsschwäche oder Demenz. Ursache ist meist, dass Zellen im Gehirn zugrunde gehen. Die häufigste Demenz ist die **Alzheimer-Krankheit**, bei der für die Nervenzellen giftige Eiweiße, sogenannte Plaques, im Gehirn entstehen. Ursache der zweithäufigsten Demenz sind Durchblutungsstörungen und dadurch bedingt kleine Schlaganfälle im Hirn. Alkoholmissbrauch kann auch zu der Erkrankung führen. Die **Demenz-Symptome** treten schleichend auf. Dann werden die Erkrankten immer langsamer. Sprechen, schreiben und lesen fällt ihnen schwer. Einige von ihnen können sich nicht aufraffen, etwas zu tun, andere werden unruhig, teilweise auch aggressiv. Viele schlafen schlecht. Irgendwann muss man beim Waschen, Anziehen und beim Toilettengang helfen. Am Ende sind sie völlig verwirrt und hilflos. Du solltest mit den Erkrankten bitte geduldig und liebevoll umgehen.

Man darf Menschen mit Demenz, so heißt die Krankheit, die Frau Bolle hatte, nicht überfordern, sondern muss auf ihre Welt eingehen, das hatte Paul inzwischen gelernt. Diese Menschen leben zunehmend in der fernen Vergangenheit, in ihrer Kindheit oder Jugend. An das jüngst Erlebte können sie sich immer seltener erinnern. Im Gegenteil, sie vergessen Neues sofort. »Deshalb fragen sie ständig immer wieder dasselbe, manchmal innerhalb von Minuten«, hatte ihnen ihre Großmutter erklärt. »Das kann nervig sein, aber man darf nicht ungeduldig werden. Sonst können Demenzkranke ganz ärgerlich werden und heftig reagieren.«

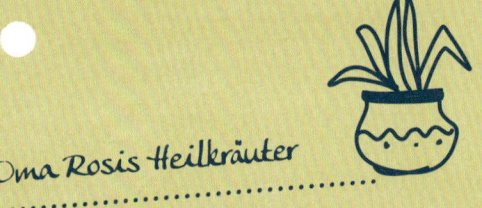

Oma Rosis Heilkräuter

Fingerhut (Digitalis)
Vorsicht! Weißer und Roter Fingerhut wachsen überall und sind hochgiftig. Ihr Verzehr kann zu starken Herzrhythmus-Störungen und zum Tod führen. Das in den Pflanzen enthaltene Digitalis wird therapeutisch in niedriger Konzentration zur Therapie von Herzschwäche eingesetzt, da es die Kraft des Herzmuskels verbessert.
Der Rote Fingerhut war bereits im 18. Jahrhundert als Heilmittel bekannt und war eine der ersten modernen Arzneipflanzen.

Im Moment war Paula wieder zugänglich. Nano hatte sie an den gestürzten Knecht erinnert. Das konnte sie mit der aktuellen Situation verknüpfen.

»Wollt ihr beiden eine Limonade? Und Sie, Herr … vielleicht einen Kaffee oder Tee? Kommt mit in die Küche, da hab ich auch Kuchen und Plätzchen«, lud sie die Kinder ein, setzte behutsam die Katze auf den Boden und stand ächzend auf.

In der Küche begann Frau Bolle, an einer alten Küchenmaschine herumzuwerkeln.

»Verflixt, schon wieder kaputt. Ich finde den Fehler schon, soll niemand behaupten, Paula Bolle ist zu dumm für solche Reparaturen …« Sie zerlegte die Maschine Stück für Stück und legte die Teile ordentlich nebeneinander.

»Stört sie bloß nicht! Das macht sie jeden Tag um diese Zeit. Immer genau dieselben Handgriffe. Früher hat sie alle Maschinen im Haus repariert, sie hatte ein Händchen dafür. Diese Maschine war besonders anfällig, aber sie wollte keine neue. Ich glaube, dieses Gerät, mit dem sie all die Jahre gearbeitet hat, gibt ihr jetzt Sicherheit, mehr, als ich es kann«, erklärte der Bauer bekümmert.

Der Bauer öffnete eine Schranktür und holte eine Keksdose heraus.

Frau Bolle schoss von ihrer Maschine hoch.

»Gehen Sie sofort von meinem Küchenschrank weg!«, giftete sie.

»Aber Paula, ich wollte doch den Kindern nur die versprochenen Kekse geben.«

Das Gesicht des Bauern sah müde und traurig aus, den Kindern blieb das Lachen im Halse stecken.

»Sie ungezogener Rüpel! Ich komme auch nicht in Ihr Haus, öffne die Schränke und klaue Kekse. Ich verbiete Ihnen, mich zu duzen, Sie gemeiner Dieb! Hilfe, Polizei!« Sie schrie, als ginge es um ihr Leben.

Nano und Marie wussten nicht, ob sie lachen oder weinen sollten. Und so verabschiedeten sich die Kinder vorsichtig.

»Frau Bolle, vielen Dank für die wunderbare Zeit bei Ihnen. Unsere Großmutter wartet auf uns, und wir möchten uns verabschieden. Machen Sie es gut, und bis zum nächsten Mal.« Er gab ihr die Hand und spürte am Druck, wie quicklebendig die »verrückte« Frau noch war. Aus dem wirklichen Leben in eine andere Welt verrückt, das war wohl das Geheimnis dieser Erkrankung. Die Kinder fühlten sich ebenso hilflos wie der Bauer und waren froh, als sie wieder auf dem Trecker saßen. »Als wenn sich der Lebenszug auf einmal rückwärts bewegt«, erklärte ihnen der Bauer. »Vielleicht gibt es bei uns allen so einen Umkehrpunkt, früher oder später, der uns wieder dorthin führt, wo unser Leben angefangen hat.«

Trotzdem nahm Nanolino sich vor, in Erfahrung zu bringen, ob es irgendetwas gab, das den beiden das Zusammenleben erleichtern konnte.

Da holte Oma Rosi Nanolino aus seinem Tagtraum, der Erinnerung, zurück. »Keine Sorge, Nanolino, ich habe Marlene angerufen, und sie will etwas früher zurückkommen.«

Nanolino war beruhigt. Dann konnte seine Mutter ihn morgen zu Dr. X fahren, und dann, da war er sich sicher, wäre er bald wieder topfit.

»Oma, das ist eine gute Idee«, sagte Nanolino – und schlief auf der Küchenbank ein. Oma Rosi verließ leise das Zimmer.

Marie ist richtig eifersüchtig

Während Nanolino in der Küche schlief, saß Marie mit ihrer Oma im Wohnzimmer. Oma las ein Buch, und Marie starrte aus dem Fenster und sagte kein Wort. Sie vergaß völlig die Umgebung, während sie nachdachte. In der Tat – Marie war ja nicht auf den Kopf gefallen. Sie war zwar die Jüngere, doch kannte sie auch ihren Bruder gut. Was ihr in letzter Zeit aufgefallen war, machte sie zugegebenermaßen etwas eifersüchtig.

»Wie Nano immer heimlich Lilly anlächelt«, dachte sie.

»Und beim Fußball schießt er häufig den Ball zu ihr. Auffällig – dabei spielt die gar nicht so gut.«

Marie war etwas eifersüchtig.

»Sieh nur, wie grazil und athletisch Lilly spielt«, sagte Nano in letzter Zeit fast jedem, »und wie wunderschön sie ist!«

Als der blöde Geschmack nicht mehr von Maries Zunge weichen wollte, beschloss sie, ihre Oma ins Vertrauen zu ziehen.

»Omilein, mit uns stimmt's nicht mehr.«

»Mit uns beiden? Was habe ich denn verbrochen?«

»Nein, nicht mit uns – mit Nano und mir.«

»Manchmal ist das so bei Geschwistern. Streiten tun sich alle mal.«

»Ach nee. Wir streiten uns doch gar nicht. Aber Nanolino ist mit seinen Gedanken ganz woanders in der letzten Zeit.«

»Wo ist er denn?«, fragte Oma Rosi schmunzelnd.

»Er hat sich so verändert und, und … kaum noch Zeit für mich, seit er diese, diese Lilly anhimmelt.« »Ach, da liegt der Hund begraben«, dachte Oma Rosi und war gewarnt. Sie durfte jetzt keine Fehler machen, sonst würde sie letztendlich beiden Kindern schaden. Eifersucht war schon eine besondere Angelegenheit und nicht einfach zu behandeln.

Und Verliebtsein war ein wundervolles Gefühl. Sie freute sich für ihren Enkel. Aber ein falsches Wort, und die Kinder würden sie nicht mehr ins Vertrauen ziehen.

»Der Blödmann merkt gar nicht, dass ich nicht mehr schlafen kann, seit er die Tussi so anhimmelt.«

»Wieso kannst du denn nicht mehr so gut schlafen?« »Früher haben wir alles zusammen gemacht. Jetzt bin ich oft allein, dabei mache ich doch immer alles gerne mit ihm. Nur habe ich das Gefühl, dass der das gar nicht mehr will.«

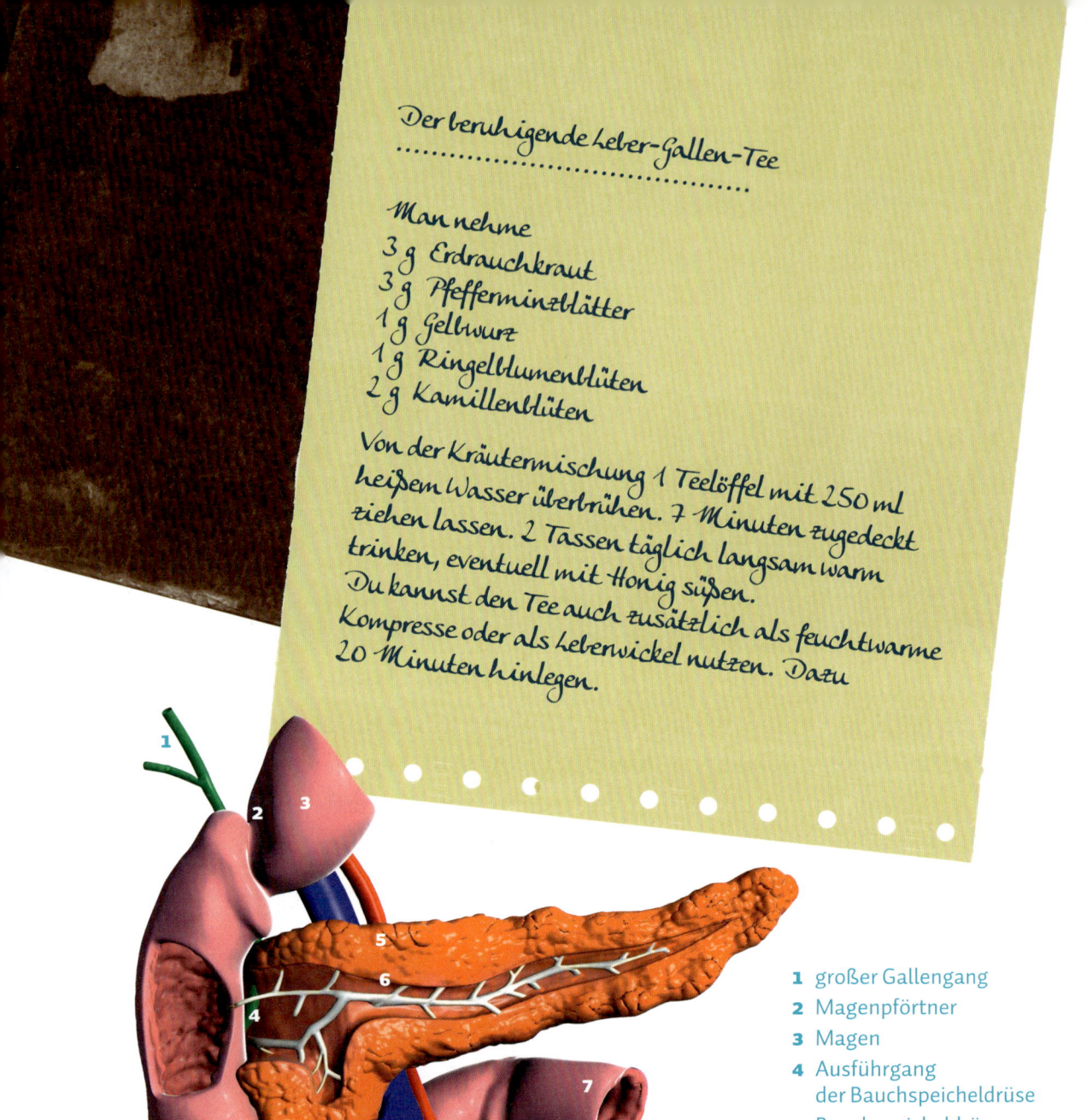

Der beruhigende Leber-Gallen-Tee
....

Man nehme
3 g Erdrauchkraut
3 g Pfefferminzblätter
1 g Gelbwurz
1 g Ringelblumenblüten
2 g Kamillenblüten

Von der Kräutermischung 1 Teelöffel mit 250 ml
heißem Wasser überbrühen. 7 Minuten zugedeckt
ziehen lassen. 2 Tassen täglich langsam warm
trinken, eventuell mit Honig süßen.
Du kannst den Tee auch zusätzlich als feuchtwarme
Kompresse oder als Leberwickel nutzen. Dazu
20 Minuten hinlegen.

1 großer Gallengang
2 Magenpförtner
3 Magen
4 Ausführgang
   der Bauchspeicheldrüse
5 Bauchspeicheldrüse
6 Bauchspeicheldrüsengang
7 Dünndarm
8 Arterie
9 Vene
10 Zwölffingerdarm

»Ach, Mariechen.« Oma Rosi nahm gerührt ihre Enkelin in den Arm. Marie schluchzte auf.

»Ich, ich … habe immer so einen bitteren Geschmack im Mund. Würgen könnte ich …«, und fügte hinzu, »… ihn!«

»An Eifersucht ist noch nie jemand gestorben und am Verliebtsein schon gar nicht, Marie.«

»Ich eifersüchtig! Dass ich nicht lache!«

»Du ereiferst dich aber doch ganz schön. Wenn du die Eifersucht nicht loslässt, kann sie nonstop dein Gehirn betäuben und dich, wie das Wort schon sagt, süchtig machen.«

»Ach Quatsch. Aber Lilly muss nicht immer so nah an Nano sitzen oder dauernd mit ihm rumalbern. Und ich hocke daneben und hab niemanden – höchstens Kannickel, aber der antwortet ja nicht. Zu blöd!« Oma Rosi lachte in sich hinein und zuckte mit den Schultern. »Also, ich glaube, dass Nano ein wenig verliebt ist, oder was meinst du?«, fragte sie.

»Ja, aber …«

»Und Verliebtsein ist keine Krankheit, sondern gibt Kraft, lässt die Seele erblühen und schenkt zärtliche Gefühle. Wie ist das eigentlich mit dir und Kannickel?«

Marie guckte ihre Oma fragend an.

»Was hat das denn damit zu tun? Kannickel ist doch soooooo süß und knuddelig. Ich liebe ihn!«

»Siehst du. Nanolino mag ihn mindestens genauso, nur Lilly liebt er noch viel mehr. Das ist doch schön so, und ich freue mich für ihn.«

»Ich nicht.«

»Aber Marie, sei nicht so biestig. Verliebtsein birgt doch auch ganz viel Heilkraft in sich!«

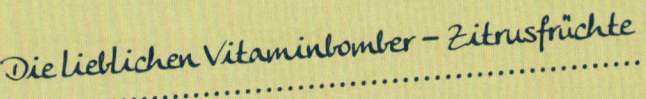

Die lieblichen Vitaminbomber – Zitrusfrüchte
....

Orange
Über 4000 Jahre lang wird die Orange schon in China angebaut. Erst im 15. / 16. Jahrhundert gelangte die Orange nach Europa in die Mittelmeerregionen. Sie wirkt entschlackend, entgiftend, appetitanregend und ist reich an Vitaminen, die zur Immunstärkung, zur Infektabwehr, aber auch bei körperlichen und psychischen Schwächezuständen wichtig sind.

Mandarine
Vor 6000 Jahren wurde die Mandarine schon im alten China kultiviert. Reich an Vitaminen, vor allem Vitamin C, verbessert sie den Verdauungs-Stoffwechsel und ist hilfreich gegen Bronchitis und Erkältungskrankheiten. Der Saft wirkt auch gegen Pilze.

Zitrone
Auch die Zitrone ist seit vielen Jahrtausenden bekannt und wurde wie die Orange und die Mandarine in China kultiviert. Sie ist durch ihren hohen Vitamin-, besonders Vitamin-C-, und Mineralienanteil hervorragend geeignet zur Vorbeugung von Infektionskrankheiten, aber auch zur Behandlung von grippalen Infekten oder bei schweren Erkältungserkrankungen. Auch bei Insektenstichen (lokal), Kopfschmerzen, Fieber, Erbrechen und Verdauungsbeschwerden kannst du die Zitrone einsetzen. Äußerlich wird der Saft zur Behandlung der Haut bei Ekzemen und Pilzbefall angewandt.

»Mir läuft die Galle über!«

»Das wussten schon die alten Chinesen, dass Ärger oder Wut auf Leber und Galle schlagen. Aber ist es wirklich so dramatisch?!«

»Ja!« Ärgerlich schubste Marie ihre Oma von sich.

»Jetzt hör mal, Marie: Dein Bruder ist verliebt, und du nicht. Das ist der feine Unterschied. Gönne ihm das und sei besonders nett zu ihm, auch wenn es dir schwerfällt.« Sie bemühte sich, Marie das Wesen der Eifersucht zu erklären. Sie beschrieb, wie aus übermäßiger Liebe schlechte Gefühle oder manchmal sogar Hass entstehen können.

Magersucht

Die Sucht, mager zu sein oder wenig zu essen, um nicht dick zu erscheinen, verbreitet sich besonders bei Mädchen, die gerne wie Barbie oder andere superdünne Models aussehen möchten. **Panische Angst** macht sich breit, allein beim Gedanken ans Essen. Häufig sind diese Magersüchtigen bereits bis auf die Knochen abgemagert, sehen ausgedörrt, wie von Krebs betroffene Menschen oder Drogensüchtige aus – und merken es kaum selbst. **Seelische Konflikte, Identitätsstörungen, mangelnde Zuneigung** oder **Liebeskummer** können ursächlich für diese Magersucht sein. Meistens beginnt alles mit einer Diät, und das Abnehmen wird allmählich zwanghaft. Wenn der Magen nur noch wenig gefüllt wird, zieht er sich richtig zusammen. Es kommt zu **Übelkeit** und einem reflexartigen **Erbrechen** bei Nahrungskontakt. Ein **Teufelskreis** beginnt, da das Erbrechen in unangenehmer Erinnerung bleibt und schon der Gedanke daran Übelkeit erzeugt. Die weitere Gewichtsabnahme führt zu einer **Stoffwechselunterversorgung**. Diese Sucht kann bis zum selbst verursachten **Hungertod** führen.

Therapie: Dringend psychologische Hilfe suchen, und im fortgeschrittenen Stadium ist ein Krankenhausaufenthalt zur langsamen Gewichtszunahme und zum Anlernen von Essgewohnheiten notwendig.

Bulimie

Wenn du wie ein »Scheunendrescher« frisst, würde meine Oma sagen, ist das erst einmal gut so, zwischendurch in der Pubertät, wenn man wächst. »Du musst gut essen, mein Junge, damit du groß und stark wirst!« Aber die anfallartige krankhafte (Fr)Ess-Sucht ohne Hungergefühl ist sehr gefährlich. Sie führt gleichzeitig häufig zu fatalen Selbstvorwürfen, sodass die Betroffenen sofort nach dem Essen versuchen, still und heimlich zu erbrechen oder starke Abführmittel zu nehmen. Sie sehen nach einiger Zeit genauso ausgemergelt aus wie die Magersüchtigen. Du kannst die Krankheiten kaum voneinander unterscheiden. Meistens sind wiederum Mädchen oder Frauen betroffen. Das künstliche Erbrechen und das Übermaß an Abführmitteln führen zu ernsthaften Stoffwechselentgleisungen. Störungen des Wasserhaushaltes und auch Kaliummangel sind nicht selten. Im Gegensatz zur Magersucht kommt es zu einer Magenerweiterung durch die großen Nahrungsmengen.

Therapie: Klappt meistens wie bei der Magersucht nur in Spezialkliniken. Vor allem aber Herausfinden und liebevolle Behandlung der seelischen Störung.

»Wenn man sich sehr aufregt aus Angst, einen geliebten Menschen zu verlieren, können die negativen Gedanken, Selbstvorwürfe, Selbstzweifel oder Minderwertigkeitsgefühle einen komplett überwältigen. Was hat der andere, was ich nicht habe? Bin ich zu dick, zu dumm, oder habe ich einen falschen Haarschnitt? Warum nimmt mir der oder die meinen Liebsten oder meine Liebste weg? Das sind die verzweifelten Fragen, die eine Eifersucht prägen.«

Oma Rosi wusste, dass diese fürchterlichen Gedanken einen quälen und zermürben, ja sogar süchtig machen oder zerstörerisch auf Körper und Seele wirken können. Bauchschmerzen sind nur der Anfang. Psychische Probleme, Depressionen, Mager- oder Fresssucht, die sogenannte Bulimie, können die Folgen sein. Manche greifen dann leider auch zu Alkohol oder gar Drogen, um den Seelenschmerz zu betäuben. All das erklärte sie Marie.

»Du fandest doch Lilly immer total nett, oder?«

»Damals, Omi.«

»Ach komm, Marie, das war noch vor einigen Wochen! Sie
ist wirklich ein wundervolles Mädchen. Und glaubst du, dass
Nano auf einmal seine Meinung über seine Lieblingsschwester
geändert hat? Du wirst immer Nanolinos Schwester bleiben.
Dein Bruder ist total begeistert von dir, das weiß ich.«

»Ein ganz klein bisschen recht hast du schon, Omilein. Gestern war er ja sehr süß zu mir, aber ich war total zickig. Der will
sich nur einschleimen, habe ich gedacht. Und bums, hatten wir
uns wieder in den Haaren. So gemein sind diese Gefühle, dabei
habe ich ihn doch sooo lieb.«

»Und bist du jetzt noch eifersüchtig?«

»Jaaa-neiiin ...«

Marie und Oma Rosi sahen sich an und prusteten los. Tränen
der Freude, gemischt mit kleinen Trauertränen, kullerten aus
Maries Augen.

Ein Tässchen Ruhe

....

Man nehme
20 g Melisse
20 g Pfefferminze
15 g Waldmeister
25 g Baldrian

oder
25 g Rosenblätter
10 g Baldrian
15 g Rosmarin
15 g Schafgarbe
15 g Mauerraute

Gib auf eine Tasse Wasser für dich einen Teelöffel
und für einen Erwachsenen einen Esslöffel
voll Kräutermischung, anschließend lass den Sud
10 Minuten kochen. Du kannst den Tee mit
Honig süßen, wenn die Temperatur auf unter 40 Grad
gesunken ist. Dann bleiben die guten Inhaltsstoffe
des Honigs erhalten.
Trinke langsam ein bis zwei Tassen vor dem Schlafen-
gehen. Aber bitte nicht jeden Abend, sondern nur, wenn
all deine anderen »Schlafeinlull-Verfahren« nicht
von Erfolg gekrönt sind.

»Siehst du. Mach mal Pause von deinen Gefühlen und freu dich über Nanolinos Glück. Ein klein bisschen Eifersucht ist schon okay! Das zeigt ja, dass man den anderen sehr, sehr gerne hat. Aber diese zerstörerische Variante ist eine richtige Sucht, die einen oder beide körperlich und seelisch fertigmacht – nein danke! Wenn man sich seiner selbst sicher ist, bekommt man keine Verlustpanik. Basta!« Sie wurde zum Schluss sehr energisch in ihrem Ausdruck. Doch dann lächelte sie wieder ihr mildes, weises Omalächeln.

»Soll ich dir vielleicht eine tolle Geschichte vorlesen? Und wir trinken beiden einen leckeren Verbene-Tee heute Abend, was meinst du, meine Liebe?«

Nanos Geheimnis

Marie war nicht die Einzige, die nachts nicht schlafen konnte. Auch Nanolino lag lange wach. Die Krücken lehnten am Nachttisch. Sein Oberschenkel tat weh. Aber das war nicht das Einzige, das ihn am Einschlafen hinderte: Sonst hatte er vor dem Einschlafen viel gelesen, Abenteuerromane, Fantasy oder Tiergeschichten … Doch zurzeit konnte er sich überhaupt nicht aufs Lesen konzentrieren. Lilly hatte sich in seinem Kopf eingenistet.

»Oh, Lilly, dein bezauberndes Lächeln bringt mich noch um den Verstand. Warum kannst du nicht hier sein?« Nano warf sich ins Kissen. Wie sie ihn neulich beim Fußballspiel angesehen hatte …! Als sie dann noch ihre zarten Finger in die Nähe seiner Hand legte und ihn plötzlich eine seltsame Erregung durchströmte, war's vorbei. Sie hatte sich scheu neben ihn gesetzt. Er spürte ihre Nähe, konnte kaum noch atmen, Hitze stieg in ihm auf. »Was soll ich tun, außer rot zu werden?«, fragte er sich verzweifelt. Am liebsten wäre er davongelaufen! Aber dann: Ganz behutsam krabbelte sein kleiner Finger an der Bank entlang ihrer Hand entgegen. Er schluckte. »Hoffentlich merkt sie nichts!? Oh, bin ich blöd – so was tut man nicht …« Seine Erregung nahm zu, sein Herz schien ihm aus der Brust zu springen, so stark pochte es. Nanolino verspürte die Wärme ihrer Hand. Wie unbeteiligt blickten beide auf das Fußballspiel. Lilly schien nichts zu bemerken. Nanolino war

Die verzückende Schlagsahne-Vanillecreme

Für 2 Erwachsene und 2 Kinder
1/4 L Saft von Zitrusfrüchten (Limetten, Orangen, Blutorangen oder Grapefruit)
50 g Rohrzucker (bei Limetten oder Grapefruit 75 g oder als Ersatz Honig)
4 Blatt helle Gelatine

Für die Vanillecreme
2 Eigelb
35 g Rohrzucker
1 Vanillestange
175 g Buttermilch
3 Blatt helle Gelatine
150 ml Sahne

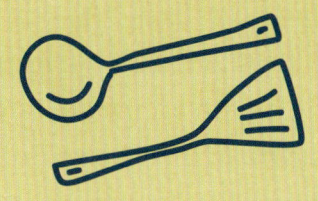

Du presst die Zitrusfrüchte aus und verrührst den Zucker mit dem Saft. Dann weichst du die Gelatine aus dem Reformhaus ein und erwärmst sie langsam mit 1 Esslöffel Saft, rührst langsam, bis sie sich auflöst. Dann ziehst du das Ganze gleichmäßig unter den gesamten ausgepressten Saft. Die entstehende Geliermasse gießt du jetzt in 4 kleine Schüsselchen und lässt sie im Kühlschrank fest werden. Danach den Zucker mit der ausgekratzten Vanille aus der Stange und dem Eigelb schaumig schlagen, so lange, bis sich der Zucker vollständig aufgelöst hat. Dann unter kräftigem Rühren die Buttermilch dazugießen, das Ganze richtig gut verquirlen. Die Gelatine wird – wie gehabt – langsam aufgelöst und gleichmäßig und zügig unter die Buttermilchmasse gerührt. Diese Masse lässt du im Kühlschrank andicken, dann schlägst du die Sahne steif und rührst die angedickte Buttermilchmasse langsam unter. Anschließend das Ganze noch einmal 10 Minuten im Gefrierschrank kalt stellen. Danach mit dem Schneebesen durchrühren und in eine Tortenspritze füllen. Diese Masse jetzt richtig schön auf das vorbereitete Gelee spritzen und alles bis zum Servieren kalt stellen. Zum Garnieren kannst du andere Früchte nehmen oder auch ein Basilikumblatt beispielsweise oben in die Creme stecken.

beinahe am Ziel. Die Haut seines kleinen Fingers berührte die von Lilly – wie ein Hauch. Sie reagierte nicht. Am liebsten wäre er auf seinem Hosenboden herumgerutscht, so kribbelig war er und spürte dabei einen Druck im Bauch – oder war es noch woanders? Nano gab sich einen inneren Schubs und streichelte zärtlich mit seinem kleinen Finger Lillys Handkante, dann behutsam die ganze Hand. Wie wundervoll sich diese Haut anfühlte, so weich und zart. Nanolino war im siebten Himmel! Lilly auch, sie streichelte ihn sanft zurück und rückte ganz nah an ihn heran.

Jetzt im Bett ließ Nano alles in Ruhe Revue passieren und schwor sich, niemandem etwas davon zu erzählen. Er wollte dieses Erlebnis für sich behalten und genießen. Immer wieder ließ er die Geschichte von Anfang an vor seinen Augen abspulen: seine Verletzung beim Fußball, die zunächst ängstlichen und dann verliebten Blicke von Lilly, bis hin zu diesem phantastischen Kribbelberührstreicheln heute Nachmittag auf der Bank.

»Absolut cool und wundercrazy, unser Geheimnis«, hatte er Lilly noch zugeflüstert. Sie nickte, hauchte ihm einen zarten Kuss auf die Wange und verschwand, so schnell, wie sie gekommen war. Er befühlte seine Wange. Ihr wundervoller Kuss hatte enorme Spuren hinterlassen. Nicht sichtbare, wie ihr vielleicht meint. Denn Lilly benutzte keinen Lippenstift, aber der Kuss saß immer noch dort. Er hatte sich förmlich eingebrannt und wärmte und kribbelte immer noch, wenn Nanolino daran dachte. Und das tat er ständig.

Seine Oma Rosi hatte heute versucht, ihn auf Lilly anzusprechen, aber er war ihr geschickt ausgewichen. Irgendwas über Pubertät hatte sie erzählt, es hatte ihn aber nicht interessiert, weil er in Gedanken bei Lilly war. Für ihn war Pubertät bisher immer etwas Negatives gewesen, eine Zeit, in der die Haut unrein wird und man Mitesser und Pickel bekommt und sich wie ein Erwachsener benehmen sollte. Aber nie hatte er das Erwachsenwerden mit einem so wunderbaren Gefühl in Verbindung gebracht.

»Es ist und bleibt mein traumhaftes Geheimnis«, murmelte er und schmolz förmlich dahin. Natürlich hatte er auch ein bisschen Sorge, er könnte ausgelacht werden. Aber viel wichtiger war ihm diese liebevolle Stimmung, die ihn aufmunterte und geradezu heiter machte. Ein Sehnen nach Lilly, nach mehr Nähe und dabei auch ein wenig Angst – er spürte die verschiedensten Gefühle gleichzeitig. Angst vor dem Ungewissen, das auf ihn zukam, auch die Angst, Lilly wieder zu verlieren.

Komisch, er hatte sie doch vor kurzem gesehen, und jetzt vermisste er schon ihr Lachen. Es kribbelte gewaltig in seinem Bauch und auch noch etwas tiefer. Er fühlte sich richtig gut. Er drehte sich auf die Seite und schlief endlich ein. Sein letzter bewusster Gedanke war »Lilly«, und der milderte den Schmerz in seinem Bein und hielt den fiesen Professor von Schlotter von seinen Träumen fern.

Pickel

Wer kennt sie nicht, diese blöden Pickel, mit und ohne Eiter. In der Fachsprache heißen sie Akne. Sie sind zwar ungefährlich und nicht ansteckend, können aber seelisch ziemlich belastend sein. Wodurch entstehen Pickel? Im Grunde ist das ähnlich, wie wenn bei dir zu Hause der Abfluss verstopft ist. Denn die Talgdrüsen, die sich bei der Akne entzünden können, sind prall gestopft mit Talg, der wie ein Pfropfen obendrauf sitzt. Dieser sogenannte Mitesser zeigt sich meist als schwarzes Pünktchen auf der Haut und verhindert, dass der Talg abfließen kann. Das Problem: Vor und während der Pubertät wird durch die Geschlechtshormone mehr Talg produziert. Kann der nicht richtig abfließen, haben Bakterien einen idealen Nährboden, um sich zu vermehren. Sie produzieren aggressive Säuren, die auch in die unterliegenden Hautschichten vordringen – dann entwickelt sich eine Entzündung. Wenn du Akne hast: Benutze pH-neutrale Seifen. Reinige dein Gesicht zweimal am Tag gründlich. Trage zweimal die Woche eine antientzündliche milden Gesichtsmaske auf. Eine Maske mit dünnen Gurkenscheiben löst verhärteten Talg. Achtung: Lasse stark gerötete Pickel im Gesicht nur vom Hautarzt oder der Kosmetikerin behandeln. Drücke selbst nur mit desinfizierten Fingerspitzen und mit sauberen Tüchern oder einem Taschentuch, desinfiziere danach den ausgedrückten Bereich mit Alkohol.

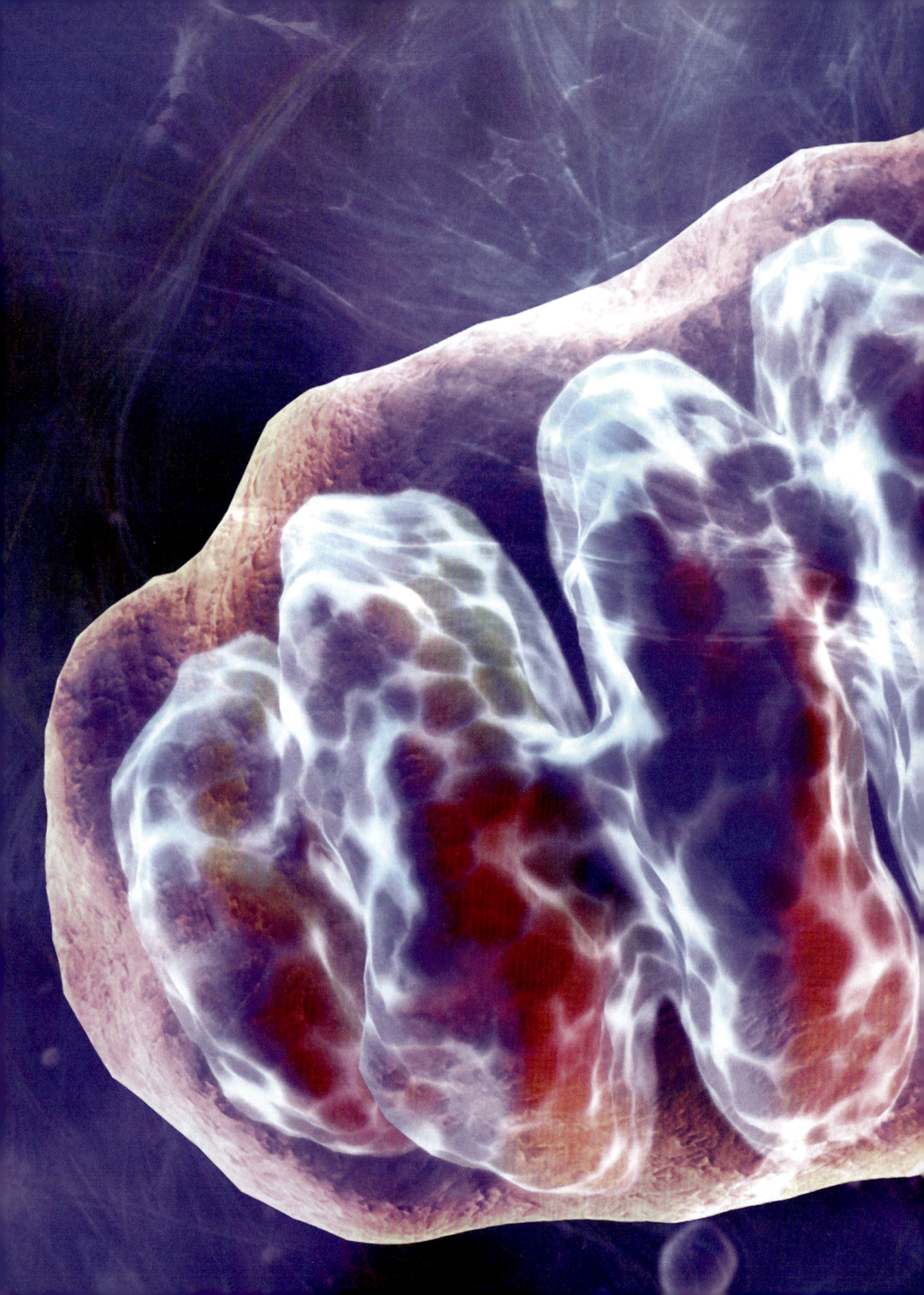

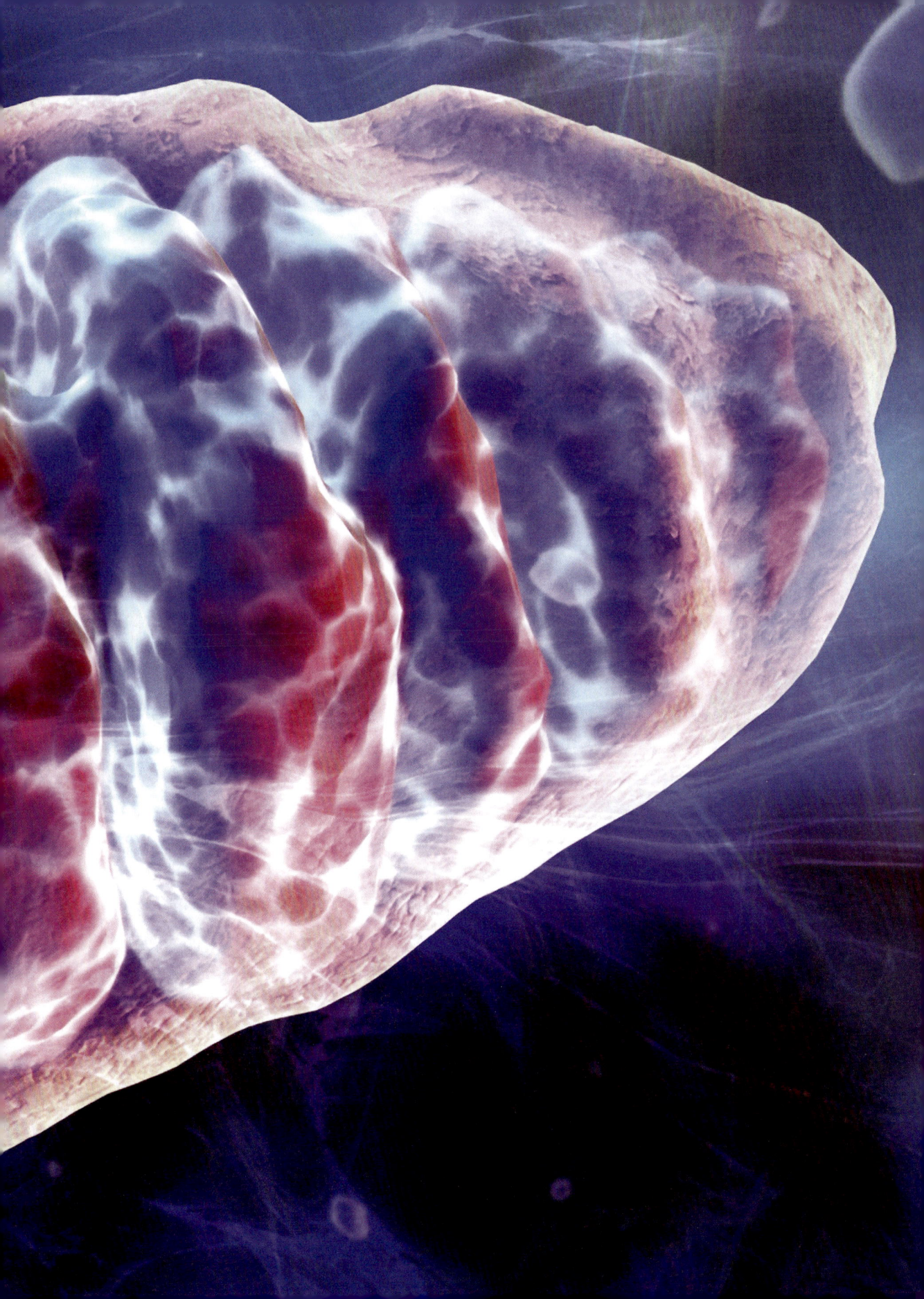

Opas schwere Aufgabe

Die ersten Sonnenstrahlen, die einen herrlichen Sommertag ankündigten, hatten alle geweckt. Nano war schon länger wach und hatte den Sonnenaufgang beobachtet, denn der pochende Schmerz in seinem Bein hatte ihn aus dem Schlaf gerissen. Das war kein so guter Start in den Tag. Aber die zwitschernden Vögel und die warme Luft, die durch das halb geöffnete Fenster in sein Zimmer wehte, stimmten versöhnlich. Jetzt saßen die Kinder am Küchentisch und schmiedeten Pläne für den Tag. Plötzlich flog die Tür auf. Erbost schob Opa Erwin Kannickel in die Küche, die sich mit ihren kurzen Beinen gegen ihn stemmte. Marie und Nanolino starrten Opa Erwin an.

»Dass du mir das Viech bloß mitnimmst! Das bringt …«, wütend unterbrach ihn Marie, »… mich noch ins Grab! Stimmt's?«

»Hör mal, kleine Marie. Wenn der Keks redet …«, drohend sah er seine Enkelin an, »… halten die Krümel die Klappe!«

Nanolino war sauer. Zum Glück betrat dann Oma Rosi den Raum. Die lautstarke Auseinandersetzung war bis ins Nebenhaus zu hören gewesen.

»Erwin, was ist denn hier los?« Die Türglocke schrillte. »Ja, ich komme schon!« Eilig schnappte Oma sich Brille, Terminkalender und ein Päckchen Taschentücher, die sie auf dem Tisch ausgebreitet hatte, holte aus der Speisekammer zwei riesengroße Blumensträuße und drückte sie Opa Erwin in den Arm.

»Könntest du so liebenswürdig sein, mir helfen und kurz zur Tür kommen?«

Opa ließ die Blumensträuße auf den Tisch fallen und nörgelte: »Ich bin ein kranker Mann!«

Oma Rosi guckte ihn strafend an, hatte aber keine Zeit, auf sein Verhalten einzugehen. »Nanolino, ich muss weg und mich um die arme Frau Bolle kümmern. Marlene will, wie schon gesagt, bis zum Mittag hier sein, und sie fährt dich zu Dr. X.« Sie küsste Nanolino auf die Stirn. Nanolino nickte tapfer. Seine Schmerzen machten ihm doch mehr zu schaffen, als er dachte.

»Die Suppe für heute Mittag ist im roten Topf. Ruf mich bitte gleich an, wenn du die Diagnose von Dr. X hast.« Sie lächelte Nano liebevoll an.

Dann wandte sie sich Opa Erwin zu: »Und du pass ein bisschen auf die beiden auf, bis Marlene wiederkommt.«

»Keine Bange, stehe gehorsamst zu Ihren Diensten, Madame.«

Sie blickte zu den beiden Kindern am Küchentisch. »Großvater wird sich vorbildlich um euch kümmern und euch schon nicht verhungern lassen. Nicht wahr, Erwin?« Sie sah ihn streng an.

»Stehe gehorsamst zu Ihren Diensten, Madame.« Dabei richtete er sich auf, knallte die Hacken zusammen und legte zit-

ternd die ausgestreckten Finger zur Bestätigung an die rechte Stirn. Diese militärische Geste war zwar verunglückt, machte aber doch irgendwie Eindruck auf die Großmutter. Oma Rosi eilte zur Haustür und winkte. Leider sah sie Opas hämischen Blick nicht mehr, der sie bis zur Tür verfolgte.

Kurze Zeit später klingelte das Telefon. Marie war als Erste am Apparat. Ihre Mutter war am anderen Ende.

»Marie, Schatz, gib mir doch mal bitte Nanolino.« Marie reichte das Telefon weiter.

»Nanolino?« Seine Mutter klang besorgt. »Geht es dir gut? Oma hat gestern angerufen, und ich hab mich sofort auf den Weg gemacht. Aber ich schaffe es nicht rechtzeitig, hier ist ein riesiger Stau auf der Autobahn, und ich bin noch zweihundert Kilometer von euch entfernt. Wie geht es deinem Bein?« Nanolino biss die Zähne zusammen. »Na ja, hab mich schon besser gefühlt. Oma Rosi meinte, ich muss noch heute zum Arzt, aber sie ist schon unterwegs«.

Mitesser

Das ist jemand, der heimlich unterm Tisch sitzt und dir Essen stibitzt. Nein, Spaß beiseite, es ist eine in der Regel nicht entzündete, verstopfte Hautpore, in der ein Pfropf aus Talg sitzt. Er erscheint als schwarzes Pünktchen auf der Haut, oder wenn er abgeschlossen ist und unter der Haut sitzt, kann er weiß aussehen, und die Haut ist ein wenig angehoben. Ein idealer Nährboden für Bakterien, weshalb sich solche Mitesser, auch Komedo genannt, durch Bakterien entzünden können. Aber bitte nicht einfach ausdrücken, sondern die Haut desinfizieren und vorsichtig, am besten indem die Fingerspitzen durch ein sauberes Taschentuch abgeschützt sind, drücken. Unsachgemäßes Ausdrücken lässt das Ganze entzünden, ganz selten entstehen Furunkel oder Abszesse daraus, wenn mehrere Talgdrüsen gemeinsam entzündet sind. Bei Furunkeln, also Eiteransammlungen mit stark geröteten und pulsierenden Irritationen der Haut, muss der Hautarzt zurate gezogen werden. Eine entzündliche Form der Mitesser nennt man Akne.

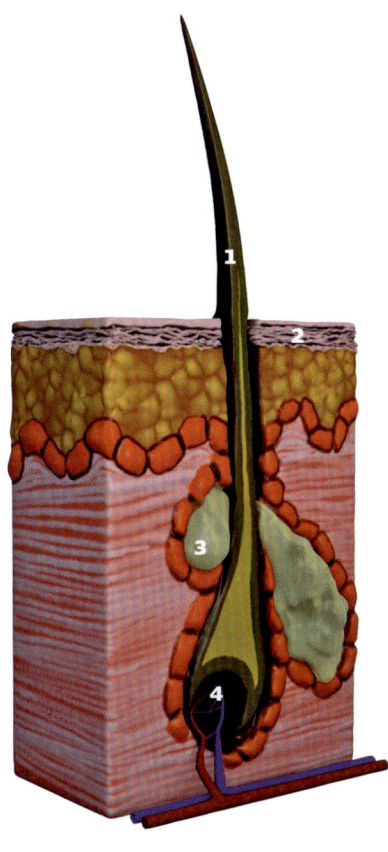

1 Haar
2 Hautoberfläche
3 Talgdrüse
4 Haarwurzel

»Ach, mein Lieber, das tut mir so leid, aber ich kann von hier nichts machen. Reich doch bitte noch schnell den Hörer an Erwin weiter.« Opa Erwin kam murrend ans Telefon.

»Vater?« Marie und Nanolino hörten die energische Stimme ihrer Mutter. »Bitte bring Nanolino sofort zu Dr. X. Ich komme so schnell wie möglich nach, aber im Moment stecke ich fest.« Der Opa nickte griesgrämig. Beim Namen von Dr. X verfinsterte sich seine Miene merklich.

»Hmm, mach ich. Klar, Marlene. Ich kümmere mich darum, dass der Junge wieder gesund wird: Sofort.« Er legte auf und wandte sich an Nanolino, ein seltsam verzücktes Lächeln um die Lippen. »Komm schon, Junge. Opa weiß, was das Beste für dich ist.«

Haut

Das größte Organ des Menschen ist die Haut. Sie besteht aus Ober-, Unter- und Lederhaut mit verschiedenen Hautanhängseln wie Augenbrauen, Wimpern, Haaren, Finger- und Fußnägeln, sie kann bis zu zwei Quadratmeter groß werden und hat viele lebenswichtige Funktionen: Sie schützt dich vor Sonnenstrahlen, davor, dass Bakterien und Pilze eindringen, und vor Druck, Zug oder Stoß. Auf deiner Haut und der eines anderen Menschen kannst du Zärtlichkeiten fühlen, aber auch Wärme, Kälte und Schmerz. Über die Haut scheidest du auch aus, bis zu einem halben Liter Wasser täglich. Schwitzt du im Sommer, beim Sport oder in der Sauna, erhöht sich dein Wasserverlust enorm. Also immer dran denken, dass du genügend trinkst, besonders, wenn du merkbar Wasser verloren hast. Deine Haut reguliert die Temperatur, und zwar wie ein Kühlschrank und Ofen gleichzeitig. Im Sommer produziert deine Haut Schweiß, der verdunstet, wodurch Kälte entsteht. Im Winter wirst innerlich gewärmt, weil sich die Blutgefäße der Haut zusammenziehen.

1 Oberhaut (Epidermis)
2 Lederhaut (Bindegewebe, Muskeln)
3 Unterhaut (Fettgewebe)
4 Hornhaut
5 Säureschicht
6 Keimschicht
7 Haar
8 Pore
9 Kälte
10 Schmerz
11 Blutgefäße
12 Nerven
13 Schweißdrüse
14 Vibration
15 Wärme
16 Talgdrüse
17 Berührung
18 Haarbalg

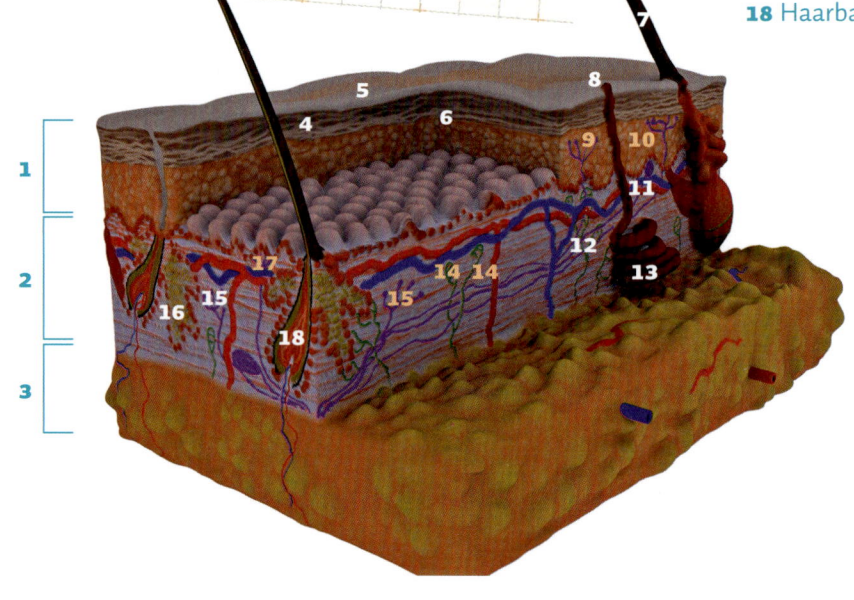

Die Folterkammer des Götz von Schlotter

Vor lauter Nebel war kaum etwas zu erkennen in dem düsteren Keller. Aschenbecher quollen über, ausglimmende Stummel verursachten einen ätzenden Geruch. Scherge wurde immer wieder von krampfartigen Hustenanfällen geschüttelt. Trotzdem paffte er eine Zigarette nach der anderen. Seine Fingerkuppen waren gelb vom Nikotin. In einer Ecke des gekachelten Raumes hockte Professor von Schlotter vor einer Monitorwand mit vielen Bildschirmen, wie in einem TV-Studio, und schlürfte heiße Brühe aus einem schmutzigen Becher.

»Hau rein, Gobbot!« und »Nichts wie hinterher, Sobbot!«, nuschelte er. Aus dem S wurde dadurch immer wieder ein furchterregender Zischlaut. Ab und zu streifte sein Blick versonnen die anderen Wände, an denen technische Zeichnungen von Robotern und Details von Händen, Füßen und anderen Körperteilen hingen.

»Verdammich!«, schnauzte Professor von Schlotter und sah sich nach Scherge um. Dabei kramte er hektisch in seinem schmuddeligen Arztkittel mit dem kaum noch zu entziffernden Aufdruck »Institut für experimentelle Demagnifizierung«. Der Professor war stolz auf diesen Titel, der ihm vor vielen Jahren eingefallen war. Den Begriff »Mikrotisierung« seiner ehemaligen Assistentin Micro Minitec fand er zu banal. Ging es doch um mehr als die reine Verkleinerung von Maschinen

und Lebewesen. Den Herren und Damen da draußen, aber vor allem den Herren dieser Welt musste man unauffällig ihren Glorienschein nehmen, so seine Überzeugung. »Die haben doch keinen Mumm mehr in den Knochen und lassen sich nur noch von ihren Frauen bestimmen. Diese Weicheier! Das ganze Gequatsche von Emanzipation, von Selbstbestimmtheit von Frauen, Kindern oder anderen Völkern ... Dass ich nicht lache. Die werden bald alle nicht mehr wissen, ob sie Männlein oder Weiblein sind, so wahr ich ›Demagnifizienz von Schlotter‹ heiße.« Er redete sich regelrecht in Rage und rieb dabei seine dürren Finger, bis es knackte.

»Wir werden ja sehen, wer das letzte Wort hat. Gott ist nichts gegen mich, höhö.«

»Ja, Sie sind der Größte in diesem Land, Demagnifizienz«, schmeichelte Scherge und verbeugte sich jedes Mal übertrie-

ben, wenn der Professor seinem Irrsinn lautstarken Ausdruck
verlieh.

Was er nicht sagte, aber in sich hineinmurmelte, war: »Aber
MM hinter den Bergen mit dem ›Schergen‹« – er meinte sich
damit – »wäre tausendmal besser als Sie.«

»Scherge! Bring mir das Werkzeug! Das Bild der einen Kamera ist schwarz, und ich weiß nicht, woran das liegt.«

Wartend hielt von Schlotter die geöffnete Hand nach hinten,
aber nichts wurde hineingelegt. Ärgerlich suchte er Blickkon-
takt mit seinem Handlanger.

»Was schaust du? Bring's mir gefälligst herüber. Oder
müssen wir deinen Kreislauf erst mit einem scharfen Essen in
Schwung bringen?«

Nikotin
Nikotin
ist der Haupt-
wirkstoff
des Tabaks
und eines
der stärksten
Pflanzengifte!
Wenn Kinder
eine Zigarette
oder einen
abgerauchten Zigarettenstummel essen, kann das tödlich sein!
Ihnen muss dann der Magen gespült oder künstliches Erbrechen
herbeigeführt werden. Nikotin erhöht die Herzfrequenz und
verengt die Gefäße. Da die Haut stark durchblutet ist, führt die
durch Rauchen hervorgerufene Gefäßverengung zu schlaffer
Haut und früher Faltenbildung, später zu Gefäßeinengungen oder
Arterienverschlüssen. Ein offenes Raucherbein oder schlimmsten-
falls sogar der Verlust eines Fußes oder Beines durch operative
Entfernung – man nennt das Amputation – kann die Folge sein.
Beim Rauchen entstehen zusätzlich Ruß und auch Teer aus dem
abgebrannten Tabak und Papier. Ruß kennst du von der Kohlever-
brennung, zum Beispiel vom Kaminfeuer oder Grillen, und Teer
aus dem Straßenbau. Das ist so ein zäher, tiefschwarzer Schleim,
der grässlich stinkt, wenn er heiß wird. Beide, Ruß und Teer, sind
krebserzeugend und können beim Rauchen Lungenkrebs auslösen.
Rauchen sieht vielleicht chic und lässig aus, kann aber tödlich
sein! Fang lieber erst gar nicht damit an, sonst gewöhnst du dich
noch dran!

»Bin schon unterwegs, lieber Herr Professor!« Strahlend eilte Scherge zu seinem Chef, verhedderte sich mit einem Fuß in einem Kabel und fiel vor Schlotter auf die Knie.

»Zu viel des Guten, mein Lieber!« Jetzt grinste von Schlotter wirklich. Kommentarlos überreichte Scherge ihm den kleinen Werkzeugkoffer und blieb auf dem Boden hocken.

»Scherge. Die Bilder sind einfach nur schwarz«, sagte Schlotter mit Blick auf den Monitor, über dem »Sunday-Cam« stand, was übersetzt »Sonntags-Kamera« heißt.

»Was ist mit der blöden Opa-Kamera nur los?«

»Vielleicht ist ein Dreckspritzer auf der Mütze gelandet.« Ein vernichtender Blick streifte Scherge.

»Verdammich, hilf mir und schraub den Kasten auf!«

Scherge griff gleichgültig nach dem Schraubenzieher, rutschte aber aufgrund seiner unbequemen Haltung aus und kratzte eine riesige Schramme in den Bildschirm.

»Hör auf, du Blödmann, du spielst mit deinem Leben!« Schlotter fing an, zu brüllen:»Kon-zen-tration und Per-fektion! Das ist das A und O der Weltbeherrschung! Verstanden?«

Scherge zog wild an seiner Zigarette. Auf dem Tisch vor ihnen lag ein in Einzelteile zerlegter Roboter-Arm, auf den zufällig Schlotters Blick fiel.

»Mensch, hast du die Gobbot-Lenktechnik immer noch nicht repariert!? So ein Mist!«

Scherge antwortete kleinlaut: »Die Spezialschrauben aus Amerika fehlen, Chef.« Doch der ließ sich nicht ablenken und antwortete empört:

»Die Kamera funktioniert nicht mehr, das heißt, ab jetzt müssen wir uns auf unseren Instinkt verlassen, und der sagt mir, dass uns die Zeit davonrennt. Vielleicht hat der Opa die Kamera entdeckt, oder, schlimmer noch, Micro Minitec hat sie entdeckt und vernichtet. Der neue Gobbot, der Super-Super-Sobbot, muss so schnell wie möglich in das Gehirn des Alten, um Gobbots Werk zu vollenden.« Scherge paffte riesige Rauchschwaden, sodass er kaum noch sichtbar war.

Das alte Telefon klingelte so schrill und laut durch das fast leere Fabrikgebäude, dass Schlotter erschrak und fluchte.

»Stell das Ding endlich leiser, Dummkopf. Man wird ja immer in seinen kreativsten Momenten davon gestört.«

Qualmend ging Scherge an den Apparat.

»Institut für experimentelle Demagnifizierung. Von Schlotter? Ja, der ist anwesend.« Er verdeckte die Muschel mit der rechten Hand.

»Der alte Trottel, Chef.« Professor von Schlotter riss ihm den Hörer aus der Hand.

»Herr Sonntag! Wie geht es denn so?«, flüsterte Schlotter unterwürfig. »Und der Bandscheibenvorfall? Ah, nicht mehr? Wunderbar! Bald haben Ihre Schmerzen auch in der Hüfte ein Ende! Was? Nanolino hat Schmerzen? Oh, der Arme … Aber sicher, bringen Sie ihn vorbei … Unseren kleinen Superhelden. Ja, den kriegen wir schon wieder hin. Auf Wiedersehen, Gnädigster. Was? Ach, das erzählen Sie mir einfach, wenn Sie hier sind.« Professor von Schlotter legte auf und kicherte.

»Beeilung, Scherge!«, blaffte er seinen Assistenten an. »Der alte Knacker kommt vorbei, um sich Sobbot abzuholen! Allerdings bringt er diesen kleinen Taugenichts mit. Den müssen wir schnell wieder loswerden. Ein kleiner Schritt für mich, ein großer für die Menschheit.« Der falsche Professor rieb sich ver-

gnügt die Hände und rannte mit großen Gesten im Raum auf und ab.

Scherge kam nicht umhin, seinen Chef zu bewundern.

»Wir treten in die heißeste Phase der Menschenversuche! Hat leider beim letzten Mal nicht richtig geklappt, aber jetzt wird endlich alles perfekt! Es fehlt nicht mehr viel und … was grinst du denn so?«

»Schauen Sie mal auf den Monitor da, Chef, dort.«

»Wo? Ich sehe nichts.« Der Kamera-Monitor war immer noch schwarz.

»Kopfschmerz weg und hopp«-Tee
....

Man nehme
25 g Lavendel
25 g Waldmeister
25 g Duftveilchen (Blätter)
20 g Thymian
25 g Pfefferminze
20 g Lindenblüten

Gib auf eine Tasse Wasser für dich einen Teelöffel und für Erwachsene einen Esslöffel voll der Kräuter. Anschließend lass dein zukünftiges Schmerzmittel 15 Minuten lang kochen. Du kannst den Tee mit Honig süßen, wenn die Temperatur auf unter 40 Grad gesunken ist.
Trinke eine Woche lang 1 Tasse täglich (Erwachsene bis zu 3 Wochen 1 bis 2 Tassen täglich).
Wenn die Kopfschmerzen wirklich nicht verschwinden, musst du zu dem Arzt deines Vertrauens.

»Nein, der andere, da oben links. Schauen Sie mal, wie sich Gobbot und Sobbot von zwei Seiten an das Gehirn rangearbeitet haben. Sie sind jetzt mittendrin und nur noch einen Zentimeter auseinander.«

»Super, Scherge!«, höhnte Schlotter und vergrößerte den Bildschirmausschnitt.

»Da, Professor, es funktioniert!« Aufgeregt zeigte Scherge auf den Monitor, auf dem eine riesige Roboterhand mit Zangen- und Scherenfingern Nervenbahnen hochhob und abschnitt. Gleichzeitig erschien eine andere furchterregende Roboterhand, die die Nerven nahm, an anderer Stelle mit seinem Bohrer-Finger ein Loch ins Gewebe drillte und sie einstöpselte.

»Die Welt ist unser! GOBBOT & SOBBOT, ihr seid die Größten!«, rief Professor Götz von Schlotter. »Unser Experiment mit dem Schaumstoffgehirn klappt! Gobbot und Sobbot arbeiten wie ein eingespieltes Team.«

Schlotter verneigte sich ehrfurchtsvoll vor sich selbst. Dann eilte zu seinem »Schrumpfdrachen«, den er mit Scherge jahrelang weiterentwickelt hatte. Die Maschine sah schrecklich aus, irgendein Kabel war immer defekt und schmorte vor sich hin. »Zwei dampfende Scheusale und ein Genie, das ist die Mischung, mit der man die Welt aus den Angeln heben kann!« Mit einem Lächeln verneigte Professor Schlotter sich gleich zum zweiten Mal. Aber es passte einfach nichts an der Maschine. Sie fing schon hier und da zu rosten an, eigentlich überall: Nichts war so, wie es Schlotters präzise Computerpläne errechnet hatten. Unter einer rötlichen Glashaube, sozusagen im Kopf des Drachen, lag ein gigantischer Roboter. Die Haube war aber nur unvollständig verschlossen, da noch ein Fuß heraus-

scharfes Essen

Schärfe bringt deinen Kreislauf kräftig auf Vordermann. **Chilis** oder **Pfeffer** haben es besonders in sich. Gerade im Sommer regt ihre Schärfe dein Kreislaufsystem an und treibt dir Schweiß auf die Stirn. Damit kannst du, wenn du willst, deine körpereigene Klimaanlage anwerfen. Das Schwitzen bewirkt nämlich eine Abkühlung deines Körpers. Jetzt weißt du, warum Menschen in Indien, Afrika oder Südamerika so gerne ihre Nahrung kräftig würzen. Der Wirkstoff, der die Chilis so scharf macht, ist das **Capsaicin.** Er fördert den Stoffwechsel und beschleunigt die Verdauung. Pfeffer enthält **Piperin.** Viele der Scharfmacher bewirken, dass **Endorphine**, auch bekannt als Glückshormone, ausgeschüttet werden.

Das sind körpereigene Stoffe, die unter anderem Schmerz dämpfen und Hochgefühle auslösen können. Achtung: Wenn du dich beim fernöstlichen scharfen Essen mal wieder »verbrannt« hast, iss Brot, Joghurt, Käse oder trinke viel Milch. Wasser wirkt nicht, denn Capsaicin ist fettlöslich.

baumelte. Vor Schlotters und Scherges Augen schrumpfte der Maschinenmensch, bis er so groß war wie ein Teddybär – mit einem überdimensionalen rechten Fuß. Ein Zeh wippte hin und her, so als wolle er zeigen, dass man nicht alles mit ihm machen könne.

»Du Idiot. Wenn du das bei Opa Erwin auch so machst, haben wir verloren. Der Sobbot muss unbedingt in sein Gehirn zu Gobbot. Wir haben ihm zwar nur einen Gobbot injiziert, aber ich glaube, der leistet ganze Arbeit. Sonst würde er wohl kaum freiwillig seinen Lieblingsenkel hierherschleppen. Doch das ist nicht genug. Nur wenn wir ihm bald den Sobbot spritzen, wird Herr Sonntag sich gegen seine Verwandten, Dr. X und Minitec wenden und nur noch mir gehorchen. Genau darauf sind Gobbot und Sobbot programmiert: den alten Knacker zu einem willenlosen Soldaten zu machen, der nur auf unsere Befehle hört. Aber wir haben nicht mehr viel Zeit, ich habe so eine böse Vorahnung mit der toten Kamera … Wir müssen es schaffen, dem alten Sonntag den Sobbot zu injizieren, bevor Micro Minitec gewarnt ist. Scherge, hörst du mir überhaupt zu?« Schlotter trat voller Wucht gegen die Maschine. Schmerz durchzog seinen rechten Fuß, was ihn noch wütender werden ließ.

»Jetzt steh nicht so dumm rum!«, schrie er. »Wir müssen den Sobbot schrumpfen und in einer Spritze aufziehen, bevor der bekloppte Opa kommt!« Erbost stürmte er aus dem Raum und warf die Tür mit einem enormen Knall hinter sich zu. Die marode Fabrik schien zu wackeln, Putz rieselte von der Decke, direkt auf die Schrumpfmaschine und Scherge.

Da klingelte es am Eingang. Der zornige Professor erschien so schnell, wie er verschwunden war.

»Geh schon, Scherge, öffne die Tür, du weißt doch, dass ich kein Sonnenlicht vertrage!« Scherge hetzte davon, und Schlotter murmelte: »Wenn das der alte Sonntag ist, müssen wir mit allen Mitteln Zeit schinden, denn der Sobbot ist ja noch nicht fertig mikrotisiert. Aber so grandios, wie ich bin, wird auch das gelingen!«

Auf zur Schlotter-Klinik

»So, nichts wie los, du Knilch.« Mit festem Griff packte Opa Erwin Nanolino am Arm.

»Ich hab versprochen, dich zum Arzt zu bringen, und das tue ich auch!«

Von der anderen Straßenseite beobachteten Lilly und Frido zusammen mit anderen Kindern, wie Nano humpelnd in den alten Seitenwagen von Opas Motorrad stieg.

»Fass mir nicht mit deinen klebrigen Fingern an die gute Scheibe!«, sagte Opa, schlug mit Karacho das kuppelige selbst gebaute Plexi-Dach herunter und startete den Motor, der laut vor sich hin tuckerte. Nano war gefangen – wie ein Frosch in einer Blechbüchse.

Nanos Freunde waren wie vor den Kopf geschlagen. Lilly fing an zu weinen. »Ooohhhh, Naan-nnno, sind deine Schmerzen schlimmer geworden? Oh, mein geliebter Nanolino ...«

Wenn Nano das gehört hätte, er wäre sicherlich rot geworden. So schaute er nur hilflos aus dem Auto. Lilly blickte traurig in Nanos Richtung, der ihnen mit beiden Handflächen ein X zeigte, weil er sich mit Opa auf dem Weg zur Villa Ypsilon glaubte.

Aber da bretterte Opa Erwin los und machte einen großen Schlenker auf der Straße. Fast hätte er dabei Nanos Freunde umgefahren, die im letzten Moment zur Seite sprangen.

»Verkrümelt euch, ihr Gartenzwerge! Nur weil Ferien sind, ist die Straße noch lange kein Spielplatz!«

»Lilly ist doch ein richtiger Schatz«, dachte Nano und spürte, wie ihm warm ums Herz wurde. Viel geschlafen hatte er aufgrund der Schmerzen in der vergangenen Nacht nicht, nun döste er kurz ein und erwachte erst, als der Motorlärm erstarb und das Dach geöffnet wurde. Auf wackeligen Beinen krabbelte Nanolino heraus und rieb sich die Augen. »Opa, wo sind wir denn gelandet? Das ist doch der abgewrackte Schlachthof von dem ollen Schlotter! OOOOpa! Ich muss unbedingt zu Dr. X. Diese Ganoven sind gefährlich!«

»Papperlapapp, der Professor ist die Crème de la Crème. Schlag dir deinen Dr. X aus dem Kopf!« Opa Erwin packte seinen Enkel mit eisernem Griff am Kragen und zog ihn mit sich Richtung Eingangstür. Mit schmerzverzerrtem Gesicht hinkte Nano neben ihm über den Hof von Schlotters alter Schlachterei. Als er hörte, wie sein Opa über Dr. X sprach, wurde er knallrot vor Zorn. Er wollte sich auf Opa Erwin stürzen, doch ein jäher Schmerz durchzuckte ihn, und er sackte wimmernd zusammen.

Opa drückte auf die Klingel im Souterrain. Scherge öffnete, mit qualmender Zigarette im Mundwinkel, die Tür und grinste boshaft. Unterwürfig und mit seltsam wirrem Gesichtsausdruck blickte Opa Erwin auf: »Wir haben um zwölf einen Termin bei Herrn Professor Doktor von Schlotter. Sie wissen schon, mein Enkel hat eine schmerzhafte Leiste, die umgehend behandelt werden muss.«

Scherge schlurfte davon. Nanolino sah sich schaudernd um. »Das ist noch unheimlicher als letztes Mal, als ich hier war«, dachte er. Überall hingen Zeichnungen von Robotern oder Tieren, ausgestattet mit seltsamen Maschinenteilen – auch im Gehirn. Einzelteile von Roboterarmen und -beinen aus Blech, lose Köpfe, metallene Innereien und Kabel lagen unordentlich im Raum verteilt herum. In einer Ecke stapelten sich unzählige verbeulte Roboter kreuz und quer übereinander wie Tote in ihren Rüstungen nach einer mittelalterlichen Schlacht. Nano schauderte es. »Die Vergangenheit holt uns ein«, sinnierte Nano.

»Folgen Sie mir!«, hörte er Scherge sagen, seine Stimme hallte unangenehm und bedrohlich in dem alten Schlachthof. Nanolino humpelte widerwillig neben seinem Opa durch die erste Halle, hinter der ein düsterer Raum lag. Wie aus dem Nichts marschierte Professor von Schlotter mit ausgebreiteten Armen und aufgesetzter Freundlichkeit um die Ecke.

»Mein lieber Herr Sonntag! Wie schön, Sie wiederzusehen.« Als er Nanolino erblickte, verdüsterte sich kurz seine Miene. Barsch raunzte er den Großvater an: »Was soll das? Ich bin doch kein Kinderarzt.«

»Das ist doch mein lieber Enkel Florian, Herr Professor«,

säuselte Opa Erwin. Nano wusste nicht, ob er sich freuen oder sich übergeben sollte. »Er hat starke Schmerzen in der Leiste und muss zu einer Kapazität, einem richtigen Professor … Ich tippe auf Leistenbruch oder Muskelriss. Der Junge spielt einfach zu viel Fußball.«

Nanolino sah seinen Opa entgeistert an. Vorher war ihm das nie aufgefallen, aber jetzt bemerkte er, dass sein Opa Erwin den Schlotter mit einem verzückten Ausdruck in den Augen anschaute. Das war wirklich seltsam.

Professor von Schlotter befahl Nano unfreundlich, sich zu setzen. Vehement schüttelte Nano den Kopf, aber Scherge und Opa griffen ihn beidseitig unter dem Arm, zerrten ihn zu einem Stuhl und pressten ihn darauf. Von Schlotter kniete vor ihn hin und drückte an seinem Bein herum, dass Nanolino vor Schmerz und Wut laut aufschrie und mit dem anderen Bein ausschlug.

»Ahhhhhhhhhhhhhh! Nicht! Sofort aufhören!« Doch der Professor schaute ihn kalt an. Den Blick kannte Nano schon aus seinem Traum, vor Angst verkrampfte sich sein Magen.

»Stell dich nicht so an! Mal sehen, ob ich etwas für dich habe …«, sagte Schlotter und verließ, gefolgt von Scherge, den Raum.

»Hör auf zu flennen, ein echter Indianer kennt keinen Schmerz!«, fuhr Opa seinen Enkel an.

»Dieses Schwwwein …«, rief Nanolino und wischte sich wütend einige Tränen aus den Augenwinkeln. Von irgendwoher vernahm er auf einmal merkwürdig blecherne Geräusche, Schlurfen und Scheppern.

»Opa, ich muss mal.«

»Bleib sitzen, bis der Arzt kommt«, fuhr ihn Opa an. »Wer hat dich nur erzogen, du Flegel!«

»Vielleicht ist das Klo ja da drin?«, stieß Nano hervor, erhob sich, humpelte so schnell er konnte zur gegenüberliegenden Tür und verschwand.

Noch mehr Gobbots

Hinkend lief Nanolino einen dunklen Flur entlang. Auf dem Boden lagen Eidechsenskelette, Beile und Fleischerhaken. Plötzlich flog eine Tür auf. Keuchend trug Scherge einen Greifarm aus Metall vor sich her. Nanolino versteckte sich blitzschnell in einer dunklen Nische an der Wand. Scherge, eingehüllt in eine unangenehm riechende Dunstwolke, hastete an ihm vorbei.

»Hätte er mir früher gesagt, dass Weltherrschaft mit so viel Arbeit verbunden ist … pah«, stöhnte er, spuckte röchelnd auf den Boden und verschwand um die Ecke.

Nanolino gelangte in einen Raum, der übersät war mit Blechteilen, Schrott, Fragmenten von Robotern, Konstruktionszeichnungen von Gobbot und Sobbot. Sein Blick fiel auf einen kaum zwanzig Zentimeter großen Roboter, der vor einer weiteren schweren Eisentür am Ende des Raumes lag. Nanolino fasste ihn vorsichtig an und musterte ihn nachdenklich.

Erschreckt fuhr er zusammen: Während er Arme und Beine des Roboters zu bewegen versuchte, quietschte und knarrte es hinter der Eisentür. Behutsam griff Nanolino einen Arm des Spielzeug-Roboters. In diesem Moment kratzte es an der anderen Seite der Tür. Ängstlich, aber zunehmend neugierig spielte Nanolino weiter mit dem kleinen Ding. Gerade als er

einen Finger prüfend zwischen die metallenen Kiefer des Roboters steckte und winzige Reißzähne sich schmerzhaft in seinen Zeigefinger bohrten, öffnete sich die schwere Eisentür. Unheimlich leuchteten die monströsen Augen eines zweieinhalb Meter großen Roboters ihn an. Sein gewaltiges Maul klappte auf. Nanolino erstarrte. Er konnte nicht glauben, was da vor ihm stand. Aber noch weniger konnte er glauben, was er hinter dem Riesengobbot erblickte. Unzählige Gobbots, große und kleine, neue und alte, wuselten umeinander, krochen übereinander her, zischelten, quietschten und ächzten in dem großen Raum. Es sah aus wie ein riesiger, unheimlicher Metall-Ameisenhaufen. Nanolino begriff sofort: Was er da sah, war eine Armee.

Der Riesengobbot kam immer näher und streckte eine eiserne Klauenpranke nach Nano aus. Blitzschnell drehte er sich um. Ehe der Hüne einen Schritt nach vorne machen und zupacken konnte, trat Nanolino mit seinem gesunden Fuß gegen die Eisentür. Krachend fiel sie vor dem überdimensionalen Roboter ins Schloss. »In letzter Sekunde«, dachte Nano und ließ vor Schreck den Miniroboter auf den Boden fallen, wo er in Einzelteile zerbrach. Wieder ächzte es bedrohlich hinter der Tür. In die gruseligen Geräusche mischte sich von Weitem Opas Gebrüll.

»Es kommt mir so vor, als seien alle Roboter miteinander elektronisch verbunden, wie ein riesiger großer Körper. Wenn sich einer bewegt oder kaputtgeht, reagieren alle gleichzeitig darauf«, überlegte Nano.

»Nanolino, wo steckst du?«

Trampelnde Schritte näherten sich. Nanolino konnte sich gerade noch rechtzeitig in seiner Wandnische verstecken, als Schlotter und Scherge hereinstürmten.

»Na, wo ist denn unser kleiner Parasit? Na, komm schon, kleiner Mann!«, höhnte von Schlotter. Nano presste sich noch tiefer in sein Versteck.

»Hier ist er nicht, hier kommt keiner rein, Herr Professor! Die Tür ist immer verschlossen«, sagte Scherge mit zitternder Stimme. Hastig schob er mit einem Fuß den zerstörten Minigobbot unter den Tisch und schielte ängstlich zur großen Eisentür. Schlotter grunzte verärgert und verließ den Raum. Scherge folgte ihm, nachdem er heimlich die Einzelteile des Minigobbots in die Hosentaschen gestopft hatte.

»Scherge, sieh du oben nach, ich werd 'nen Blick ins Labor werfen. Wäre doch gelacht, wenn wir den kleinen Teufel nicht finden«, hörte Nano noch, bevor sich die Tür schloss. Die Stimmen entfernten sich. Als alles ruhig war, öffnete Nano vorsichtig die Tür. Die Luft war rein. Nano humpelte zurück zu dem Raum, in dem nun sein Opa auf dem Behandlungsstuhl saß und abwesend und versonnen an die Decke starrte. Nanos Bein schmerzte mörderisch, wahrscheinlich, weil er der Tür einen kräftigen Tritt verpasst hatte und sich in der dramatischen Situation viel zu unvorsichtig bewegte.

Als der Großvater Nano erblickte, schrie er aus voller Kehle: »Der gute Herr Professor sucht dich schon überall!« Er blaffte Nano an und zog ihn schmerzhaft am Ohr. »Lass das, ich war auf der Toilette!«, sagte Nano und schüttelte Opas Hand ab.

Da eilte von Schlotter um die Ecke und musterte Nanolino misstrauisch von oben bis unten.

»Hier, Herr Sonntag, für Ihren Zwergenenkel!« Und ehe Nanolino seinen Unmut äußern konnte, drückte Schlotter dem Opa zwei gewaltige Packungen Pillen in die Hand.

»Die stärksten Schmerzmittel sind diese, und wenn er nervt, hier sind Schlaftabletten …« Der Großvater strahlte dankbar, während Professor von Schlotter sich vertraulich nah an Opas Ohr beugte.

»Kommen Sie in zwei Stunden ohne Ihren Enkel wieder. Wir haben etwas für Sie, was Ihnen besser hilft als jede Spritze, die Sie von Dr. X gegen Arthrose bekommen haben. Sie werden wieder Fußball spielen können wie ein junger Gott. Es wirkt todsicher! Ich verspreche es. Ein kleines Spritzchen nur …« Dabei rieb sich Schlotter seine dürren Finger. Die Idee, die Spritzen auszutauschen, um dem Alten den ersten Gobbot zu injizieren, war schon ein genialer Schachzug. Jetzt würde er die Chance haben, den zweiten Sobbot selbst ins Gehirn des Tattergreises zu schleusen. Zwei Miniroboter in einem Gehirn, das musste einfach funktionieren. Und der Alte würde selbst zu ihm kommen, er bräuchte nur hier zu sitzen und auf sein Opfer zu warten.

»Zwei Stunden? Zwei? Ich bin pünktlich wie die Eieruhr, Herr Professor!«

Mit einem bösen Blick auf Nanolino wisperte von Schlotter: »Und kommen Sie allein!«

»Aye, aye, Sir!« Opa schlug die Hacken zusammen und verließ mit seinem Enkel die Schlotter'sche Schlachtklinik. Nanolino war schummerig zumute. Was war mit seinem Opa los?

Der Großvater hatte unglaublicherweise überhaupt keine Aggressionen gegen Professor von Schlotter. Im Gegenteil – sein Großvater flog regelrecht auf dieses Ungeheuer! Hatten sie den Gobbot damals nicht endgültig erledigt?! »Vielleicht«, Nanolino wurde ganz schlecht bei dem Gedanken, »hat Schlotter einen neuen Gobbot in Opas Hirn geschleust … Und was hat er mit den Gobbots in dem unheimlichen Raum vor?«

Eine unglaubliche Wut gegen Professor von Schlotter stieg in ihm auf. Schon einmal hatte er seinen Opa von einem Gobbot befreit, und er scheute sich nicht, das Abenteuer noch ein weiteres Mal zu wagen.

»Wir werden dir das Handwerk legen, das schwöre ich«, flüsterte Nano und schwankte zum Motorrad, wo Opa ungeduldig auf ihn wartete. »Ich muss jetzt dringend zu Dr. X! Auch wegen meines Beines bzw. meiner Leiste. Aber das wird mich nicht abhalten, das schwöre ich.« Und voller Elan hinkte er schwankend zum Motorrad. »Los, beeil dich«, knurrte der alte Sonntag, »ich habe nicht den ganzen Tag Zeit!«

Er drückte Nanolino die Medikamentenschachtel in die Hand. Der traute seinen Augen nicht. »Ich glaub, ich bin im falschen Film!« Kopfschüttelnd buchstabierte er leise vor sich hin: »›Ablaufdatum 1. 10. 1979. Nur für tierärztlichen Gebrauch.‹ Danke, mir ist schon schlecht.«

»Das ist noch ein Herr, der Herr Professor! Hart, aber herzlich, sag ich immer. Wirklich beispielhaft!«

»Er ist absolut verrückt. Und gemeingefährlich, Opa!«

»Ein Wissenschaftler von Weltruf ist Professor Doktor von und zu Schlotter! Ich hab die Zeitungsartikel gesehen! Deine Großmutter, die alte Hexe, hat keine Ahnung! Von ihm könnte sie richtig was lernen!«

Opa Erwin raste mit knatterndem Motor und quietschenden Reifen mit seinem Enkel im Seitenwagen davon. Wenig später fuhr er an die Zapfsäule einer Tankstelle.

»Ich werd mal eben tanken.« Nanolino stemmte sich gegen das Dach des Seitenwagens, und während Opa Erwin zahlte, gelang es ihm, unbemerkt herauszuklettern. Er humpelte zügig um die Ecke, warf Schlotters Medikamente in einen Müllcontainer und erwischte gerade noch den Autobus.

Zurück in der Villa Ypsilon

Keine halbe Stunde später humpelte Nanolino am Empfang der Villa Ypsilon vorbei zum Zimmer von Dr. X. Sein Schmerz war zwar heftig, aber gedanklich war er zu sehr mit seiner unheimlichen Entdeckung beschäftigt. »Diesem Ekel müssen wir endlich das Handwerk legen«, dachte er grimmig. In dem Moment stolperte er über eine Türschwelle und schrie auf.

»Was ist denn los, kleiner Medicus?« Leoberta kam hinter ihm hergerannt und versuchte, ihn aufzufangen. Nanos Gesicht tauchte bei dieser verunglückten Aktion versehentlich in ihrer mächtigen Oberweite unter. Beide rutschten wie ein ungleiches Tanzpaar über das Parkett. Die Krankenschwester hielt Nanolino sicher in ihren Händen und presste ihn liebevoll an ihren mächtigen Busen.

»Oh, 'tschuldigung«, stotterte er und wurde rot.

»Keine Ursache, kleiner Mann. Nun wollen wir mal zu Dr. X, ich bringe dich hin«, sagte Leoberta, richtete ihn vorsichtig auf und streichelte ihm noch mal durchs Wuschelhaar. Da fühlte sich Nano gleich viel wohler.

Dr. X untersuchte die Leiste von Nanolino gründlich, bewegte den Oberschenkel hin und her und drückte vorsichtig auf die Muskulatur. Dabei machte er ein nachdenkliches Gesicht. »Tut es hier weh, oder hier? Huste mal.«

»Hch, hch«, machte Nano. Dr. X drückte einen Finger in die Leiste.

»Nee, da tut's nicht weh, Doktor!«

»Dann bin ich erleichtert. Kein Leistenbruch, ich finde keine weiche Stelle hier unten, kleiner Medicus. Brauchst nicht operiert werden.«

»Juhu! Au, auuuhh! Was machst du da?«, Dr. X hatte unterhalb des Beckens irgendwo an der Innenseite des Oberschenkels gedrückt.

»Au!« Nanolino strampelte. »Lass das bitte, Dr. X!«

»Oh, sorry. Wahrscheinlich hast du eine Zerrung des Adduktors. Eine solche Zerrung haben Fußballspieler häufig am Ansatz des Innenmuskels, weil sie die Muskeln überbelasten oder vergessen, sich vor dem Sport warm zu machen und danach Dehnübungen zu machen.

»Meine Oma meinte, es sei vielleicht ein Muskelfaserriss?«

»Das glaube ich nicht, da, die dicke Sehne hier, fühl mal!« Nanolino ertastete etwas Schmerzhaftes, Knochenhartes am Beckenrand.

»Ich dachte, das ist ein Knochen …«

»Nein!« Dr. X grinste. »Mit dieser Sehne ist dein Adduktor, also der ›Heranziehmuskel‹, am Beckenrand befestigt. Bei Reitern und Turnern ist dieser Muskel besonders stark ausgebildet. Ein Faserriss würde hier unten im Muskel schmerzen. Tut's denn da weh?«

»Nö. Ach, na ja, vielleicht ein wenig?!«

»Gut, dann mache ich schnell noch ein Ultraschallbild, um einen Einriss auszuschließen.« Dr. X richtete sich auf. »Eine Kernspinaufnahme wäre noch besser zur Dokumentation. Aber so bin ich mir ziemlich sicher, dass nichts Schlimmes bei dir vorliegt.«

»Schwester! Schwester!!«, rief er. Fast panisch kam Leoberta hereingestürmt, vom fliegenden Koffer verfolgt.

»Ich kann ihn nicht abschütteln, Doktor. Verflixt, bleib mir weg von meiner Frisur!«, schrie sie und schlug irritiert mit ihrer Hand aus. Der Koffer machte sofort einen Bogen und flog schnurstracks auf Dr. X zu.

»Was machst du denn hier, kleiner Koffer?«, wunderte sich Dr. X. Was keiner bemerkt hatte: Micro Minitec arbeitete fleißig in ihrem Raum nebenan. Sie hatte gerade eben an der neuen Software getüftelt. Jetzt machte es ihr riesigen Spaß, Leoberta zu necken und den Arztkoffer per Computer auf Leoberta und Dr. X zu programmieren. So flog der verrückte Koffer – kaum war er bei Dr. X gelandet – wieder zur Krankenschwester zurück und umkreiste sie wie eine Mücke. Leoberta wurde zunehmend hektischer, zumal der Koffer noch surrte, ihr auch noch zuzwinkerte und – als wolle er nach ihr schnappen – den Deckel öffnete.

»Hör auf, du dummes Vieh!« Sie schlug noch einmal in die Luft.

»Ach, liebste Leobertine!«, sagte Micro Minitec, die aus ihrem Büro gekommen war, und nahm lachend die Krankenschwester in den Arm. »Ist doch nichts Schlimmes, ich wollte dich nur ein wenig foppen.« Leoberta sah Micro ungläubig an.

»Lass das gefälligst in Zukunft, du weißt, wie schreckhaft ich bin.« Sie brach in schallendes Gelächter aus, als sie sah, wie der Koffer sich vorsichtig auf Dr. X' Schenkel niederließ, den Deckel aufklappte und sich das Monitorbild mit einem Summen automatisch anschaltete. Vorsichtig nahm der Doktor das Ultraschallgerät aus dem Koffer und führte den Schallkopf auf Nanos Oberschenkel auf und ab. Dabei erklärte er genau, was er sah, und Schwester Leoberta notierte den Befund in Nanos Akte. »So, mein Sportassistent. Alles o. B., ha, ha – hatschi … hier.«

Dr. X hielt sich die Hand vor den Mund und nieste lautstark. »Wieso, ich und o. B.?«, fragte Nanolino. »Ha, ha … hatsch, o. B. bedeutet ohne Befund«, sagte Dr. X ernst und zwinkerte amüsiert Leoberta und Micro Minitec zu.

»Du hast keinen Muskelfaserriss. Aber mit der Zerrung heißt es jetzt: einige Wochen mit dem Training aussetzen, vorsichtig mit Drehungen und anderen kraftvollen Bewegungen sein. Ich akupunktiere dich gleich, das kennst du ja schon!«

»Super, ja klar«, Nano war erleichtert.

»Zum Glück ist es doch kein Muskelfussel-Leisten-Bruchriss mit gemeiner Hüftluxation oder so was Ähnliches«, scherzte er. »Ich war wirklich in totaler Panik, dass ich nie wieder Fußball spielen kann.«

»'ne Zerrung hat jeder Sportler mal gehabt. Du musst aber aufpassen, dass sie nicht immer wieder an derselben Stelle auftritt. Deshalb: Erst warm machen, dann spielen! Du kleiner Wirbelwind«, erklärte Dr. X und pikste seine Akupunkturnadeln vorsichtig in die Innenseite des Oberschenkels.

»So, jetzt müssen die Nadeln zwanzig Minuten drin bleiben. Dann entferne ich sie und Leoberta trägt eine abschwellende Salbe drauf. Ich schreibe dir noch ein Rezept für Krankengymnastik und Massage auf. Dann bist du bald wieder fit.«

»Au fein«, juchzte Nanolino und freute sich auf die Massage und die Krankengymnastik. Denn schon seit Langem wollte er wissen, was Krankengymnasten machten. Seine Oma hatte schon länger sein Interesse geweckt, als sie ihm die Wickel erklärte.

Krankengymnastik
Nach Verletzungen, Sportunfällen, Lähmungen, Knochenbrüchen und Operationen, zur Behandlung von Wirbelsäule oder Gelenken unterstützt eine Krankengymnastik, die sogenannte Physiotherapie, den Heilungsprozess. So zeigen Krankengymnast oder Krankengymnastin ihren Patienten gezielte Übungen, die beispielsweise geschrumpfte Muskulatur stärken oder die Beweglichkeit normalisieren. Dabei setzen sie auch Bälle ein, elastische Bänder und andere Sportgeräte. Massage oder eine gezielte lokale Schmerztherapie mit elektrischen Geräten kann ebenfalls zur Krankengymnastik gehören. Man nennt diesen Prozess Rehabilitation, also Wiederherstellung – wenn möglich – des normalen Zustandes. Krankengymnastik ist auch wichtig, um Krankheiten vorzubeugen; sie dient der Prävention, wie es in der Fachsprache heißt. Damit ist dieser Beruf ein ganz bedeutender in unserem Gesundheitssystem. Das wird häufig vergessen.

Ein schrecklicher Verdacht

Nach der Behandlung von Dr. X ging es Nanolino viel besser. Doch er konnte sich nicht richtig darüber freuen. Sein Verdacht, Opa Erwin könnte einen neuen Gobbot im Gehirn haben, ließ ihn nicht los. Er wollte Micro fragen, ob Schlotter möglicherweise Zugriff auf Opas Gedanken hatte. Schließlich hatte sie vor langer Zeit für den ominösen Wissenschaftler gearbeitet und war die Einzige, die sich mit Robotern noch besser auskannte als er. Dabei musste er an die vielen Gobbots denken, die er im Verborgenen entdeckt hatte. Ein Schauer lief ihm über den Rücken.

Leise betrat er Micros Arbeitszimmer. »Micro?«, fragte er vorsichtig. »Hast du kurz Zeit?« Sie sah auf. »Na klar, für dich immer, kleiner Medicus. Lass mich nur noch eben diesen Verkleinerungsprozess beenden!« Sie beugte sich andächtig über eine 50 Zentimeter große blau-goldene Sphinx, ein Wesen mit Löwenkörper und Frauenkopf aus Plastik, das mitten zwischen den gewaltigen Papierbergen ihres Schreibtisches stand. Höchst konzentriert bediente sie mehrere Drehknöpfe am Fuß des Plastik-Tieres gleichzeitig. Die Sphinx zuckte merklich, im Inneren flackerten Lichter auf. Rappel, der wieder neben ihr auf seinem Stuhl hockte, klopfte ihr begeistert auf die Schulter.

»Was machst du denn da?« Durch ein blau schimmerndes Glas in der Mitte der Sphinx sah man medizinische Instru-

mente kleiner und kleiner werden. Auch ein EKG-Gerät war dabei. Und zwar schrumpfte jeweils ein Gegenstand nach dem anderen in unterschiedlichen Verkleinerungsgraden.

»Nano, das ist eine andere Schrumpfmaschine als die, die ich wie einen Verband bei Jimmy angelegt hatte. Hier drin kann ich gezielt einzelne Materialien innerhalb von Strukturen verkleinern, ohne umliegende Gegenstände oder Gewebe mitzumikrotisieren. Auch beim Vergrößern wird nur ein einziges Element exakt identifiziert. Schau her.« Nanolino sah staunend, wie das EKG-Gerät im Zeitlupentempo unsichtbar wurde.

»Okay, hat funktioniert«, meinte Micro zufrieden. »Und jetzt schieß los!«

Nanolino setzte sich zu ihr, sein Bein schmerzte noch immer ein bisschen, sodass er nicht die ganze Zeit stehen wollte. Er erzählte, wie sein Opa ihn zu Schlotter gelotst und er dort die riesige Anzahl von Gobbots in allen Größen und Formen gesehen hatte. Micro wollte es kaum glauben. »Er hat eine Armee von Gobbots geschaffen! Was auch immer er im Schilde führt, wir müssen ihn aufhalten«, murmelte sie. Rappel wackelte nervös mit seinem Stummelschwanz.

»Ja, und das Schlimmste ist, ich glaube, er hat Opa in seiner Gewalt.«

»Wie?« sagte Micro ungläubig. »Das kann nicht sein, Nano, du träumst. Dein Opa muss doch die Nase noch restlos voll haben vom letzten Mal. Obwohl …«, sie kam ins Grübeln, »es ist schon seltsam, dass er dich ausgerechnet zu Schlotter bringt. Vor ein paar Tagen noch war er bei uns wegen seiner Spritze gegen Arthrose und war sehr zufrieden mit Dr. X.«

»Ja!« Nanolino war außer sich. »Er himmelt Schlotter förmlich an. Wollte mich sogar von ihm verarzten lassen. Das musst du dir vorstellen …« Angeekelt schüttelte er sich.

»Dieser Möchtegernarzt hat mir doch echt eine Schachtel Tiermedizin in die Hand gedrückt, mit Ablaufdatum aus dem letzten Jahrhundert. Ich habe den Verdacht, Schlotter hat Opa einen neuen Gobbot injiziert. Er hat sich so verändert und vertraut dem üblen Professor voll und ganz. Micro? Hörst du mir überhaupt zu?« Nano stupste sie mit dem Ellenbogen.

Micro starrte entsetzt ins Weite.

»Ich hab mir schon fast so etwas gedacht! Als euer Opa das letzte Mal hier war, hat er seine Motorradmütze liegen lassen. Rappel hat sie auf dem Boden gefunden, und als ich sie aufhob, habe ich eine kleine Kamera darin entdeckt. Ich hatte wirklich so eine Vorahnung, dass Schlotter wieder aktiv ist.«

In diesem Moment vibrierte Nanolinos Handy und schien Purzelbäume in seiner Hose zu schlagen.

»Hallo, guten Morgen. Hier ist Albus Dumbledore, äh Sonntag, ich stärke mich gerade mit Drachenblut, um Lord Voldemort endgültig zur Strecke zu bringen«, meldete er sich mit wichtiger Stimme.

»Nanolino? Ach, hör auf! Wo steckst du? Ich mache mir Sorgen um dich!«, erklang Maries aufgeregte Stimme. »Opa ist wieder aufgetaucht und ganz komisch drauf. Er konnte mir nicht sagen, wo du bist, als hätte er dich vergessen, und hat die ganze Zeit vor sich hin gemurmelt, er müsse bald wieder los und habe es doch versprochen. Dabei hat er eine Stunde auf die Küchenuhr gestarrt, ist dann aufgesprungen und weggefahren. Er hat überhaupt nicht mit mir gesprochen, voll gruselig! Wo wart ihr denn?«

»Marie, ich kann dir jetzt nicht alles erklären, das würde zu lange dauern. Vertrau mir einfach. Sag allen anderen Bescheid, Frido, Ali, Manu und Lilly, und kommt so schnell wie möglich zur Villa Ypsilon. Hast du verstanden?«

Marie spürte, dass sie jetzt keine Fragen stellen sollte. »Gut, wir beeilen uns«, sagte sie und legte auf.

Nanolino drehte sich zu Micro um. »Die anderen werden in Kürze hier sein. Wir brauchen einen Plan!«

»Ich habe eine Idee, aber die kann ich erst verraten, wenn alle beisammen sind. Bis dahin versuchen wir, Ruhe zu bewahren und Kraft zu schöpfen für das bevorstehende Abenteuer. Ich schlage vor, wir begießen jetzt erst mal meine wachsenden Häuser …«

Micro Minitecs
Wasserhaus

»Bitte was?« Nano glaubte, nicht richtig gehört zu haben.

»Du hast ganz richtig gehört. Ich habe ein wachsendes Haus entwickelt. Ich dachte, ein voll recycelbares Gebäude wäre schon DER Renner. Aber ich habe noch eins obendrauf gesetzt: Die Rohstoffe wachsen gleich an Ort und Stelle, direkt in Hausform! Das spart den Transport und es müssen keine Bäume gefällt werden.«

»Ja, ja, ähm …« Nano räusperte sich. Er wusste nicht, was er davon halten sollte. Micro nahm eine orangefarbene Gießkanne und goss eine farbige Flüssigkeit auf verschieden große Gegenstände, die entfernt an Eier erinnerten.

Nano versuchte, seine Ungeduld und Sorge um Opa zu bändigen, und sah noch einmal genauer hin, und tatsächlich: In einem Ding, etwa so groß wie ein Straußenei, sah er plötzlich bogenförmige Öffnungen, die wie Türen und Fenster anmuteten.

»Verrückt, ich kann ja sogar hineinsehen, das sind ja winzige Fenster und dahinter sind richtige kleine Räume. Ich fass es nicht! Und auch bei den kleineren Eiern. Unglaublich!«

»Ja, nicht wahr? Nachher zeige ich dir noch meine großen Wohneier und die Wohnbüros im Park. Man muss sie nur mit einer Spezialmixtur düngen, dann wachsen sie im Regen weiter. Besonders stolz bin ich auf das fahrbare Spezialei, ein gemütliches Wohnmobil.«

KRAFT AUS SAFT

Kannst du dir vorstellen, dass nicht nur du ganz viel Energie und Kraft aus Säften beziehst, sondern auch Batterien mit zuckerhaltigem Wasser, Limonade oder Fruchtsaft arbeiten können? Das ist ein altes Prinzip, aber bisher technologisch noch nicht richtig weiterentwickelt. Weltweit sind Forscher dabei, neue Batterien zu entwickeln. Sie nutzen ein ganz einfaches Prinzip. So wie auch du aus Zucker Energie gewinnst, machen es alle anderen Lebewesen. Diese Energie, die sie beim Verdauen von Zucker gewinnen, besteht aus Elektrizität. Warum hat man dann bisher so wenige dieser Batterien gebaut? Weil die eiweißhaltigen Enzyme, die benötigt werden, um die Oberfläche der Batterien zu stabilisieren, bislang immer zu schnell kaputtgehen. In einigen Jahren wirst du vielleicht als Ladegeräte für Mobiltelefone oder MP3-Player Saftbatterien, möglicherweise sogar Cola-Batterien einsetzen. Freu dich schon mal drauf, denn stell dir vor: Ein Kilogramm Zucker liefert zehn- bis zwanzigmal mehr Energie als ein Kilogramm herkömmlicher Batterien. Vor allen Dingen sind sie auch biologisch abbaubar. Du kannst sie dann einfach in den Müll werfen, wenn sie verbraucht sind. Toll, oder?

»Wow, ist ja toll!«

»Ja, ich erschaffe ideale Wohneinrichtungen: ganz kleine für Kinder, noch kleinere für Tiere und größere für die Erwachsenen. Die kann man dann in allen Farben kunterbunt anstreichen. Ich kann vorher programmieren, wie groß sie werden und wie lange sie existieren sollen, bevor sie auf dem Kompost wieder zu Mutterboden werden. Aber für dich hab ich jetzt noch etwas ganz Besonderes in petto: Komm mit, wir werfen noch schnell einen Blick auf mein Wasserhaus.«

»Hä?«

»Richtig gehört!«, sagte Micro gut gelaunt und führte Nano in einen anderen Raum. Rappel sprang sofort von seinem Stuhl und hoppelte mit. In seiner Mitte stand ein Häuschen. Es schien zu fließen und glitzerte silbrig. »Sieh mal, all die Wände sind aus kleinen Wasserfällen konstruiert, und wenn man sich in ihrer Nähe bewegt, dann ...« Sie gingen auf das kleine Haus zu, durch dessen Wände sie wie durch dünne Gardinen ins Innere schauen konnten.

»Micro, das Wasser hört ja sofort auf zu fließen, und wir können durch die Wände gehen! Das ist ja voll cool!« Sie betraten das Wasserhaus. Eine unglaubliche Ruhe erfüllte Nano schlagartig. Das Plätschern des fließenden Wassers um ihn herum entspannte ihn zutiefst. Er blickte um sich.

Alle Wände des Wasserhauses waren durchsichtig. Er konnte sowohl in alle Zimmer als auch durch die Außenwand und das Fenster den Park der Villa Ypsilon sehen.

»Als wenn wir mitten in dieser Blütenpracht stehen würden. Echt irre«, wiederholte er. Sie gingen aufs Nachbarzimmer zu, und die zarte Wand öffnete sich in ein sehr großes Bürozimmer mit einem riesigen Bild über dem Schreibtisch.

»Das ist ja der Papst mit dem Dalai-Lama, und, und ... das gibt es doch gar nicht! Dahinter sind ja noch mehr Bilder, die durchschimmern ...«

»Genau, die Bilder überlagern sich. Deshalb gefällt mir das Gemälde dieser jungen Künstlerin ja so. Zum Papst und dem Dalai-Lama gesellen sich im Hintergrund ein jüdischer und ein arabischer Geistlicher, ein Hindu, Bischof Tutu, das ist ein Erzbischof in Südafrika, Martin Luther und ein orthodoxer Gelehrter.«

»Äh?«

»Was du da siehst, ist ein bedeutendes Kunstwerk als Symbol für die Versöhnung der Weltreligionen. Symbolisch reichen sich der Dalai-Lama und der Papst hierzu die Hand, und die Repräsentanten der anderen Religionen sind friedlich mit dabei.

Toll, oder? Ja, Versöhnung wäre zu schön.« Versonnen ließ Nano seinen Blick schweifen. »Die Menschheit ist doch so bekloppt, sich darum zu streiten, wer den richtigen Glauben hat oder wie Gott aussieht. Glaubst du eigentlich an Gott, Micro Minitec?«

»Ich weiß es nicht. Ich bin Wissenschaftlerin und brauche Beweise. Eigentlich bin ich Atheistin, das heißt, ich glaube nicht an einen Gott. Aber manchmal … denke ich, da muss es auch noch was anderes geben, das sich uns entzieht, etwas Größeres, Höheres.« Sie wurde ganz ernst: »Auf jeden Fall möchte ich, dass die Menschen Frieden miteinander schließen, deshalb finde ich dieses Bild so bedeutend. Und ich glaube schon an eine universelle Kraft der Natur, die alles zusammenhält.«

»Vielleicht ist das ja Gott. Kein Mensch wird es je wissen, wie er aussieht, ob er männlich oder weiblich, weiß oder schwarz,

Christ oder Muslim ist.« Nano lächelte. »Vielleicht ist er ja ein Kind oder er hat gar keine Gestalt und ist nur Geist.«

Micro war verblüfft über diese philosophischen Anwandlungen ihres Schülers. »Egal, wie er aussieht, er wäre sehr traurig darüber, wie die Menschen mit ihrem Planeten umgehen.«

»Kriege in und um Gottes Namen, Unterdrückung von Völkern und … Kampf um Öl und Wasser, Ausrottung von Tieren und Kulturen. Welch eine Sauerei, was die Erwachsenen anstellen, Micro. Ich schäme mich so für sie.« Nano war den Tränen nahe.

»Ausräubern der Bodenschätze der Welt, Verschmutzung von Boden, Luft und Wasser … Deshalb, Nanolino, versuche ich ständig, neue nutzbringende Geräte und anderes Ungewöhnliches zu erfinden. Eben habe ich zum Beispiel die nachwachsenden Hauseier oder dieses Wasserhaus erfunden. Die Miniwasserfälle werden ständig mit Solarenergie umgepumpt. Das Haus, das wie ein Zelt überall ruck, zuck aufgebaut werden kann, ist mit fahrbaren hydraulischen Systemen ausgestattet, die die Dachhöhe und Zimmergröße verändern können. Hydraulik arbeitet mit Wasserdruck, um zum Beispiel schwere Gegenstände in die Luft zu heben. Außerdem habe ich Batterien entwickelt, die ihre Kraft aus Saft beziehen.«

»Und wie hast du das Gemälde an der Wand befestigt?«

Micro lächelte verschmitzt. »Gar nicht! Da ja die Geste der Versöhnung der Menschheit noch Illusion ist, ist auch das Bild sozusagen Illusion. Es ist eine Computer-Animation, mit einem Beamer auf die Wand gestrahlt. Ein flüchtiges Bild, das jederzeit wieder verschwinden kann, wenn ich will. Aber jetzt gibt mir dieses Bild Zuversicht! Komm, wir gehen weiter.« Sie gingen auf die Wand, an der der Schreibtisch stand, zu. Der Wasserstrahl versiegte, das Bild verschwand, und sie betraten einen mit orangefarbigem Licht durchfluteten leeren »Wasserfallraum«, in dem eine zarte Melodie ertönte.

»Das ist meine Gedankenfindungs-Höhle, andere würden Meditationsraum sagen. Hier finde ich meine innere Ruhe, schöpfe Kraft und Inspiration. Die Wasserwände hüllen mich ein und isolieren die Außenwelt, Schall und ›Rauch‹ genauso wie Hitze und Kälte. Hier entstehen meine Ideen. Ich liebe diesen Raum, Nano. Hier sind mir auch die recycelbaren Wohneier eingefallen. Der Gedanke, der mich dabei leitete, war der biblische Spruch: Asche zu Asche, Staub zu Staub …«

»Aus der Erde geboren werden, zur Erde zurückkehren und aus der Erde wiedergeboren werden. Das ist der Zyklus, den wir alle möglicherweise durchlaufen.« Dr. X' Stimme riss die beiden aus ihren Träumen. Unbemerkt hatte er das Wasserhaus betreten. »Micro Minitec hat mit ihren nachwachsenden Wohn- und Büroeiern eine sensationelle neue Erfindung gemacht. Ich bin so stolz auf dich«, sagte Dr. X. »Wir wissen nicht, woher wir stammen, wenn wir auf die Welt kommen, und wohin wir gehen, wenn wir sie wieder verlassen«, fuhr er fort. »Aber unsere Aufgabe als Menschen ist es, dankbar zu gestalten und alles zu tun, was in unseren Kräften steht, um die Erde zu bewahren und wohnlicher zu machen. Eine schöne Aufgabe! Und neue Erfindungen, wenn sie denn dem Menschen dienen, gehören dazu …«

Plötzlich klingelte es am Eingang der Villa Ypsilon. »Endlich!«, entfuhr es Nano. »Das sind die anderen! Genug geredet über die Welt. Jetzt retten wir Opa!«

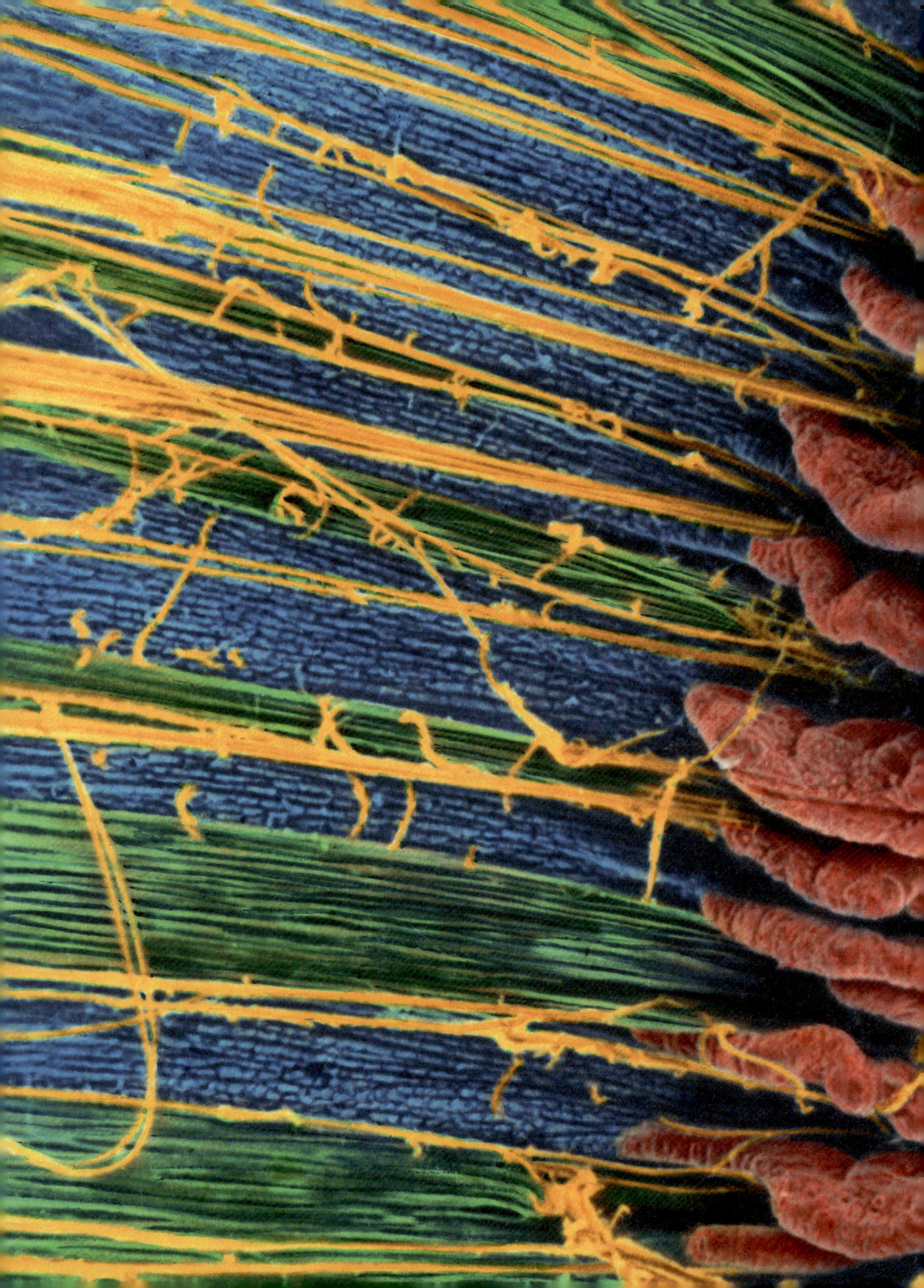

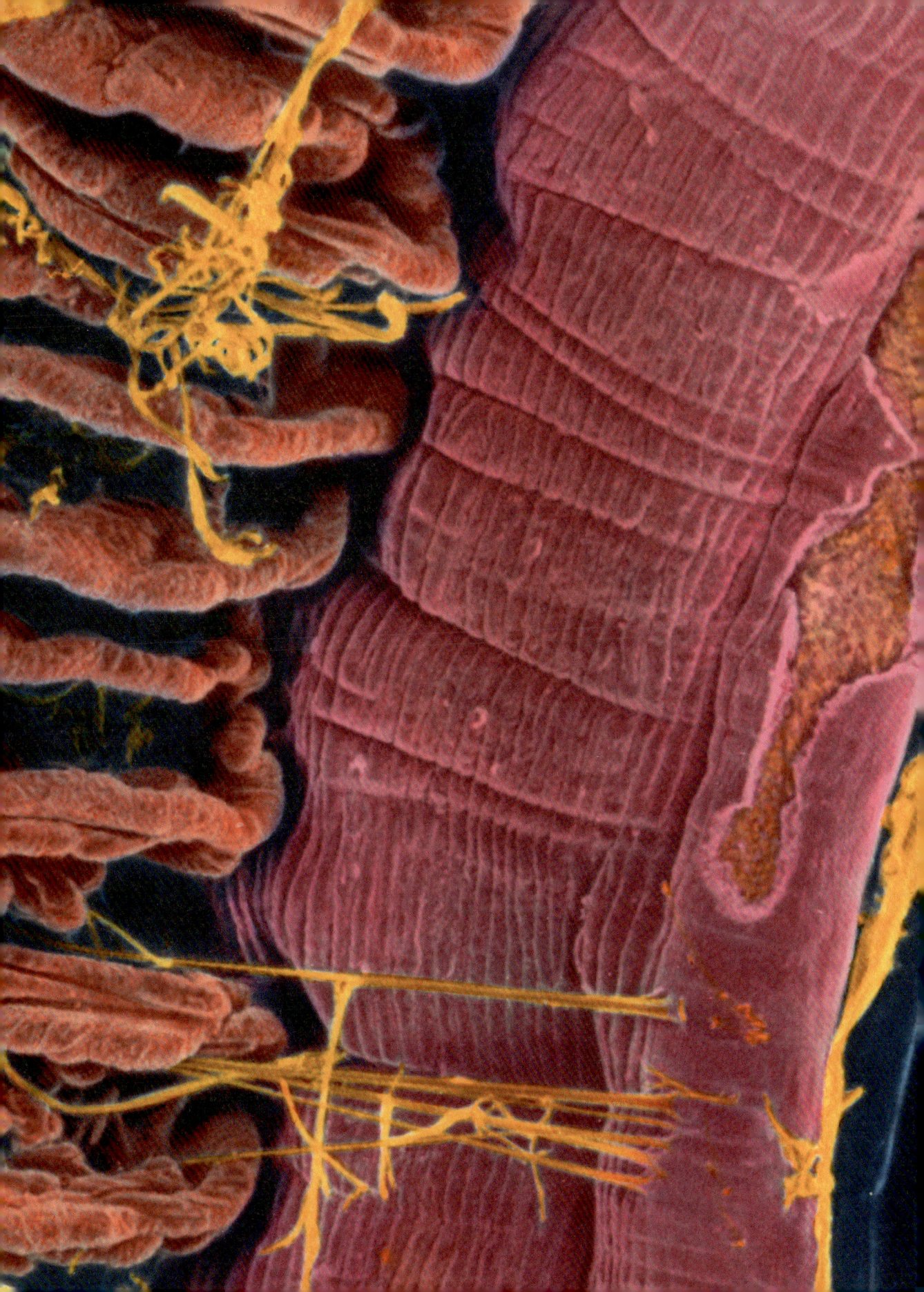

Ein verrückter Plan

Ungeduldig stürmten Marie und die anderen in die Eingangshalle der Villa Ypsilon. Micro führte sie in ihr Arbeitszimmer, wo die Kinder gespannt darauf warteten, was Nano zu erzählen hatte. Noch einmal fasste er die Erlebnisse in der Schlotter-Klinik zusammen. Die anderen konnten es kaum glauben. »Wir müssen etwas tun!«, rief Marie.

»Genau! Opa Erwin ist anscheinend wieder in Gefahr. Er hat sich wieder ins Institut für experimentelle Demagnifizierung zu Professor Schlotter begeben. Nanolino konnte gerade noch entkommen. Deshalb ist er hier. Und wir brauchen jetzt einen Plan, wie wir Schlotter und Scherge überlisten und stoppen können!« Micro war genauso aufgeregt wie die anderen.

Aufgewühlt rannte die kleine Gruppe in Micros kleinem Büro hin und her. Rappel hockte in einer Ecke und dachte nach.

»Was können wir nur tun, entführen oder fesseln? Er kennt schon unsere alte Strategie … einsperren lassen von der Polizei?, überlegte Nano laut.

»Ich hab's«, schrie Micro Minitec auf einmal und schlug Dr. X kräftig auf die Schulter. Der zuckte zusammen und starrte sie erschrocken an, wobei seine Brille sich selbstständig machte und fast auf den Boden gefallen wäre.

»Mensch, pass doch auf, Minitec«, raunzte er, fing aber im letzten Moment das Brillengestell geschickt mit der linken

Hand auf. Aber sie beachtete seine Beschwerde gar nicht, sondern tänzelte fröhlich pfeifend um ihren Schreibtisch herum.

»Oh, wie ist das Leben schön, es ist einzigartig«, sang sie, »herrlich, herrlich, einfach einzigartig«, und riss damit die anderen in den Bann ihrer Fröhlichkeit.

»Los, Micro, sag schon!«, drängelte Dr. X.

»Also, meine einzigartige Idee lautet: Wir fahren jetzt gemeinsam zu Professor von Schlotter.«

»Fantastisch! Eine Wahnsinnsidee«, bemerkte Dr. X ironisch.

»Warte, warte, Xchen.« So nannte sie ihn nur, wenn sie in absoluter Hochstimmung war. »Meine Taktik ist mehr asiatischer Natur. Die musst du ja gut kennen, als alter Kung-Fu-Fighter. Wir bringen Schlotter zum Schlottern.«

»Das wird ja immer besser. Da bin ich aber mal gespannt!«

»Also, passt gut auf! Ich bin erst vorhin mit meiner neuesten

Erfindung fertig geworden.« Micro Minitec holte drei schwarze lange Röhren mit einem knubbeligen Kugelende hervor. An der Seite war ein gelber Knopf. Sie sahen aus wie komische Taschenlampen.

»Eine Taschenlampe?« Fridos Stimme klang enttäuscht. »Das ist doch nix Neues.«

Micro Minitec lächelte ihn an. »Das ist ein Sonnenlichtstrahler, der Sonnenstrahlen einfangen und auf Knopfdruck wieder abgeben kann.«

Dr. X, die Kinder und Rappel bildeten einen Kreis um die Erfinderin und hörten gebannt zu.

»Schlotters Augen sind doch sehr lichtempfindlich, weil er so lange in dunklen Kellern gehaust und geforscht hat.«

»Mensch, Micro, genial!«, unterbrach sie Nano. »Wir blenden ihn direkt in die Augen und können ihn dann überrumpeln.« Micro nickte stolz.

»Und was hat das mit asiatischer Kampfkunst zu tun?«, zweifelte Dr. X. »Da werden keine Lichtstrahler zum Kampf eingesetzt.«

»Du kennst doch die Technik, dass man zerstörerische Energie auf den Gegner selbst umleitet, zum Beispiel vom **Tai Chi** oder Aikido.«

»Ja und?«

»Wir umringen Professor von Schlotter an seiner Schrumpfmaschine und isolieren ihn zusammen mit Scherge. Ich übernehme das Steuer an der Maschine, du den Professor, und Nanolino wird mit seiner Schwester oder Lilly …«

Nanos Herz setzte einen Moment lang aus, als er den geliebten Namen hörte.

»Super!«, platzte es aus ihm heraus. »Ich bin einverstanden!«
Micro und Dr. X sahen sich vielsagend an.

»Da ich die Grundelektronik und Steuerung der Schrumpfmaschine von Professor Schlotter selbst erfunden habe, wird
es mir nicht schwerfallen, sie zu bedienen«, fuhr Micro fort.
»Ich werde unsere erfahrensten Bodynauten, Marie und Nano,
vor Ort mikrotisieren und sie in der »Aquarius« in Opa ein-
schleusen. Dann sehen wir, ob dort Gobbots sind oder nicht.«
Die ›Aquarius‹ war ein winziges U-Boot aus Micros Werkstatt,
das aussah wie ein rotes Blutkörperchen – flügellos, flach,
rund und mit einer Delle in der Mitte – und so perfekt getarnt
war.

»Und wie willst du unsere Bodynauten und das U-Boot steuern? Und wie sollen wir von außen wissen, wo die beiden sind,
und mit ihnen kommunizieren? Bei Schlotter steht doch nur
Schrott rum … Unsere Super-Technik müssen wir hierlassen.«

Abrupt setzte das Pfeifen aus, Micro Minitec blieb mitten
im Tanz auf einem Bein stehen und ging regelrecht in die Knie.

»Mist, daran habe ich nicht gedacht!«

Nano schluckte und wurde ganz blass. Aber genauso schnell,
wie sie in die Knie gegangen war, schoss Micro auch schon
wieder hoch.

»Kein Thema!«, rief sie und fing wieder zu pfeifen an, die
zweifelnden Blicke ignorierend.

»Meine Damen und Herren«, begann sie betont feierlich.
»Da draußen steht doch mein fahrbares Spezialei. Kommt mit!«

Sie schubste die anderen aus der Tür, und wenig später standen sie auf dem Vorplatz der Villa Ypsilon. Sie winkte Leoberta
heran.

»Du musst den fahrbaren Tomografen zu Schlotter fahren. So schnell es geht! Wir müssen mal wieder Opa Erwin befreien.«

Ungläubig kniff Leoberta Mund und Augen zusammen und schüttelte den Kopf. »Nicht schon wieder«, presste sie heraus.

Mittlerweile hatten sie das eiförmige Fahrzeug erreicht.

»Sieht ja aus wie eines deiner Öko-Häuser, Micro!« Nano war etwas enttäuscht, er hatte ein spektakuläres Fahrzeug erwartet, das eiförmige Etwas begeisterte ihn nicht besonders. »Das ist eine nachwachsende Kabine, nur das Fahrgestell wurde klassisch gebaut«, erklärte Micro Minitec stolz. »Im Innenraum habe ich einen Tempel mit starken Magneten eingebaut, mit denen kann man in das Innere von Menschen hineinsehen. Keine Röhre, kein Ring – nur ein kleiner Tempel und Behandlungstisch in der Mitte. Wir werden gleich bei Schlotter vorfahren, deinen Opa in das Ei bugsieren und Nano und Marie wieder auf die Reise schicken.«

»Ja, wir befreien jetzt Opa!«, rief Nano voller Energie und trieb die anderen regelrecht zum Aufbruch an.

»Und du, Xchen, musst möglicherweise deine genialen Kampfkünste reaktivieren, falls Schlotter frech werden sollte.« Mit hochgezogenen Augenbrauen musterte Dr. X seine Assistentin. Dann lächelte er vielsagend und nickte. Der Plan gefiel ihm immer besser.

»Was, du kannst kämpfen, Dr. X?« Nano, der schon eingestiegen war, beugte sich aufgeregt aus dem Führerhaus. Dieser sehr ruhig wirkende und besonnen überlegende Arzt, der fast scheu erschien im Gegensatz zu seiner Assistentin, sollte ein Kung-Fu-Meister sein?

»Ja, das hättest du nicht gedacht, kleiner Medicus. Ich übe

seit meiner Kindheit jeden Morgen Tai-Chi, eine Kampfkunst aus China. Mein Großvater hat sie mir beigebracht. Er ist einhundertfünf geworden«.

»Wow!«, staunte Nano. »Vielleicht wäre das auch etwas für mich. Dann werde ich zweihundertfünf, mindestens!« Nano und alle anderen sahen verblüfft, wie Dr. X anfing, wundervolle Bewegungen auszuführen, die so geschmeidig waren, als würde ein Kranich durch die Lüfte gleiten. Dr. X schien keine Knochen mehr zu besitzen.

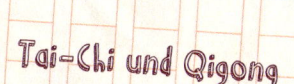

Tai-Chi und Qigong

Qigong und Tai-Chi sind chinesische Gesundheits- und Heilbewegungen, die seit Jahrtausenden in der Traditionellen Chinesischen Medizin eingesetzt werden. Der Begriff Chi (Qi) steht für die Lebensenergie, das ist die gesamte Kraft, die du spürst und die dich durchdringt, damit du leben kannst. Diese Lebenskraft wird durch einfache Bewegungen und bewusstes Atmen zum Fließen gebracht und gestärkt. Nach Ansicht der Chinesen ist ein Mensch umso gesünder und vitaler, desto mehr Chi er hat und umso besser es fließt. Chi-Mangel dagegen soll zu Krankheiten führen. Langsames Üben und Bewegen von Muskeln, Sehnen und Gelenken, die damit sanft gedehnt und gestärkt werden, sind oberstes Prinzip von Tai-Chi und Qigong. Die meisten Tai-Chi-Bewegungen wurden früher zur Selbstverteidigung genutzt und sind Vorläufertechniken des Kung-Fu. Beim Qigong atmet man in einem speziellen Rhythmus bewusst ruhig, gleichmäßig und natürlich ein und aus. Um die innere Ruhe zu fördern und das Herz zu beruhigen, wird beim Üben die Aufmerksamkeit nach innen gerichtet.

Öl schlürfen

Man nehme
1 Esslöffel Sesam-, Oliven- oder Sonnenblumenöl
(kalt gepresst)

Spüle deinen Mund morgens und abends vor dem
Zähneputzen damit 3 bis 5 Minuten, ohne das Öl
hinunterzuschlucken. Press das Öl mit der Zunge
in alle Mundwinkel und zisch es durch die Zähne, so
lange, bis das ganze Öl flüssig und weiß geworden ist.
Danach musst du deinen Mund gut mit warmem
Wasser ausspülen.
Wenn du dies regelmäßig machst, kannst du
möglicherweise in diesem Jahr von Erkältungen
verschont bleiben. Beim Ölschlürfen spülst
du aus deinem Rachenraum viele üble Mikroben
und Schadstoffe raus, das wussten schon
indische Ärzte vor 4000 Jahren.

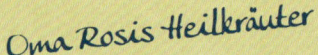

Oma Rosis Heilkräuter

Holunder (Sambucus nigra)

Ein bewährtes Abwehrmittel gegen schwarze Magie
und Hexen war er im Mittelalter. Der Holunder
soll auch vor Feuer, Blitzeinschlag und Mücken schützen. Und am tollsten: Er ist Herberge wohlgesinnter
Hausgeister. Also jeder, der daran glaubt, sollte sich
einen Holunderbaum vor sein Haus oder in den Garten,
auf den Balkon oder sonst wohin pflanzen.
Die heilende Wirkung von Holunderblütentee bei Fieber
und Infekten ist seit Jahrtausenden bekannt. Auch
der hohe Gehalt von Vitaminen (besonders viel Vitamin C) in den Holunderfrüchten. Hieraus lässt sich
ein wunderbarer Sirup oder auch Marmelade herstellen.

Gobbot meldet sich zurück

Opa Erwin schaltete krachend einen Gang herunter und schoss mit seinem Motorrad in den Hof der alten Fabrikhalle – zum zweiten Mal an diesem Tag. Wie von Nano und Marie befürchtet, war ihr Opa gar nicht mehr er selbst, sondern wurde von Gobbot manipuliert, den ihm Schlotter injiziert hatte. Das war der einzige Grund, warum Opa Erwin sich wieder auf den üblen Schlotter eingelassen hatte. Alle Warnungen von Marie und Nano hatten nichts genutzt. Er parkte vor der Fabrik, stieg umständlich von seinem Motorrad und murmelte ununterbrochen: »Hier bin ich, ich bin da, Professor von Schlotter, wie Sie es befohlen haben, und vertraue Ihnen voll und ganz.« Er klingelte. Prompt öffnete Scherge und führte ihn hämisch grinsend zum »Behandlungszimmer«. »Super, der Chef hat es richtig vorausgesehen. Der bekloppte Alte ist zurückgekommen, und wir können unseren Plan vollenden«, dachte er.

Professor Götz von Schlotter trat aus einem Nebenzimmer und überrumpelte Opa Erwin durch salbungsvolles Gequatsche.

»Sehr geehrter, lieber Herr Sonntag«, säuselte er. »Es ist mir eine große Ehre, dass Sie so viel Vertrauen in meine ärztliche Kunst setzen. Sie werden es nicht bereuen. Ihre Schmerzen werde ich in null Komma nichts wegpusten, nicht wahr, Scherge?«

Thrombose

Bei der Thrombose bildet sich ein Blutgerinnsel in einer Vene. Diese Gefäßerkrankung kann sehr gefährlich werden, da ein solcher Thrombus abreißen und ein Blutgefäß vollständig verschließen kann. Dann wird das Gewebe dahinter nicht mehr durchblutet und ein Infarkt droht. Dadurch können Zellen absterben, wenn nichts dagegen getan wird. Reißt solch ein Blutgerinnsel ab und verstopft eine Lungenarterie, kommt es zu einer Embolie, die tödlich sein kann. Umgangssprachlich bezeichnet man einen Verschluss der tiefen Venen in den Waden als Thrombose. Besonders gefährdet sind Diabetiker, Raucher, übergewichtige, bettlägerige Menschen und Schwangere. Die beste Vorbeugung ist viel Bewegung. Da eine Thrombose auch bei langen Reisen droht, zum Beispiel beim langen und beengten Sitzen im Flugzeug oder im Reisebus, spricht der Volksmund vom »Touristenklassensyndrom«. Was hilft: Immer mal wieder aufstehen, die Gliedmaßen lockern und Kniebeugen machen. Die Muskeltätigkeit unterstützt den venösen Rückfluss zum Herzen. Kompressionsstrümpfe regen das Gewebe durch erhöhten Druck an und fördern so den Blutrückfluss.

»Ihre Operationskunst ist einfach gewalttät..., äh gewaltig, Herr Professor. Wirklich höchste Kunst der ›zentralen Schmerzbewältigung‹«, hüstelte der Gehilfe unterwürfig und nahm zur Bestätigung noch einen tiefen Zug aus seiner Zigarette.

»Zentrale Schmerzbewältigung« war das Codewort für die Gehirnmanipulation durch Gobbot und seine Kumpane. Denn Gobbot war auf Gehirnoperationen programmiert, die das Bewusstsein verändern. Mittlerweile hatte er ja Zwillings- bzw. Drillingsgeschwister, die Sobbots, bekommen. Professor von Schlotter war es gelungen, in kürzester Zeit eine Unzahl von Gobbots herzustellen.

1 Venenwände
2 Thrombus
3 Venenklappe
4 Klappen gegen Rückfluss von Blut

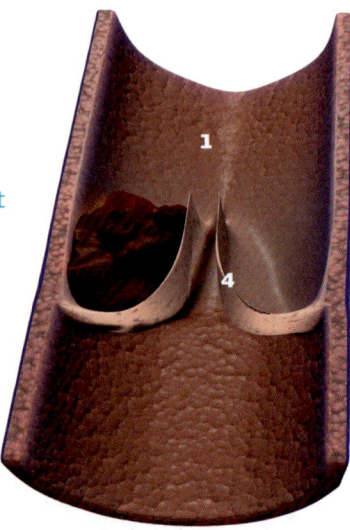
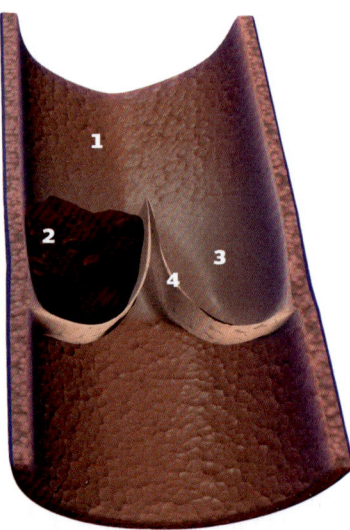

Dazu nutzte er eine kleine Spezialmaschine, die Micro Minitec schon entwickelt hatte, als sie noch die Assistentin des Professors gewesen war, um kleine Zahnräder zu vervielfältigen. »Scherge, die Welt ist unser!«, flüsterte der grausige Wissenschaftler Scherge ins Ohr. »Mann, der Alte nervt, immer der gleiche Spruch«, dachte der Komplize genervt.

»Herr Sonntag, bitte nehmen Sie Platz in diesem wunderbaren Gerät, das ich extra für Sie entwickelt habe.« Professor von Schlotter wies auf seine drachenähnliche Untersuchungs- und Schrumpfmaschine neben sich.

»Ein Hexenwerk an Technik, Sie werden staunen.« Der Opa nickte beeindruckt.

»Ich schaue mir Ihr Gelenk genau an, und dann, ratzfatz, wird der Schmerz wie weggeblasen sein. Sie werden sehen!«

»Ganz wie Sie meinen, Herr Professor. Sie genießen mein vollstes Vertrauen«, antwortete Opa Erwin unterwürfig. Dabei schien die Drachenmaschine zu lächeln.

»Legen Sie sich hier hin.« Mit einer schnellen Bewegung schubste Schlotter Opa Erwin in die Maschine. Der wusste gar nicht, wie ihm geschah. Sekunden später lag er völlig angezogen in dem Ungetüm. Kurz bevor er bewusstlos wurde, dachte er noch: »Das ist ja wie in einer Bügelmaschine.« Bevor er endgültig besinnungslos war, erblickte er einen thronähnlichen Stuhl, auf dem kurz vorher der Sobbot gesessen hatte. Doch nun war der Roboter geschrumpft und durch das kleine Loch im Boden des Sitzes in ein Reagenzglas geplumpst.

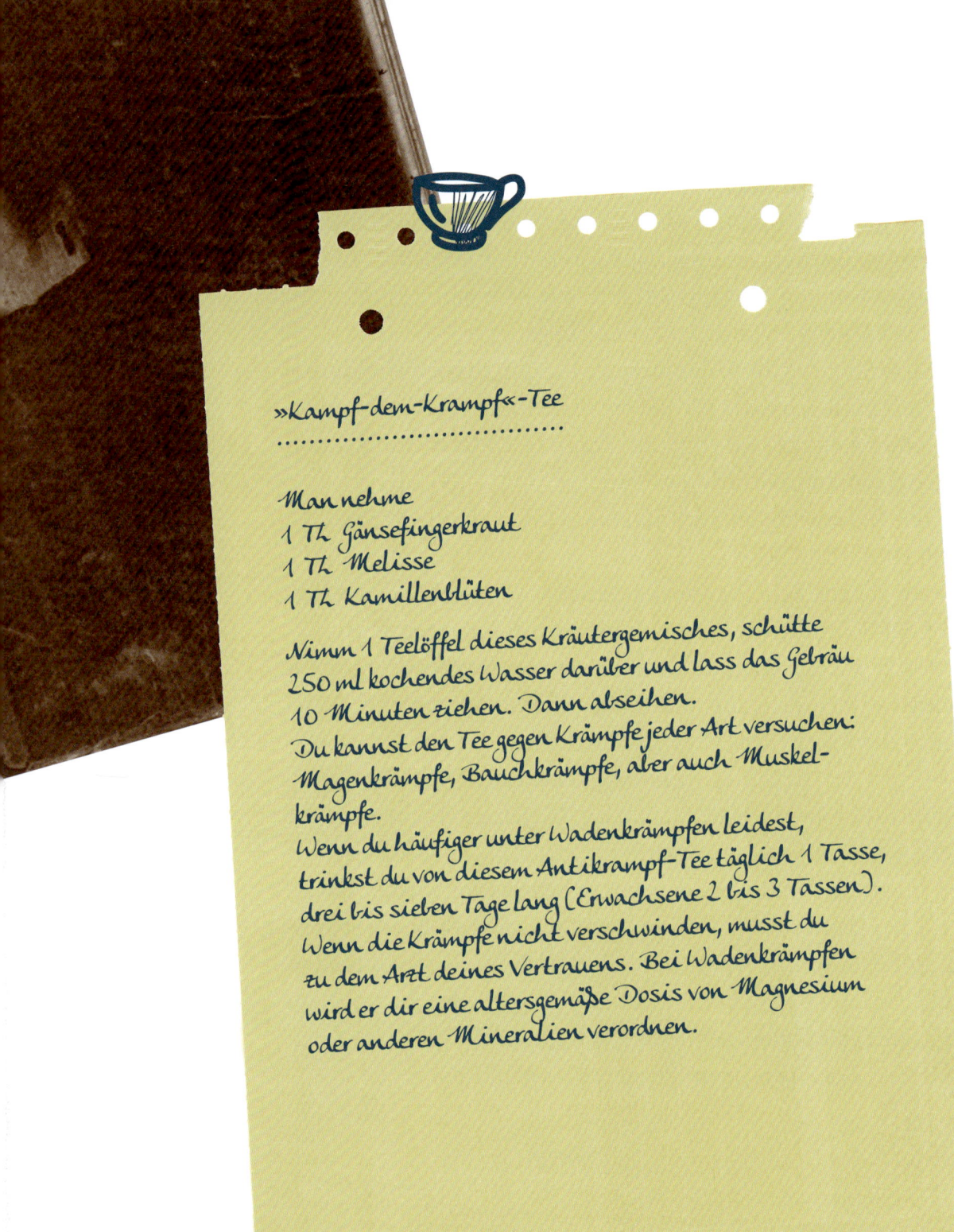

»Kampf-dem-Krampf«-Tee
....

Man nehme
1 Th Gänsefingerkraut
1 Th Melisse
1 Th Kamillenblüten

Nimm 1 Teelöffel dieses Kräutergemisches, schütte
250 ml kochendes Wasser darüber und lass das Gebräu
10 Minuten ziehen. Dann abseihen.
Du kannst den Tee gegen Krämpfe jeder Art versuchen:
Magenkrämpfe, Bauchkrämpfe, aber auch Muskel-
krämpfe.
Wenn du häufiger unter Wadenkrämpfen leidest,
trinkst du von diesem Antikrampf-Tee täglich 1 Tasse,
drei bis sieben Tage lang (Erwachsene 2 bis 3 Tassen).
Wenn die Krämpfe nicht verschwinden, musst du
zu dem Arzt deines Vertrauens. Bei Wadenkrämpfen
wird er dir eine altersgemäße Dosis von Magnesium
oder anderen Mineralien verordnen.

»Puh, das wäre geschafft, Scherge! Gerade noch rechtzeitig …«

»Sie sind ja so betörend, Herr Professor«, fiel ihm Scherge ins Wort, »da würde selbst ich ohnmächtig!«

»Hör mal, zack, zack. Auf deine blöden Sprüche kann ich verzichten. Bevor der jetzt gleich wieder aufwacht, schnell noch den Sobbot in den alten Tattergreis spritzen!«

»Ja! Dann wird er das Werk vollenden, das der erste Gobbot schon begonnen hat, Professor.«

»Richtig! Bist ein kluges Kerlchen, Scherge«.

»Deine Zigaretten bringen dich bald ins Grab, Scherge, dein Gebiss ist ja schon dort …«

Scherge zog den mikrotisierten Sobbot durch eine Kanüle auf eine riesige Spritze, die Professor von Schlotter anschlie-ßend genüsslich langsam in die Blutbahn von Opa Erwins Ellenbogen spritzte. Danach verpasste er ihm noch eine kleine Injektion gegen Thrombose in den Bauch.

»Zentrale Schmerzausschaltung garantiert. Du wirst bald gar nichts mehr merken, alter Trottel. Dein Gehirn ist mein!« Und Götz von Schlotters hässliches Lachen hallte noch lange von den Hallenwänden zurück.

Überraschungsbesuch bei Schlotter

Inzwischen waren die Freunde vor der verwahrlosten Fabrik angekommen. Quietschend brachte Leoberta Micros Spezialei vor Schlotters finsterem Hauptquartier zum Stehen. Staub wirbelte auf. Micro war mit den Kindern und Rappel in ihrem Elektroauto hinterhergesaust und hielt eine Sekunde später ebenfalls.

»Mannomann, deinen Fahrstil muss man erst mal verdauen«, grummelte Dr. X, stieg aus dem Ei und streckte sich erst einmal. »Ich hatte uns schon als Rührei an irgendeiner Wand kleben sehen …«

Micro und die Kinder kletterten nacheinander aus dem Wagen.

»So, frisch ans Werk!« Micro wummerte gegen das Tor. Plötzlich öffnete sich eine kleine Seitentür. Ein massiger Bauch quetschte sich durch den Türrahmen. Vor Schreck fiel Scherge der Zigarettenstummel aus dem Mundwinkel, blieb an seinem Siebentagebart hängen und versengte seine Haut. »Au, au, verdammt!« Er tanzte auf einem Bein und jaulte wie eine Katze.

»Ich sag doch immer wieder: Rauchen schadet der Gesundheit«, kommentierte Dr. X trocken Scherges temperamentvolle Gesangseinlage.

Ungerührt stürmte das Spezialkommando Ypsilon das Gebäude und schlug Scherge die Tür vor der Nase zu.

»Lasst mich rein! Professor Schlotter wird das gar nicht gefallen! Er kann echt sehr gemein sein. Der bringt es fertig und streicht mir … ähm, ähm«, verzweifelt suchte er nach einer intelligenten Begründung, »das Zigarettengeld«, jammerte Scherge.

»Vielleicht wäre es eh das Beste, aufzuhören«, meinte er zu sich selbst. Traurig rieb er die verletzte Wange und zündete sich die nächste Zigarette an. In seiner Hosentasche spielte er mit einer Kreditkarte, die er vor Kurzem aus Schlotters Brieftasche entwendet hatte.

Angeführt von Nano, stürmte der Trupp durch die Fabrikhallen, gelangte in Schlotters »Behandlungszimmer« und stoppte schockiert vor der »Drachenmaschine«.

»O nein, ein Drache hat unseren Großvater gefressen!« Marie fing leise an zu weinen, als sie ihren Opa in dem Drachen unter einer rosa Käseglocke liegen sah. Micro Minitec legte

tröstend eine Hand auf ihre Schulter und sagte: »Keine Sorge, das wird Schlotters Schrumpfmaschine sein – was für ein Schrotthaufen!«

»Schlotter! Was haben Sie mit Herrn Sonntag gemacht?«, donnerte Dr. X. Rappel baute sich neben ihm auf, guckte böse und stemmte beide Pfoten in die Seiten. Der Professor, der versonnen an der Maschine gelehnt, die Anzeigen betrachtet und sich ausgemalt hatte, wie er bald die Welt beherrschen würde, zuckte überrascht zusammen.

»Keinen Schritt weiter, ihr Kakerlaken, sonst grill ich euren Opa!« Schlotters Hand umschloss fest einen Hebel, der zur Drachenmaschine gehörte. Unbemerkt hatte Micro während des Wortgefechts drei Sonnenlichtstrahler hervorgeholt und Nano und Marie jeweils einen in die Hand gedrückt. Wie Pistolen richteten sie diese auf Professor Schlotter.

»Eins, zwei, drei … ES WERDE LICHT!« Micros Stimme hallte von den Wänden der Fabrik wider. Plötzlich wurde es taghell in der Halle, Sonnenstrahlen durchfluteten den Raum und blendeten Schlotter, der aufheulte wie ein verwundetes Tier.

»Nein, nicht, meine Augen, das ertrag ich nicht! Oh, tut das weh. Scherge, Hilfe!« Er schlug er die Hände vors Gesicht. Er wich zurück, sah durch seine zusammengekniffenen Augen aber nichts, taumelte, knallte mit dem Kopf gegen eine Wand und stürzte zu Boden. Eilig liefen die Kinder zu ihm, und Nanolino fragte, über Schlotter gebeugt: »Erinnern Sie sich noch an die Hypnomaschine?« In Nanos letztem Abenteuer hatten die Freunde die beiden Bösewichter in eine Falle gelockt und hypnotisiert.

»Ja?«, schluchzte Schlotter. Ihm schwante nichts Gutes.

»Wir hatten keine Zeit für eine derart kunstvolle Art der Betäubung. Deshalb haben wir uns diesmal etwas ganz Besonderes einfallen lassen, Sie werden lachen – ja wirklich, Sie werden LACHEN!«

Schadenfroh grinsend, winkte Lilly mit einem von Micro entwickelten Gerät, das vollkommen schmerzlose Injektionen ermöglichte. Sie hielt eine lustige kleine Luftpumpe in der Hand, mit der man mit Überdruck Flüssigkeit unter die Haut pumpen konnte. Micro war hinzugekommen und schaute Schlotter spöttisch an.

»Ein Nebenprodukt meiner Forschungen, eine Spritze ohne Nadel und ein Medikament, das ähnlich wie Lachgas wirkt. Viel Spaß, Professor«, spöttelte sie.

»Sie – hi, hi, hi – unverschämte Person!«

Schlotter wollte gerade die Hand wieder an den Hebel legen, da platzte ein gewaltiges »Ho, ho, ho, hi hi, hi …« aus ihm heraus, dem weitere Lachsalven folgten. Er hielt sich den Bauch vor Lachen und plumpste auf sein Hinterteil.

»Lachen ist gesund, du Weihnachtsmann!«, bemerkte Micro. »Los, Kinder, an die Arbeit. Ich schaue mir an, wie das Monstrum funktioniert. Dann verkleinern wir Nano und Marie und schaffen Opa aus diesem finsteren Loch.« Gesagt, getan. Gemeinsam mikrotisierten sie in Schlotters Drachenmaschine die beiden Bodynauten und das mantaähnliche neue U-Boot, die Aquarius 2, das Micro verkleinert mitgebracht hatte, spritzten es in Opas Blutbahn, trugen den schlafenden Opa in die Schlachterhalle und hievten ihn in das Spezialei, das Leoberta in das geöffnete Tor gefahren hatte.

Scherge, der die Tür mit Schlotters Kreditkarte geknackt hatte, betrachtete irritiert seinen Chef, der zuckend am Boden lag und sich in Lachkrämpfen wand.

»Herr Professor, ich konnte sie wirklich nicht aufhalten. Außerdem glaube ich«, er betrachtete das krumme Plastikkärtchen in seiner Hand, »hat Ihre Kreditkarte einen Schaden.«

»Hi, hi, hi, Scherge … ich … hi, hi, hi.«

»Mensch, Chef, ich hätte echt nicht gedacht, dass Sie das so locker aufnehmen! Sie verblüffen mich immer wieder.« Er ließ sich neben Schlotter auf den Boden nieder und wartete auf weitere Befehle, die in nächster Zeit (nicht) kommen sollten.

Vorgeplänkel zum Kampf

Nano wartete in dem winzigen U-Boot darauf, dass Micro die letzten Vorbereitungen an ihrem mobilen Magneten abschloss, und dachte über die brutale Manipulation von Opa Erwins Verstand nach. Spätestens seit Nanolino bei Schlotter die Unmengen von kleinen und großen Gobbot-Klonen entdeckt hatte und ihnen gerade rechtzeitig noch entwischen konnte, war ihm klar, dass Schlotter etwas im Schilde führte. Und dass er Opa Erwin wieder einmal als Versuchskaninchen benutzte. Erstaunlich, sein Unterbewusstsein hatte ihn schon vor Tagen in einem Traum gewarnt: Gobbot war wieder da, unheimlicher als je zuvor. Er war gelenkiger, schneller und besaß einen dritten Arm mit einer Laserkanone am Ende. Sein bedrohlicher Körper funkelte nun metallisch im Licht des Schweinwerferstrahls der neuen Aquarius. Gobbot zischte regelrecht durch das Gehirn.

Opa Erwin war zum zweiten Mal Opfer geworden. »Der Arme«, dachte Nano. Er seufzte einmal tief, dann zischte er: »Du Schwein!« Es war nicht klar, wen Nanolino damit meinte. Diesen ekligen Gobbot da vorne oder den perversen Professor. Vermutlich beide, aber das war auch egal. Denn der Roboter schwamm direkt vor ihnen und war dabei, tief ins Gehirn einzudringen.

Nanolino war froh, dass Marie ihn wieder begleitete, obwohl es ihm im ersten Moment einen Stich versetzt hatte, dass Lilly

nicht an seiner Seite war. Aber er und Marie waren schließlich ein kampferfahrenes Dreamteam. Das gemeinsame Fußballspielen und die Abwehrschlachten hatten sie richtig zusammengeschweißt. »Ein Kampf David gegen Goliath wird das hier, Mariechen. Ungerechte Kräfteverteilung – wie damals.«

»Ich bin doch auch noch da, Nanolino. Hast du das vergessen?« Marie versuchte, ihren Bruder zu beeindrucken. »Muss heißen: Nano & Marie gegen Goliath! Wie lautet noch dein berühmter Ausspruch? ›Gemeinsam sind wir stark und unausstehlich!‹«

Auf einmal verschwand der Roboter vor ihnen zwischen den Hirnwindungen. Der Turbo in seinem Antrieb schäumte die Flüssigkeit zu Gischt auf. »Nicht schlecht, die Technik des Schäumens«, bemerkte Micro, »aber nicht gut genug.«

Zirbeldrüse

Von hier wird bestimmt, ob du bei Sonneneinstrahlung ohne Sonnencreme braun wirst. Die Anzahl und Farbbeschaffenheit der **Melanozyten** in deiner Haut – die Schwarzfärberzellen – legen fest, ob du mit schwarzer, weißer, gelber oder roter Hautfarbe zur Welt kommst. Andere Aufgaben der Zirbeldrüse sind weitgehend ungeklärt. Sicher ist eben die Bildung des **Melatonins**, deines **Sonnencreme-Hormons**, das tageszeitlichen Schwankungen unterliegt. Das Melatonin steuert den Färbungsgrad der Haut, indem es den dort vorhandenen Farbstoff, das Melanin, in den Melanozyten aktiviert oder vermehrt. Wahrscheinlich ist sie auch an deinem Zeitgefühl beteiligt. Seit Langem wird vermutet, dass die Zirbeldrüse kleinste Lichtpartikel »sehen« bzw. fühlen kann und möglicherweise auf Sonnenlicht reagiert. Deshalb wurde sie auch in alten Zeiten als das **dritte Auge** bezeichnet.

»Haltet euch fest, Kinder«, hörten sie die Stimme von Dr. X aus der Kommandozentrale des fahrbaren Kernspintomografen im Ei. »Wir jagen jetzt hinterher.«

»Wie? Mitten durch dieses verflixte Schaumgebirge?«, fragte Marie ungläubig. »Ja klar. Es gibt keine andere Möglichkeit, um an der Zirbeldrüse vorbeizukommen. Das sehen wir hier draußen über die Ganzkörperbilder«, sagte Micro Minitec.

»Neeeein, ich habe Angst! Ich habe keine Lust, hier drinnen von einer Wirbeldrüse in eine Windhose gewirbelt werden«, rief Marie.

»Keine Sorge, die Zirbeldrüse zwirbelt und wirbelt nicht, sondern bestimmt euren persönlichen Sonnenschutzfaktor, also wann und wie viel Melanin – das Bräunungspigment in eurer Haut – abgegeben wird. Jeder von euch besitzt einen anderen Faktor.«

»Das ist ja toll, deshalb wird Marie immer viel brauner als ich.« Marie grinste.

»Genau, kleiner Medicus.«

»Und Lilly, oh, wie gut ihr das Braun steht!« Nano schwelgte, doch jetzt sah ihn Marie grimmig an. »Du Blödian!«

»Wisst ihr eigentlich, dass die Erbanlagen aller Menschen zu über 99 Prozent gleich sind?«, warf Dr. X ein. Er bemerkte den drohenden Eifersuchtskonflikt.

»Nö«, antwortete Marie.

»Na wirklich, nur durch den Farbstoffgehalt und möglicherweise die Aktivität der Zirbeldrüse wird festgelegt, ob wir gelb, schwarz oder weiß werden.«

»Und die Zirbeldrüse wird gesteuert von der Hypophyse, die genau gegenüber im Gehirn liegt«, ergänzte Micro Minitec.

»Die Hypophyse ist die Zentrale eurer Hormonproduktion«, ergänzte Dr. X. »Sie steuert die wichtigsten Körpervorgänge: Wachstum, Stoffwechsel, Abwehr, Stressverarbeitung und die Geschlechtsentwicklung.«

»Unsere Mutter nimmt täglich Schildkrötenhormone«, bemerkte Nano. »Sie sagt, das macht schlank und fit.«

»Damit sie uralt wie eine Schildkröte wird?« sagte Dr. X mit seinem sanften chinesischen Akzent und konnte vor unterdrücktem Lachen kaum weiterreden. Sein Lachen vermischte sich mit dem von Schlotters, der noch immer ebenso prustend wie hilflos auf dem Boden lag. Micros Lachserum hatte ganze Arbeit geleistet. »Du meinst sicher Schilddrüsenhormone. Die brauchen Menschen, deren Schilddrüse nicht mehr normal funktioniert.«

✎ Schilddrüse

Deine Schildkröte – oh, sorry! –, deine Schilddrüse liegt am Hals, unterhalb des Kehlkopfes, beiderseits vorne um die Luftröhre, und ist normalerweise nicht von außen zu erkennen. Das wichtigste Schilddrüsenhormon, das Thyroxin, beschleunigt alle deine Stoffwechselvorgänge, ist entscheidend für die Sauerstoffaufnahme in deinen Zellen und regelt die Körpertemperatur. Daher ist es auch im Sport zum Doping beliebt. Bei der Reifung des Gehirns von Neugeborenen ist Thyroxin genauso wichtig wie beim Wachstum der Knochen und des gesamten Körpers. Es sorgt auch für das psychische Wohlbefinden. Leiden Menschen an einer Unter- oder Überfunktion der Schilddrüse, sind sie entweder antriebsarm, niedergeschlagen müde und erschöpft oder aber leicht erregbar und nervös. Bei einer Unterfunktion nehmen die Betroffenen das Schilddrüsenhormon als Tabletten ein. Gegen ein Zuviel an Thyroxin gibt es zum Beispiel Arzneien, die die Schilddrüse bremsen. Ganz wichtig: Deine Schilddrüse kann den wichtigsten Baustein ihres Hormons, das Jod, nicht selbst bilden. Deshalb musst du auf eine jodhaltige Nahrung achten mit Seefisch (Schellfisch, Seelachs, Kabeljau), Brathering, Thunfisch oder Heringsfilet aus der Konserve, jodiertem Speisesalz, Milch, Käse, Quark und Hühnereiern. Sonst wird deine Schilddrüse langsam immer größer und größer, bis du einen sogenannten Kropf, ein riesiges Doppelkinn, bekommst.

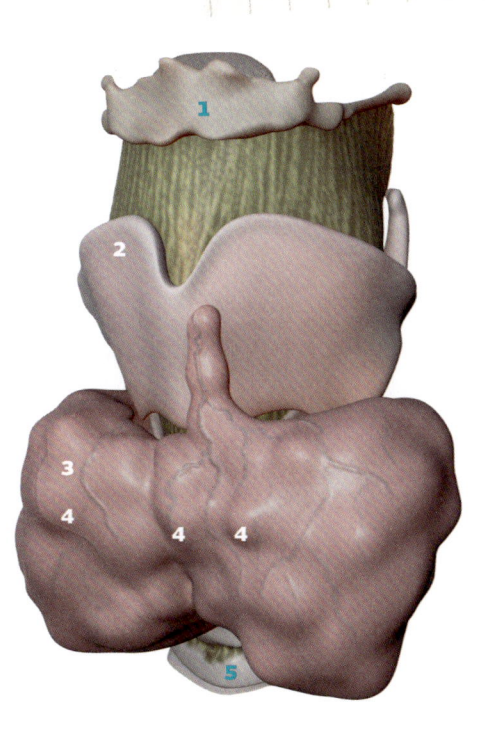
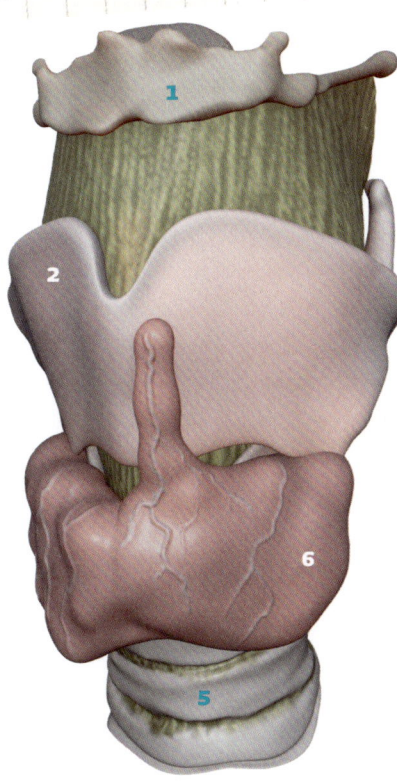

1 Zungenbein
2 Schildknorpel »Kehlkopf«
3 vergrößerte Schilddrüse »Kropf«
4 Knoten
5 Luftröhre
6 Schilddrüse »normal«

Nanolinos Ohren färbten sich in diesem Moment mal wieder rot, sein Gesicht dazu. Oh, wie oberpeinlich, er hätte sich auf die Zunge beißen können. Als Hilfsarzt musste man das entweder wissen oder seine Klappe halten oder besser noch: fragen! Dieser Fauxpas wurmte ihn sichtlich. Doch Dr. X, der bemerkte, dass er Nano in Verlegenheit gebracht hatte, beruhigte ihn.

»Sorry, meine kleine Marie, du hast dieses blöde Wort ja fast richtig ausgesprochen, zumindest richtig gemeint.«

»Meine Mutter hat eine Schildkr…d…drüsenunterfunktion von dieser blöden Grippe, sagt sie immer«, antwortete sie erleichtert. »Blödes Wort.«

»Genau! Es gibt Entzündungen oder bösartige Tumore, die eine Unterfunktion erzeugen können«, erklärte Micro Minitec.

radioaktive Strahlen

Radioaktive Strahlung kann man nicht sehen, riechen oder fühlen, aber mit einem sogenannten Geigerzähler messen. Viele natürliche Stoffe geben eine geringe Strahlung ab. Bei radioaktiven Stoffen verändern sich die Atomkerne spontan und geben dabei Energie als radioaktive Strahlung frei. Geringe Dosen von Radioaktivität macht sich die Medizin zunutze, zum Beispiel beim Röntgen oder bei der Computertomografie. Auch Krebstumore kann man durch starke Strahlung zerstören. Das sind wertvolle Hilfsmittel. Trotzdem gilt – vor allem für Kinder –, möglichst wenig Strahlung abzubekommen, wenn man Bilder vom Körperinneren macht, und, wenn möglich, lieber die Kernspintomografie oder Ultraschall einzusetzen. Im größeren Ausmaß ist Radioaktivität sehr gefährlich, weil die Strahlen gesunde Körperzellen verändern oder zerstören können. Große Mengen befinden sich beispielsweise in Atomkraftwerken oder speziellen Bomben. Werden durch einen Unfall im Kraftwerk radioaktive Strahlen freigesetzt, sind Natur und Mensch extrem hoher Strahlung ausgesetzt. Diese Menschen sterben meist innerhalb weniger Wochen.

»In manchen Regionen der Welt wird die Schilddrüse leider durch radioaktive Strahlen geschädigt. Beispielsweise nach Unglücksfällen in Atomkraftwerken wie in Tschernobyl oder in Fukushima.« Die Kinder wurden nachdenklich, denn erst kürzlich hatten sie einen Bericht darüber im Fernsehen gesehen. Diese Sendung hatte sie sehr betroffen gemacht, weil sie auf einmal verstanden, dass ganze Landschaften in riesigem Ausmaß verstrahlt werden können und dass diese Unglücksreaktoren wie auch andere Reaktoren noch viele tausend Jahre radioaktive Strahlung abgeben würden. »Schrecklich, viele Generationen werden betroffen sein«, dachte Nanolino. »Und viele Kinder und Erwachsene leiden dort vermehrt an Schilddrüsenentzündungen oder Krebs, vor allem Blutkrebs«, fuhr Micro fort. »Das ist die grundsätzliche Gefahr von Radioaktivität. In normalen Reaktoren genauso wie in Aufbereitungsanlagen oder neuen Raketensystemen.«

Inzwischen waren sie mitten in das Schaumgebirge eingetaucht. Hier irgendwo musste diese Hypophyse sein, die für die Hormone verantwortlich war. Marie nahm sich ein Herz und fragte Nano unvermittelt: »Kann es sein, dass deine Hormone da oben in letzter Zeit auch manchmal verrücktspielen, Nano? So, wie du manchmal Lilly ansiehst und mit ihr sprichst?«

»Wieso?« Nanolino errötete.

»Hör mal. Ich bin doch nicht doof.«

Er hätte ihr eine scheuern können.

»Übrigens nennen wir Ärzte die Zirbeldrüse auch Epiphyse«, unterbrach sie Dr. X, um einen Streit zu verhindern.

»So heißen doch auch die Wachstumsfugen bei uns Kindern im Knochen, habe ich mal gelesen«, erwiderte Marie.

»Genau! Super, dein Gedächtnis«, lobte Dr. X. »Beide sind wirklich gleich benannt in der Medizinwelt!« Marie strahlte über das Lob.

Die neue Aquarius war mittlerweile um die Drüse herumgeschwommen und näherte sich dem Limbischen System.

Die Kinder hatten gar nicht mitbekommen, dass sie schon weit geflogen waren. Micro Minitec hatte sie sicher gesteuert und probierte dabei ihre neue Technik aus, mit den Gedanken zu steuern. Worüber sie tunlichst zu reden vermied, um nicht neue Ängste zu schüren. Aber Dr. X nickte zwischendurch immer wieder anerkennend. Gerade in diesem Moment zwinkerte er ihr wieder einmal fröhlich zu.

»Da, da ist der Unhold ja schon wieder.« Marie streckte aufgeregt ihren Zeigefinger aus und hätte ihn fast ihrem Bruder in die Nase gebohrt.

»Lass das!« Er schlug ihre Hand weg. »Du sollst Gobbot zur Schnecke machen und nicht mich!«

»Aber, aber sieh doch. Er bohrt sich ein Loch in die Erde.« Marie wurde ganz wild.

»Vergiss nicht, Marie, wir sind im Gehirn und nicht im Weltall. Das ist keine Erde! Aber witzig sieht das schon aus! Hört mal, ihr da draußen auf der Außenstation. Hier spricht der erste Bodynaut. Der Roboter vor uns buddelt wie ein Turbo-Maulwurf.«

»Au scheiße. Oh, Verzeihung!« Micro Minitec war außer sich. »Mensch, der will die Gefühlswelt von eurem Opa durcheinanderbringen oder sogar zerstören. Gobbot ist im Zentrum der Gefühle, der Hirnregion, die unsere Fröhlichkeit, Wut und unsere Schmerzen verarbeitet. Wenn wir diesen Gobbot nicht aufhalten, wird euer Opa bald keine Gefühle mehr haben!«

»Okay, dann müssen wir jetzt handeln und aufhören, zu philosophieren«, drängelte Dr. X. Micro Minitec sah ihn zornig an.

»Man muss doch verstehen, was man tut. Erst recht die Kinder!«

»Ja, später. Es gibt auch noch ein Frontalhirn, ein Sprach-, ein Hör-, ein Sehzentrum und noch vieles mehr, was dort zusammenwirkt. Vielleicht könntest du jetzt alle Gehirnfunktionen auch noch erklären, dann wären zwar die Kinder schlauer, aber Gobbot auf Nimmerwiedersehen verschwunden und Opa Erwins Limbisches System schwer geschädigt. Also, ran an die Buletten, los jetzt!«

»Diese Monsterkreatur ist ganz schön gewitzt und gleichzeitig so gemein!«, rief Nanolino und zeigte zornig auf den Roboter, meinte dabei aber den Professor, der Gobbot programmiert hatte.

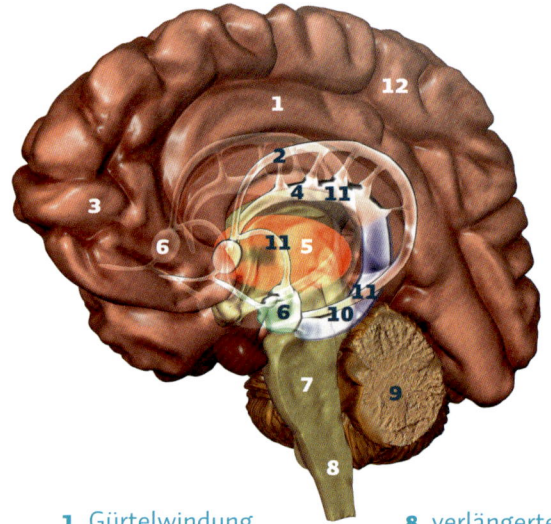

1 Gürtelwindung (Gyrus cinguli)
2 Balken
3 Frontallappen
4 Gewölbe (Fornix)
5 Thalamus
6 Mandel (Amygdala)
7 Brücke
8 verlängertes Rückenmark (Medulla oblongata)
9 Kleinhirn
10 Seepferdchen (Hippocampus)
11 Limbisches System
12 Großhirnrinde (Innenansicht)

Gehirnfunktionen

Die bewussten und unbewussten Sinneswahrnehmungen und deren Verarbeitung sowie das Fühlen und Denken, das Erinnern und Lernen, die Planung und Durchführung von Handlungen finden alle in bestimmten Zentren im Gehirn statt. Die Großhirnrinde liegt dicht unter der Schädeldecke und hat ein **motorisches Rindenfeld**, das den Befehl zur Muskelanspannung gibt. Hier sitzt also die **Muskelbefehlszentrale**, die bestimmt, wie und wann und wie lange der Muskelmotor zu laufen hat. Nebenan sitzt das **sensorische Rindenfeld**, also der **zentrale Körpersensor**, der Schmerz, Berührung oder Temperatur misst, sowohl in Stärke als in Dauer, in Qualität und auch, wo genau der Reiz stattgefunden hat. Er leitet die Info zum motorischen Rindenfeld weiter. Alle Wahrnehmungszentren für Töne, fürs Sprechen, fürs Sehen, fürs Riechen haben eigene Hirnzentren, die mit allen anderen aber komplex vernetzt sind. Selbst beim Schlafen ist dein Gehirn hochaktiv. Millionenfach werden Nachrichten ausgetauscht oder Mikrobefehle von den einzelnen Zentren initiiert, damit man am nächsten Morgen auch noch froh und munter wieder aufsteht. Selbst Träume werden im Gehirn produziert.

Im **Zwischenhirn** werden die Signale, die aus dem Körper hereinkommen, mit dem Gehirn verbunden. Dies ist im Grunde die Telefonzentrale des menschlichen Körpers, außerdem wird von hier der gesamte Stoffwechsel des Körpers kontrolliert, die Funktionen der Körperdrüsen aktiviert; auch deine Gefühle, das Essen und Trinken, die Sexualität werden von hier gesteuert.

1 motorisches Rindenfeld (erworbene Bewegungen)
2 Erfahrungen und Gefühle
3 Sprachzentrum
4 Hörzentrum
5 Hörempfinden
6 motorisches Rindenfeld (angeborene Bewegungen)
7 sensorisches Rindenfeld (Körpergefühl)
8 Zentrum der Seherinnerungen
9 Sehzentrum

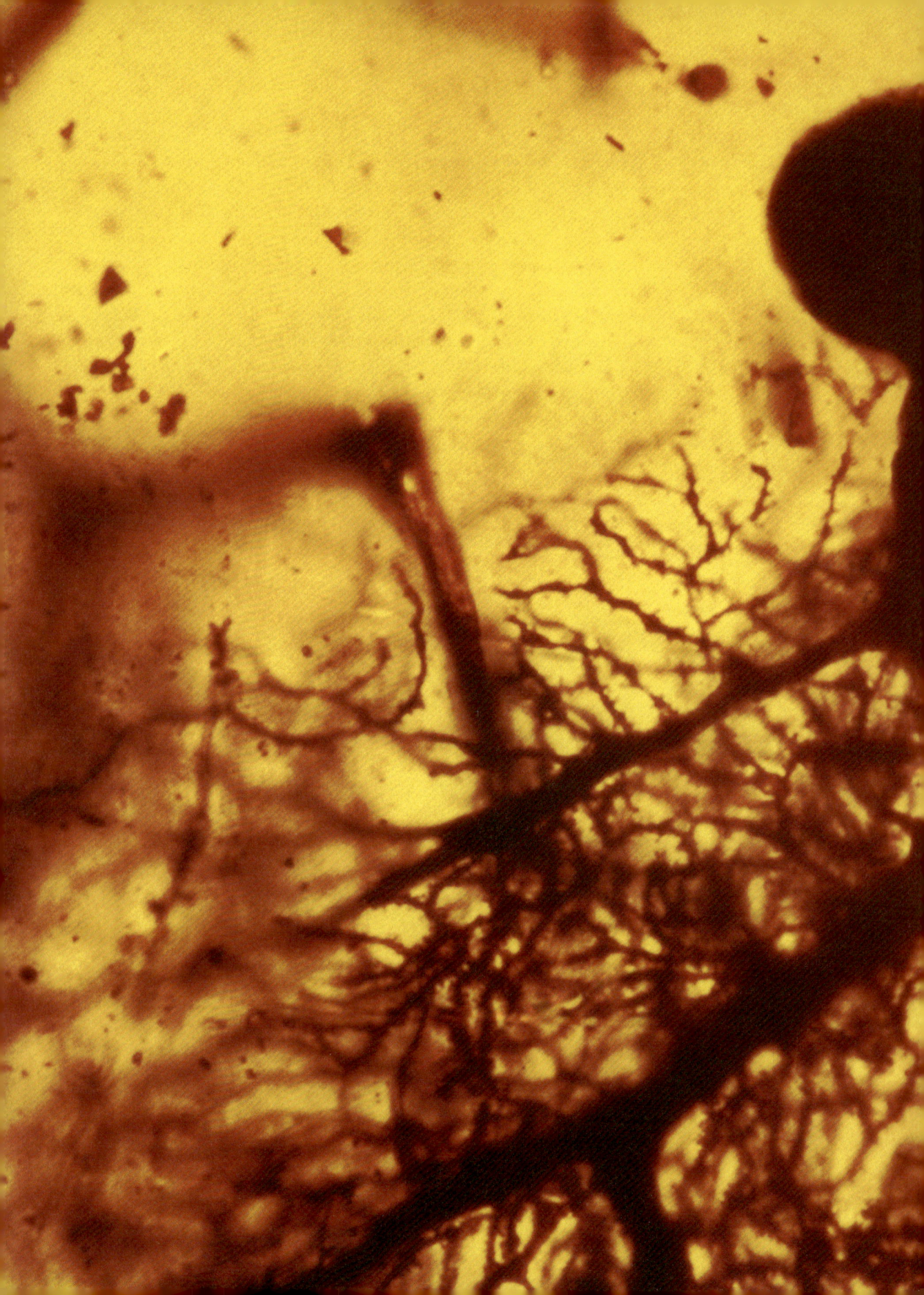

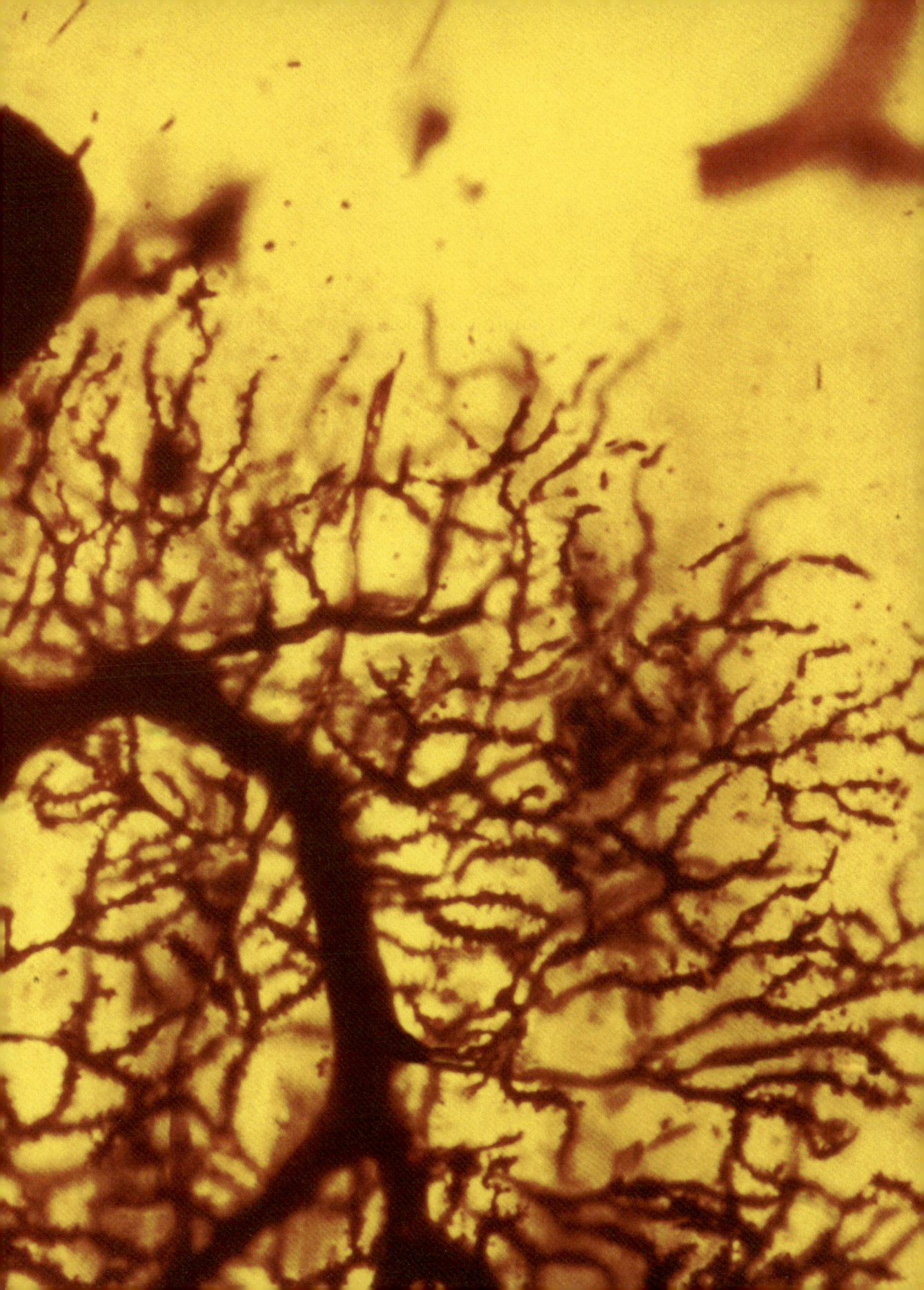

Nichts wie hinterher!

»Weg ist er.« Nanolino war völlig fertig mit den Nerven. »Habt ihr gesehen, echt futsch und so rasend schnell!« Er schüttelte den Kopf, sackte in seinem Cockpit-Sessel zusammen und zog sich ein Kissen übers Gesicht, sodass gerade noch seine Segelohren zu sehen waren. »Wie sollen wir den noch kriegen? Wir sind viel zu langsam. Ich hätte ihn aufhalten sollen!«

»Wir haben ja bei der letzten Verfolgungsjagd gesehen, was daraus wird«, erklang Micro Minitecs Stimme. »Wir waren uns doch einig, geschossen wird nicht mehr, oder? Du hättest bei der letzten Exkursion deinen Großvater mit dem Laser erheblich verletzten können, hast du das schon vergessen?« Nanolino presste sich das Kissen gegen beide Ohren und strampelte kurz mit den Beinen. »Ich will nichts mehr hören, versteht ihr. Ist doch alles Mist!«

Marie strich Nanolino aufmunternd über den Kopf und rüttelte an seinen Schultern. »Komm, mach dich doch nicht selbst fertig, wir brauchen deine Kraft noch. Du bist es doch, der die Tore schießt.«

»Lass mich!«

»Nanooooooo.«

»Nee, ohne mich.«

»Nanno!«

»Ich heiße Nano!«

»Da, da ist er schon wieder«, rief Marie auf einmal.

»Woooo?« Nanolino hatte das Kissen weggeschmissen und war hochgeschossen. »Ich sehe nichts!«

»Da, sieh nur.« Marie zeigte wild fuchtelnd nach vorne. Nanolino presste seine Nase gegen die Scheibe und starrte angestrengt in die Landschaft. »Beim besten Willen und größter Vergrößerungstechnik: Da ist nichts! Du veräppelst mich wohl.«

»Iiiiiich? Doch nie, mein liebstes Bruderherz!« Marie grinste, und Nanolino zog etwas beleidigt eine Grimasse.

»Wie auch immer: Der Gobbot ist weg!«, sagte er schließlich.

»Kinder, wir haben doch unseren Gobbot-Sucher!« Dr. X schaltete sich dazu. »Ihr werdet ihn ganz schnell wiederfinden! Da bin ich mir sicher.« Die Kinder hörten, wie er mit Micro Minitec flüsterte, verstanden aber nur einzelne Wortfetzen wie »mittendrin« oder »zwei Signale«.

»Ich habe den Gobbot-Sucher in dieser neuen Aquarius noch optimiert«, teilte ihnen Micro Minitec stolz mit. »Er kann jetzt nicht nur die Gobbots im Körper aufspüren, sondern auch mithilfe seines GGP-Systems Distanzen lesen. Wir können euch also immer genau sagen, wie weit ihr von Gobbot entfernt seid.«

»Mithilfe von was?«, fragte Marie.

Sprach-
zentrum

Als Sprach-
zentrum
bezeichnet
man jene Teile
des Gehirns,
die es uns
ermöglichen,
zu sprechen
und Sprache zu
verstehen.
Das Gehirn
verarbeitet
diese beiden
Funktionen
an zwei
verschiedenen
Orten. Das
sogenannte
Broca-Zentrum
im vorderen
Teil des Ge-
hirns reguliert
die Sprach-
bildung. Es ist
aktiv, wenn
Kinder spre-

»Mithilfe eines GOBBOT-GENERAL-POSITION-Systems, einem speziellen Satelliten-Positioniersystem.«

»Das ist voll cool, das hat der Vater von Frido auch in seinem Dienstwagen. Echt geil!«

»Nur dass das Auto von Fridos Vater nicht wie unser Gobbot-Sucher Metall, Kunststoff und kleinste Moleküle im Körper erschnüffeln kann«, erklärte Micro Minitec stolz.

»An Micro Minitec ist wirklich ein Professor verloren gegangen«, dachten Nanolino und Dr. X gleichzeitig. »Hey, jetzt habe ich den Gobbot wiedergefunden«, rief Dr. X. »Er sitzt mitten im Limbischen System und bewegt sich in Richtung Sprachzentrum!«

»Wie, Sprachzentrum, will Gobbot jetzt auch sprechen?« Marie war außer sich.

»Quatsch, aber er will wahrscheinlich euren Opa mundtot machen. Das Sprachzentrum liegt in der linken Gehirnhälfte und wird häufig beim Schlaganfall geschädigt, schlagartig sozusagen, man kann dann nicht mehr sprechen, weil ein Gefäß verstopft und die Durchblutung blockiert ist. Verdichtete Gefäße kann der Arzt mit einer speziellen Röntgenuntersuchung, der Angiografie, kontrollieren.

chen lernen und wenn mithilfe des Mundes, der Atmung und der Stimmbänder einzelne Laute zu Wörtern und Wörter zu Sätzen zusammengesetzt werden. Menschen, die eine Störung im Broca-Zentrum haben, können daher gar nicht oder nur gestört sprechen. Sprache verstehen können sie aber trotzdem, weil die Sprachverarbeitung im hinteren Teil des Gehirns, dem Wernicke-Zentrum, stattfindet. Hier ist die Bedeutung der einzelnen Laute, Wörter und Sätze abgelegt. Bei einer Störung im Wernicke-Zentrum machen die gehörten Wörter plötzlich keinen Sinn mehr. Bei einer solchen Störung wäre man beispielsweise in der Lage, eine Rose zu sehen und zu beschreiben, würde das »Gebilde« aber nicht in einen Zusammenhang mit dem Wort »Rose« stellen können. Damit das Sprechen und Verstehen reibungslos funktioniert, sind die beiden Zentren über Nervenbahnen miteinander verknüpft.

»Ach so, ich verstehe, und Gobbot soll das Zentrum jetzt schlaganfallmäßig ausschalten! Dieses Monster!«

»Genau! Schaut mal, hier ist er zu sehen. Genau hier auf der Leinwand vor mir. Schaut nur!« Micro Minitec schaltete aufgeregt die Ganzkörperübersicht des Tomografen und auch die vergrößerte Spezialansicht des Gehirns jeweils auf einen der Innenbildschirme der Aquarius. Das Signal des Roboters war präzise auszumachen.

»Und hier seid ihr, ihr beiden Bodynauten!« Micro kringelte ihre Position mit einem Marker rot ein. Zwei Komma drei Zentimeter von Gobbot entfernt.

»Wow, schon so weit! Der hat wirklich 'nen Turbo verschluckt.«

Nano war sowohl beeindruckt von Micros Technik als auch fasziniert von der Schlotter'schen Gerissenheit und seinen Fertigkeiten. »Was könnte man alles Gutes anstellen mit dieser Technologie, wenn der Anwender nur gute Absichten hätte«, grübelte er. »Warum tun einzelne Menschen so Ungeheuerliches wie der miese Schlotter? Was fühlen die dabei? Hat Schlotter überhaupt eine Seele?«

»Ich wäre zu gerne jetzt in seinem Gehirn, dann könnte ich es vielleicht herausbekommen.« Nano kratzte sich am Kopf. »Obwohl, das reicht bestimmt nicht aus. Ich müsste schon das Gehirn vom Professor besitzen.« Er erschrak und wurde blass. »Oh, lieber nicht«, dachte er gleich darauf, »dann wäre ich auf einmal wie er und wahrscheinlich seelenlos.«

Laut fragte er: »Dr. X, kann man eigentlich Gedanken und Gefühle in einem anderen Menschen lesen?«

»Es gibt seit vielen Jahren Versuche mit dem EEG – der elektrischen Hirnsignalmessung – und biomagnetischen Signalen. Habe darüber viel geschrieben, kannst du ja später nachlesen.

Auf jeden Fall kann man bis heute nur vereinzelt Gefühle von Menschen registrieren – wie Angst oder Freude. Gedanken lesen können möglicherweise manche Wahrsager – aber auch da bin ich skeptisch. Unsere Gedanken und Gefühle sind so komplex, das wird zum Glück nie funktionieren. Nur: Das Militär hat großes Interesse am ›gläsernen Gehirn‹. Gedankenlesen und Gehirnmanipulation von Menschen könnten ja ein moderner Kriegsschauplatz werden.«

»Dann will ich lieber Wahrsager werden«, flüsterte Nano. Und laut: »Zuerst müssen wir GOBBOT und den gemeinen Professor besiegen und schnell ETWAS TUN!«

»Auf in den Kampf, die Schwiegermutter ruft ... Siegesgewiss ...«, fing Dr. X fröhlich zu singen an. Und trällerte die

Melodie dieses bekannten Ohrwurms weiter vor sich hin. Er hatte Passagen des Textes vergessen und machte sich ein wenig Sorgen um seine Gedächtnisleistung, die in letzter Zeit etwas nachgelassen hatte. Dafür war aber sein Tatendrang zurückgekehrt. Er beruhigte sich damit, dass jedes Gehirn ab und zu auch mal die Platte putzen musste, wie Micro sagen würde, genau wie ein Computer eben. Wir speichern täglich unbewusst so viel Müll von Texten oder Bildern, die einem von Fernsehen, Computer, Zeitungen oder sonst wie aufgezwungen werden, dass unser Gehirn manchmal ganz schön erschöpft ist. Man muss eben lernen, sich auf das Wesentliche zu konzentrieren, und diesen ganzen Infomüll, mit dem wir täglich unser Gehirn beschießen lassen, aussortieren. »Eine Aktion gegen Diebstahl von Gehirnspeicherplatz – und gegen Zeitdiebe – sollte ich wirklich mal initiieren.« Dr. X schmunzelte vergnügt bei diesem Gedanken und ballte die Faust unter dem Tisch.

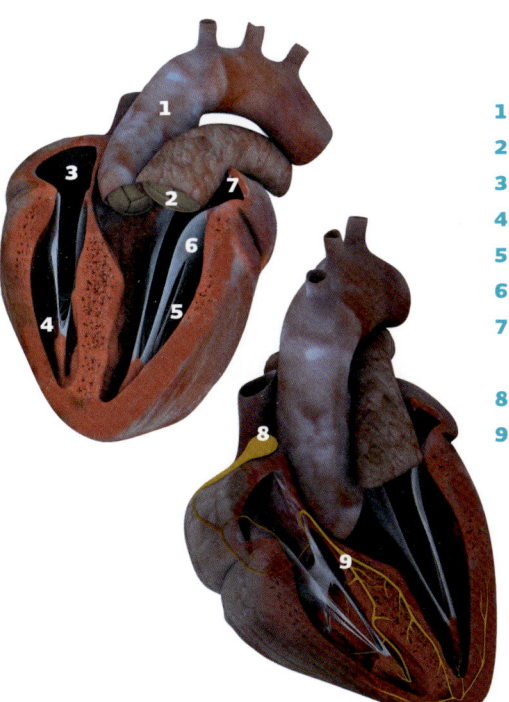

1 Aortenbogen
2 Herzklappe
3 rechter Vorhof
4 rechte Kammer
5 linke Kammer
6 Segelklappe
7 linker Vorhof

8 Sinusknoten
9 Erregungs-
   leitungs-
   system (gelb)

Mitten im »Indischen« System

Micro Minitec schickte die Aquarius mit Außensteuerung mit Karacho hinter dem Gobbot her. Das Geruchs- und Bild-Signal von Gobbot hatte sie auf dem Monitor markiert, und die Automatik der Aquarius beförderte jetzt die beiden Kinder sicher ins Innere des Gehirns. Der neue »Raketen-Klebe-Antrieb« bohrte sich vorsichtig durch das Gehirn, und eine intelligente Spezialsteuerung vermied, dass wichtige Gewebestrukturen geschädigt wurden. Nach jeder Gewebeverletzung wurde sie automatisch verklebt. Die Kinder wurden aufgrund der großen Geschwindigkeit in ihre Sessel gepresst. Zum Glück waren sie angegurtet, sonst hätten die Turbulenzen sie miteinander verknotet. Fassungslos sahen sie aus dem Fenster: Es ging vorbei an wundervollen Zellen, Nerven und Gefäßen.

»Oh, wie ›traumatisch‹ schön«, rief Nano.

»Ja, du hast recht«, schmunzelte Dr. X, »Traumatisch ist die Aquarius schon, sie muss sich ja durch das heile Gewebe wursteln, aber es wird fast nichts zerstört. Wir sind so klein und fein, und dieser tolle Klebstoff von Micro hat heilende Wirkung. Beste Mittel zur Abwehrsteigerung sind darin!«

»Da, seht mal dort die Mandelkerne«, hörten sie Micro ausrufen.

»Gebrannt und mit Zucker am liebsten. O ja, die mag ich

auch so gerne, Micro. An was du auch immer denkst! Wie auf der Kirmes!«

»Schade, Marie, hätte dich jetzt gerne mit was Süßem verwöhnt. Aber schau raus, dort draußen, diesen Knoten nennen wir Mandelkern. Ist der nicht schön?«, schwelgte Micro.

Der Rundum-Muntermacher-Drink

Man nehme
¼ L Aprikosensaft
¼ L Mangosaft
¼ L Melissentee (kalt)
1–2 frisch gepresste Orangen
(wenn du noch fitter werden willst)
1 Zitrone

Du mischst einfach den Saft und den kalten Tee zusammen, schmeckst mit frisch gepresstem Zitronensaft ab. Fertig ist der Fitmacher. So schnell geht das!

Traumhaftes Lassi mit Mango oder Banane

....

Hier geht es nicht um Lassie, den berühmten
Hund aus Kinderfernsehsendungen von früher. Ein
Lassi ist ein köstliches indisches Milch- und
Joghurtgetränk, das schon vor mehreren tausend Jahren
den Menschen viel Freude gemacht hat. Damals
hatten die Menschen geglaubt, dass über den
Nahrungskreislauf Menschen und Götter miteinander
in Verbindung treten und sich gegenseitig beschenken.
Bis heute glauben viele Inder dies und versuchen,
jede Speise so genussvoll wie möglich zu gestalten.
Milch und Milchprodukte galten schon damals als
unentbehrlich, und die fruchtigen süßen Lassis
wurden als erfrischende Getränke an großen Adels-
häusern als Zwischenmahlzeiten gereicht. Heute ist
das Lassi als traditionelles Getränk in Indien
nicht mehr wegzudenken. Es gibt auch salzige Lassis,
und die altindische Wissenschaft vom Leben
(Ayurveda) hat das Lassi als wesentlichen Baustein
einer ausgewogenen Ernährung im Speiseplan.
Probier es mal und lass dir dieses köstliche Getränk
genussvoll die Kehle hinunterlaufen. Hmmm!

Das köstliche Bananenlassi

....

für 4 Personen
1 reife Banane
500 g Vollmilchjoghurt
0,5 l stilles Wasser
125 g süße Sahne
1-2 El brauner Rohrzucker (anstatt Rohrzucker
kann man auch Honig nehmen)
1 El Mangosirup oder Agavendicksaft bzw.
Ahornsirup

Zunächst schälst du die Banane und schneidest
sie in kleine Röllchen. Dann wirfst du diese in
den Mixer oder nimmst den Zauberstab und gibst
nach und nach Vollmilchjoghurt und Wasser hinein.
Das Ganze gut verquirlen, auch die Sahne und die
übrigen Zutaten. Dann lässt du es schön aufschäumen
und stellst das Bananenlassi kühl.

Traumhaftes Mangolassi

....

für 4 Personen
1 reife Mango
300 g Vollmilchjoghurt
600 ml stilles Wasser
1 El brauner Rohrzucker oder Honig

Du schälst die Mango und halbierst sie. Danach
schneidest du das Fruchtfleisch vom Kern und
zerkleinerst die Mango. Anschließend wieder im
Mixer oder mit dem Zauberstab pürieren. Joghurt und
das Wasser dazugeben, alles schön schaumig schlagen
und kühl stellen – und dich darauf freuen!

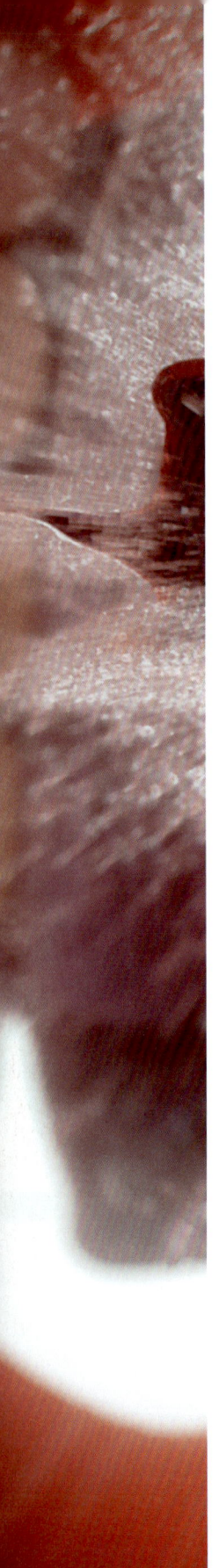

»Das ist ein wichtiger Teil vom Limbischen System«, erklärte Dr. X, »dem inneren Planetensystem des Menschen.«

»Indisches System!? … Sind wir schon soooo weit geflogen?«, plapperte Marie aufgeregt. »Ich mag indische Kleider und Seide total gerne. Mami hat mir ein buntes Kleid aus ihrem Urlaub in Indien mitgebracht und … duftende Räucherstangen.« Nanolino grölte vor Lachen, dass fast der Gurt gesprengt wurde. »Marie, dein Bruder hat recht. Die medizinischen Begriffe sind ja auch wirklich schwer. Aber es wird noch fantastischer, passt auf!« Die Kinder waren gespannt.

»Da vorne seht ihr das Tal der Pferde, genauer gesagt, das Seepferdchen und die Brustwarzen«, sagte er schelmisch.

»Ja, den Steigbügel habe ich schon im Ohr gesehen, obwohl die Pferde fehlten. Und hier sehe ich auch keins, schon gar nicht irgendwelche Seepferdchen oder Brüste. Das wäre auch zu unanständig«, fügte Nanolino schnell hinzu. Sein Hals wurde trocken und ein rötlicher Schimmer breitete sich auf seiner Haut aus. Zugegeben, nach Brüsten sah er sich manchmal im Schwimmbad heimlich um, und auch Lilly hatte schon einen kleinen niedlichen Brustansatz.

»Also«, unterbrach Dr. X Nanos Gedanken, »alte Ärzte, Chirurgen oder Pathologen – also Ärzte, die Leichen sezieren …«

»Igitt, igitt.« Marie schüttelte sich.

»… wenn wir die nicht hätten, wüssten wir gar nichts vom Körper, Marie. Für die Wissenschaft und Medizin ist es sehr wichtig, Verstorbene zu untersuchen. Stell dir mal vor, du hättest einen Tumor im Kopf, dann müsste ihn ja auch jemand operieren und sich richtig auskennen, damit er nichts verletzt, oder?«, erklärte Dr. X liebevoll.

»Alte Ärzte haben dieses Gebiet untersucht und den Strukturen Namen aus dem täglichen Leben gegeben, weil sie wie Pferde, Seepferde, Steigbügel oder Brustwarzen aussahen.«

»Ach so«, riefen Marie und Nanolino wie aus einem Mund.

»Und hier ist eben das Tal der Pferde, oder auf Lateinisch Hippocampus, übersetzt Seepferdchen.«

»Oh, wie niedlich, ja, die sehen wirklich bezaubernd aus und so zart.« Marie schmolz dahin. »Ja, das ist das Zentrum des Kurzzeitgedächtnisses. Das Tolle: Je intensiver und schöner das Lernen ist, umso besser und länger bleibt die Information dort erhalten. Stunden oder Tage, es liegt also auch an uns.«

»Genau, mit Spaß lernen, das wär's, und nicht öde pauken!«, mischte sich Micro ein, »Freude aktiviert zusätzlich viele Zentren im Gehirn. Es entstehen neue Nervenverbindungen, in denen neue Informationen gespeichert werden. Unser Hippocampus ist ein wundervoller Gedächtnismanager, quasi der Dirigent von allem.«

»… und die brustwarzenähnlichen Körperchen, die Mamillarkörper, koordinieren eure Gefühle beim Lernen und in allen anderen Lebenssituationen. Diese wunderschönen zarten Brüstchen sind ganz, ganz wichtig.« Dr. X seufzte: »Leider wird dies von der herkömmlichen Wissenschaft und in der Ausbildung der Lehrer stiefmütterlich behandelt.«

»Jetzt hör mal auf mit deinen anzüglichen Bemerkungen, Xchen«, neckte Micro Minitec ihren Doktor.

»Ach, Dr. X, hier lerne ich viel, viel mehr als aus einem Buch.« Nanolino war begeistert. »Seht mal dort, diese wunderbaren Färbungen und vielfältigen Formen überall. Oh, was ist denn dieser riesige Regenwurm da vorne?«

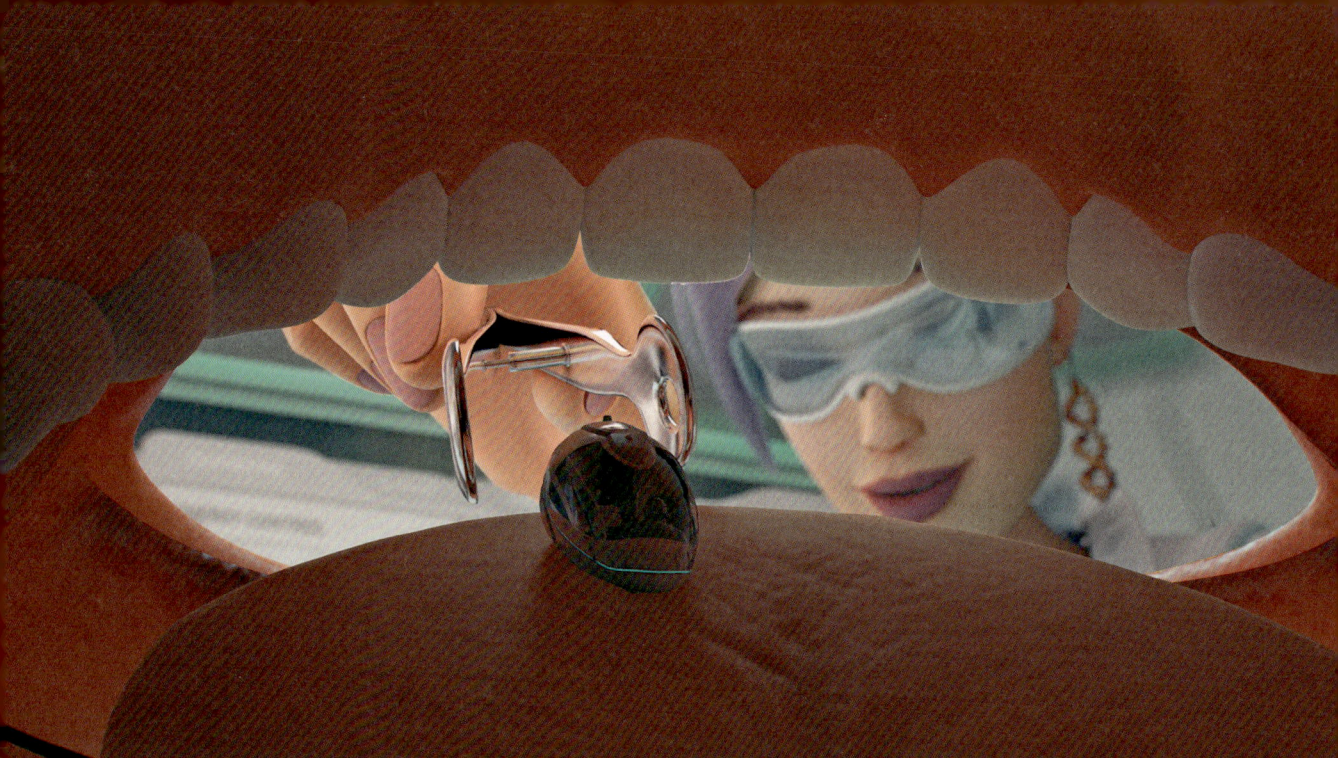

»Das ist der Riechtrakt, der zum Riechkolben führt! Aber noch eins, Kinder: Nachlesen müsst ihr schon und auch eure Lehrer mit Fragen löchern, um zu verstehen, wie das alles zusammenhängt …«

»Riechkolben, jetzt willst du uns veräppeln, Dr. X!«

»Nein, wirklich, so nennen wir die Nervenfasern, mit denen ihr riecht: Tractus olfactorius. Und wenn der verletzt ist, dann kann alles auf einmal erheblich stinken, oder man riecht gar nichts mehr – auch nicht den verführerischen Duft von Rosen oder Parfüm.« Als er das hörte, dachte Nanolino wieder einmal selig an Lilly und ihren zarten Duft. Ihm stockte kurz der Atem.

»Wo ist eigentlich Gobbot? Leute, wir quatschen zu viel«, drängelte Nanolino auf einmal.

»Ich habe ihn immer im Auge, noch flieht er vor uns. Ich glaube, er will uns in eine Falle locken! Kinder, ich habe einen

Verdacht: Ich beobachte seit Längerem ein zweites GOBBOT-Signal im Ganzkörperbild. Es kommt von hinten auf euch zu.«

»Au Mist, Micro!«, rief Nanolino.

»Wir passen auf, Kinder. Er ist noch weit entfernt. Ihr müsst jetzt erst einmal Gobbot Eins erledigen«, beruhigte Dr. X.

»Das wird jetzt aber echt ätzend hier. Was, was haben die geplant, Dr. X?«, fragte Marie. Ihre Stimme klang unsicher.

»Ich weiß es auch nicht. Aber eins ist sicher: Sie wollen die Gefühle von eurem Opa …!«

Als wenn Opa Erwin Dr. X verstanden hätte, schrie der auf einmal laut: »NEIIIIN!« Es klang furchterregend, vor allem das zweite Mal: »NEIIIIIIN – HIIIILFE – NAAANOOOO!«

»Trotz Vollnarkose, ich glaube, Opa kriegt mehr mit, als wir glauben. Wenn Professor von Schlotter meint, er kann ihn diesmal fertigmachen, hat er die Rechnung ohne uns gemacht, nicht wahr, Marie?«

»Genau!!!« Marie strahlte ihren Bruder an. Die Geschwister klatschten zur Bestätigung so stark ihre Handflächen aneinander, dass das U-Boot wackelte.

Gefährliche Turbulenzen im Opa

Von hinten brauste das zweite Ungetüm heran. Nanolino beugte sich näher an die Cockpitscheibe und starrte angestrengt hinaus. »Ich seh nichts!«, rief er nervös.

»Dann schau einfach mal auf den Schirm mit der Körperübersicht, Captain Medicus«, antwortete Dr. X. Und tatsächlich, der zweite Roboter, Sobbot, war zum Greifen nah. Lediglich eine lange Gefäßkurve trennte ihn noch von Nano, deshalb konnte er ihn noch nicht sehen. Aber er näherte sich extrem schnell. Obwohl er darauf vorbereitet war, zuckte der kleine Medicus zusammen, als die teuflische Maschine wie ein Geschoss aus der Kurve kam und auf ihn zuraste. Micro Minitec erschauderte ebenfalls. »Nano, geh in Deckung. Los, runter! Zieh den Hebel nach oben! Sofort!«

Vor lauter Schreck drückte Nano jedoch den Joystick nach unten. Das U-Boot flog abwärts, gerade noch rechtzeitig. Das Robotergeschoss sahen Nano und Marie als kometenhaften Lichtstrahl über ihr Schiff hinwegrasen.

»Puh, das war aber knapp!« Auf Nanolinos Stirn bildete sich Schweiß.

»Der wollte uns umbringen«, schrie Marie auf. »Habt ihr das gesehen?«

»Ja, sah ganz so aus! Ich vermute, Schlotter hat diesen Roboter wie eine Rakete programmiert, allein dafür gedacht, das U-Boot

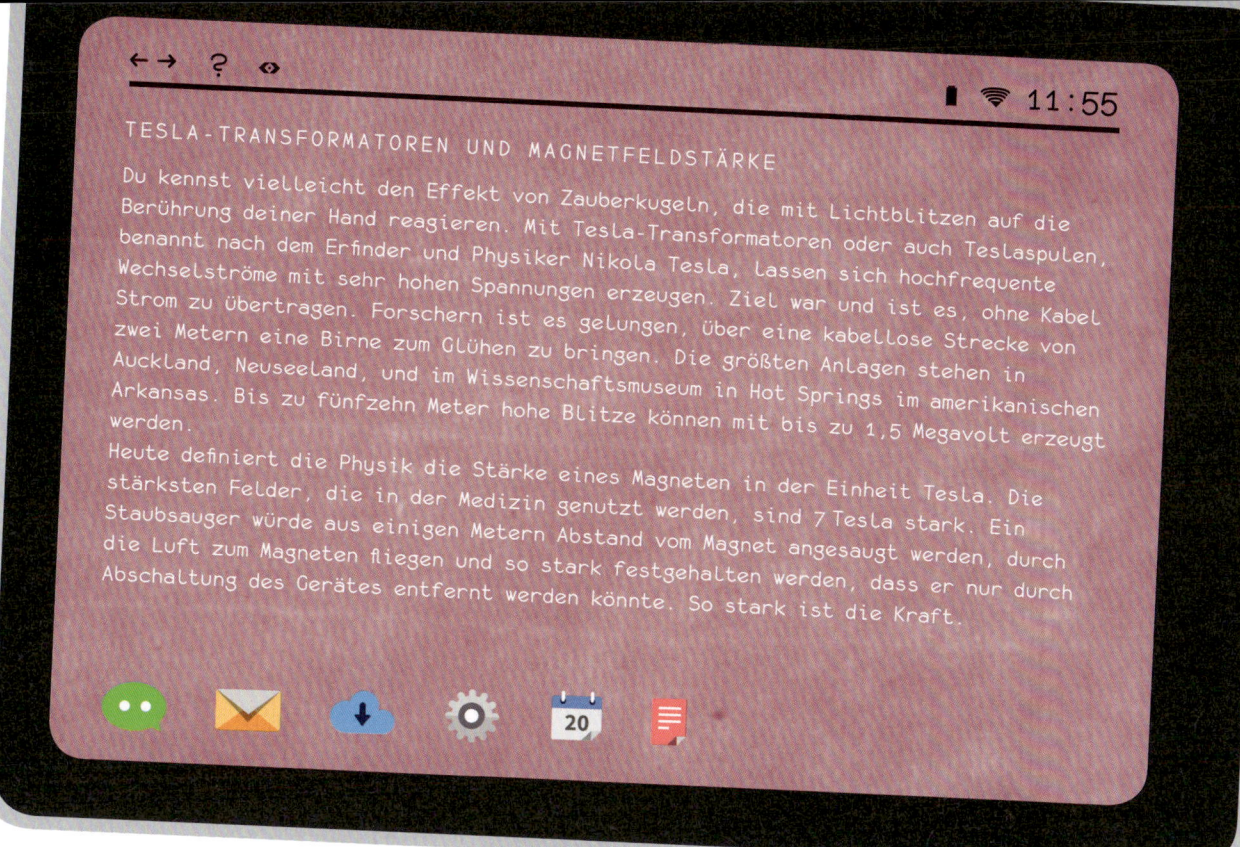

TESLA-TRANSFORMATOREN UND MAGNETFELDSTÄRKE

Du kennst vielleicht den Effekt von Zauberkugeln, die mit Lichtblitzen auf die Berührung deiner Hand reagieren. Mit Tesla-Transformatoren oder auch Teslaspulen, benannt nach dem Erfinder und Physiker Nikola Tesla, lassen sich hochfrequente Wechselströme mit sehr hohen Spannungen erzeugen. Ziel war und ist es, ohne Kabel Strom zu übertragen. Forschern ist es gelungen, über eine kabellose Strecke von zwei Metern eine Birne zum Glühen zu bringen. Die größten Anlagen stehen in Auckland, Neuseeland, und im Wissenschaftsmuseum in Hot Springs im amerikanischen Arkansas. Bis zu fünfzehn Meter hohe Blitze können mit bis zu 1,5 Megavolt erzeugt werden.

Heute definiert die Physik die Stärke eines Magneten in der Einheit Tesla. Die stärksten Felder, die in der Medizin genutzt werden, sind 7 Tesla stark. Ein Staubsauger würde aus einigen Metern Abstand vom Magnet angesaugt werden, durch die Luft zum Magneten fliegen und so stark festgehalten werden, dass er nur durch Abschaltung des Gerätes entfernt werden könnte. So stark ist die Kraft.

zu zerstören.« Nachdenklich strich sich Dr. X über seine Stirn. Er wusste ja um die Gefährlichkeit dieses Ganoven, aber dass er hemmungslos alles vernichten wollte, was ihm in die Quere kam – selbst Kinder –, hätte er nicht für möglich gehalten.

»Dem werden wir es zeigen!« Maries Kampfeslust war ungebrochen. »Micro, weißt du was? Wir brauchten jetzt nur ein starkes Magnetfeld, und schwups! könnten wir dieses ...« Ihre Worte erstarben. Die Aquarius machte einen rasanten Salto mortale. Nanolino war dem nächsten Angriff elegant ausgewichen, indem er das Gefährt hochkant an die Gefäßwand gepresst hatte. Marie hatte den Faden aber nicht verloren. »Ich habe ein Buch von dem alten Physiker Tesla gelesen, der Wechselströme und Magnetfelder erforscht hat ...«

»Wie, du liest Bücher von Nikola Tesla?«, unterbrach sie Dr. X, »dem berühmten Erfinder, der unter anderem die kabellose Übertragung von Wechselstrom entdeckt hat? Er hat den Wechselstrom salonfähig gemacht.«

»Ja, ich weiß, seine Werke sind furchtbar spannend, und deshalb fiel es mir nicht schwer, sie mir einzuprägen, Seite für Seite. Hört mal, manche Ströme können so stark sein, dass sie unkontrolliert Gegenstände durch die Luft fliegen lassen oder festhalten, dass kein Mensch sie lösen kann, und dass sie berührungslos andere Metalle aufladen oder eine Glühbirne zum Leuchten bringen können. Auch, wie Strom ohne großen Energieverlust fließen kann, hat Tesla erforscht.« Und Marie zitierte aus ihrem Gedächtnis.

»Du mit deinem fotografischen Gedächtnis. Hoffentlich hast du da mal nichts verwechselt. Außerdem hilft's jetzt auch nicht weiter«, schrie Nano, »Pass lieber auf!« In letzter Sekunde konnte er ausweichen. Der zweite Roboter, der Sobbot, schoss in einer Spiralbewegung auf sie zu. Er hatte seine Taktik geändert und den gefährlichen Salto der Aquarius imitiert. Trotzdem verfehlte er, dank Nanos beherzter Ausweichmanöver, die Aquarius erneut.

Nano brachte die Aquarius auf Distanz zu ihrem wahnsinnigen Verfolger, gab Gas und steuerte das Schiff rasant um mehrere Kurven und in jede neue Abzweigung, die sich vor ihm auftat. Dr. X hatte von außen wieder das Signal von Gobbot auf das GGP-System geschaltet, der in Richtung Nase zu schwimmen schien. Auch Sobbot hatte scheinbar ihre Spur verloren. Nanos Hände zitterten – er brauchte dringend eine Pause. Er bremste ab und dockte das Boot an die Gefäßwand an.

»Marie, das ist genial. Genau, das ist es!« Micro Minitec hatte sich blitzschnell Maries gespeichertes Wissen durch den Kopf gehen lassen und eine neue Kampfstrategie entwickelt.

»Alle mal herhören«, rief sie ins Mikrofon.

»GOBBOT, da ist GOBBOT wieder!«, schrie Nanolino. »Ich sehe ihn vor mir. Wir müssen losschlagen. Mensch, Leute …«

»Jetzt hör mal 'nen Moment zu. Erst überlegen, und dann zuschlagen, sonst kann's böse enden.« Gobbot hatte sich umgedreht und tastete suchend die Umgebung mit seinem Laserscanner ab. Ein grüner Lichtstrahl schoss von vorne aufs Boot zu. Die Kinder kniffen die Augen zusammen. Vorsichtig entkoppelte Nano das U-Boot und legte den Geschwindigkeitsregler auf Schleichfahrt.

»Zum Glück habe ich auf Tarnfarbe gestellt, aber das wird euch nicht mehr lange helfen.« Ein intensives rotes Licht schimmerte durch die Unmengen der »Meeresbewohner« in der Blutbahn. Die Kinder hatten diese bisher nicht beachtet, da sie sich extrem schnell durch das Gefäßlabyrinth bewegt hatten. Jetzt war die Fahrt langsamer, und sie konnten die merkwürdigen Gestalten beobachten, die um sie herum waberten. Einige sahen aus wie rote Bonbons, andere wie mit Kokosraspeln beflockte Kugeln. Kleine Päckchen, Kuller, Eier, Plättchen in den unterschiedlichsten Farben und Formen, mit und ohne Stacheln oder Dellen. Auch feine spinnenförmige Gebinde erschienen im Lampenlicht.

In diesem Moment legte sich ein klebriges Etwas auf das Gefährt und schien sie einzuwickeln.

»Macht nichts, Kinder«, beruhigte Micro Minitec. »Das sind nur Abwehrkontrolleure, die herausfinden sollen, ob das U-Boot ein Fremdkörper ist oder nicht. Die Oberfläche ist mit Spezialschuppen beschichtet. Da passiert gar nichts. Alle Killerzellen oder ›Blutverklumper‹ werden das U-Boot vergeblich attackieren, sie rutschen ab oder erkennen das Boot nicht als Eindringling. ›Lotuseffekt‹, sage ich nur. Doch die Gobbots dieser Erde sind nicht so einfach in Schach zu halten. Aber ich hab – dank Maries Tesla-Inspiration – eine Idee!«

Micro erklärte ihnen schnell ihren Plan. Sie berichtete über ihre neue Erfindung, die sie Nanolino schon vorgeführt hatte, um gezielt Einzelteile zu schrumpfen. Sie erklärte, dass eine der Techniken hierzu auf Tesla-Transformatoren mit starken Wechselströmen beruhe, eine andere darin bestehe, starke Magnetfelder zu erzeugen. Außerdem habe sie im Untergeschoss des Mantas noch eine neue Aquarius platziert, die noch kleiner sei, aber dafür mit der neuen Technik ausgestattet. Dieses rote, einem Blutkörperchen ähnliche Gefährt könne Nano, wenn Marie darin Platz genommen hätte, vom großen Schiff abdocken.

»Warum sollen wir uns trennen? Ich lasse Marie nicht allein!«, entfuhr es Nano. Marie sah ihn an, und ein wohliger Schauer kroch ihr über den Rücken.

»Du musst ab sofort allein weiterkämpfen, damit wir den zweiten Gobbot in Schach halten. So verdoppeln sich eure Chancen!« Marie guckte skeptisch. »Wenn du in der zweiten Aquarius sitzt und den Roboter im Visier hast, Marie, drück einfach gleichzeitig auf die zwei großen roten Energietasten auf dem Armaturenbrett, dann wird der Tesla-Effekt greifen. Die Tasten sind nicht zu übersehen. Wenn das nicht klappt, lässt du ihn einfach näher herankommen und schrumpfst ihn mit der rechten Taste.«

Lotuseffekt

Von der seit Jahrtausenden verehrten Lotusblume hat die Wissenschaft den Effekt der Selbstreinigung nachgeahmt. Forscher beobachteten, dass sich die meisten Flüssigkeiten nicht auf der Oberfläche des Lotus halten können. Vielmehr bilden sich, wenn man

sie mit Wasser benetzt, Tropfen, die sofort abperlen. Auch andere Pflanzen, wie zum Beispiel Kapuzinerkresse oder Schilfrohr zeigen diesen Effekt. Sie schützen sich so zum Beispiel vor Mikroorganismen, Pilzsporen, Algen und Keimen. Wie sie das machen? Der Lotus hat auf seiner Oberfläche winzigste Noppen, die dicht nebeneinanderliegen. Deshalb kann sich der Tropfen nicht auf der Pflanze halten. Das ist eine sehr vereinfachte Erklärung des Lotuseffektes, eine der vielen Möglichkeiten, die die Bionik – Erfindungen, die von der Natur inspiriert sind – bietet. Wenn du Lust hast, dich damit zu beschäftigen, kannst du viel von der Natur lernen! Inzwischen gibt es selbstreinigende Sprays, zum Beispiel für Autofelgen, Fassadenfarben und Dachziegel. In der Nanotechnologie werden sogenannte »superhydrophobe« Beschichtungen genutzt. Das Wort hydrophob setzt sich aus Altgriechisch »hydro« für Wasser und »phob« für Furcht zusammen. Die Übersetzung lautet also »wassermeidend«.

»Auweia!«

»Ja, mir wäre auch lieber, der Tesla-Angriff klappt, dann würde durch diesen enormen Energieschub Gobbots Software zerstört, und wir könnten ihn dann leicht mit dem Magnetfeld des Mantas anziehen und wegtransportieren.«

»Wie, Magnetfeld?«, fiel Nanolino wissbegierig ein.

»Du kannst im Manta kurzzeitig für zirka zehn Minuten ein starkes Feld aufbauen. Mit dem kann man je nach Abstand die Roboter schwerfälliger werden lassen oder gar an den Manta kleben und sie abtransportieren.«

»Okay, das klingt nach einem Plan. Wird gemacht. Nichts wie los.« Nano war vor Tatendrang kaum zu bremsen.

Zehn
Tesla

Professor von Schlotter kullerte derweil immer noch lachend über den gekachelten Boden seiner Schlachterhalle.

»Jetzt nehmen Sie doch Verstand an, Professor!« Ärgerlich versuchte Scherge, auf seinen Chef einzuwirken. Doch vergeblich. »Hi, hi, ho, ho.« Der Professor hielt sich seinen wackelnden Unterbauch und lachte und lachte. Tränen standen in seinen Augen.

»Bitte achten Sie auf Ihre Haltung, Professor. Sie sind nicht allein!«

»Allein machen sie dich ein, hö, hö, wie schön, hi, hi …« Das war Scherge zu viel. Es hatte so viel Zeit und Nerven gekostet, ihre Pläne zu verwirklichen, sie konnten doch jetzt nicht einfach kampflos aufgeben.

Er ging ins Nebenzimmer, wo der Kampfanzug vom Professor noch auf dem Boden lag. Auf den Monitoren sah man Gobbot und Sobbot, wie sie in Opa Erwins Körper herumwühlten.

»So, jetzt wird endlich der Richtige die Regie übernehmen. Der richtige Mann zur richtigen Zeit!«, sagte Scherge zu sich selbst, schlüpfte in die Sensorkleidung und setzte sich die Bildschirmbrille auf.

»Alles ganz schön eng. Aber was nicht passt, wird passend gemacht.« Und mit einem Ruck zog er sich die Knieschoner an. Der Stoff platzte, doch das interessierte Scherge nicht im Ge-

Zerrung und Muskelfaserriss

Die Überdehnung eines Muskels, die noch nicht zu einer Zerstörung von Muskelgewebe geführt hat, nennt man **Zerrung**. Hierbei kommt es zu Mikrorissen der Muskelhäute. Der Muskel wird an dieser Stelle ganz hart. Hier kann

ringsten. Er aktivierte den Kampfanzug. Jetzt sah er durch Gobbots Augen das U-Boot der Kinder. Scherge grinste böse. »So fern und doch so nah«, dachte er. »Egal, was ihr macht, mir könnt ihr dank der Gobbot-Fernsteuerung kein Leid zufügen, aber ich euch … und ich werde es mit Vergnügen tun.« Man konnte sich leicht das Gehirn dabei verrenken, wenn man genauer darüber nachdachte. Scherge stand hier in der Fabrik und konnte im Nebenzimmer Schlotter kichern hören. Aber zugleich sah er durch seine Brille die Kinder, die so unendlich viel kleiner waren als er, und dennoch konnte er sie mit Gobbots Klauen greifen und zerquetschen. Der hervorragende Kampfanzug mit seiner Cyber-Steuerung vermittelte Scherge das Gefühl, selbst durch das Gefäßlabyrinth von Opa Erwin zu kurven. »Hier und heute endet alles, ihr kleinen Maden! Der Kammerjäger ist da!«, rief er, und seine Augen glänzten irre.

man meistens eine »Muskelmaus« tasten. Die stechenden und auf Druck zunehmenden Schmerzen sollten akut mit Eispackungen und Akupunktur behandelt werden, danach mit Wärme. Nach einer leichten Muskelzerrung kann ab dem dritten Tag wieder mit aktiver Muskelbelastung – zum Beispiel mit einem langsamen Dauerlauf – begonnen werden. Er heilt meistens nach zwei bis vier Wochen. Wenn der Muskel mehr überdehnt wird, können Muskelfasern reißen. Meistens geschieht dies bei gespannter Muskulatur. An der Stelle des **Muskelfaserrisses** ist eine schmerzhafte Delle tastbar. Der begleitende Bluterguss ist mit Ultraschall oder Kernspintomografie sichtbar zu machen. Nach einem Muskelfaserriss sollte – wenn möglich – ein schützender Tapeverband angelegt und eine Trainingspause von bis zu sechs Wochen eingehalten werden. Außerdem sind Wärmeanwendungen ratsam, vorsichtige Massage, Akupunktur oder Akupressur und abschwellende Salben. Der Entlastungsverband hilft gegen Schmerzen. Nach einer Woche Ruhe kann langsam mit vorsichtigem Dehnen und Anspannungsübungen unter Anleitung einer Krankengymnastin begonnen werden. Eine Heilung kann bis zu drei Monate in Anspruch nehmen.

Scherge ging in Kampfstellung, drehte sich ungelenk und grapschte nach dem Boot, das sich Gobbot inzwischen fast bis auf Körperkontakt genähert hatte. Die Tarnung funktionierte nun natürlich nicht mehr. Er sah Nanolino im Cockpit stehen. Aber wo war Marie? Scherge sah sich um. Nirgends zu sehen? Oh, doch, wie schlau. Er griff noch mal nach dem Boot, das gerade geschickt dem Roboter ausgewichen war. Durch die Sensortechnik wurden nämlich Scherges plumpe Bewegungen leicht verzögert auf Gobbot übertragen, sodass Nano am Steuer des U-Bootes immer einen Tick schneller sein konnte. »Mist, der kleine Mann ist ganz schön gewitzt. Na warte. Und du, Marie, genauso, pass bloß auf!« Er hatte gesehen, wie sie im »Blutkörperchen-U-Boot« ausgesetzt wurde und davondüste.

»Euer letztes Stündchen hat geschlagen, wozu habe ich denn drei Arme«, knurrte er und seine Augen glänzten irre.

Er griff mit beiden Armen zu, aber ein Hustenanfall ließ seine Hände zittern. Gobbot hatte sich mit seinem ganzen Körper von unten an das Boot geklammert und kam gewaltig ins Schlingern. Doch als Scherge so stark hustete, musste Gobbot das U-Boot loslassen, purzelte nach hinten und wurde mit der Blutströmung fortgespült.

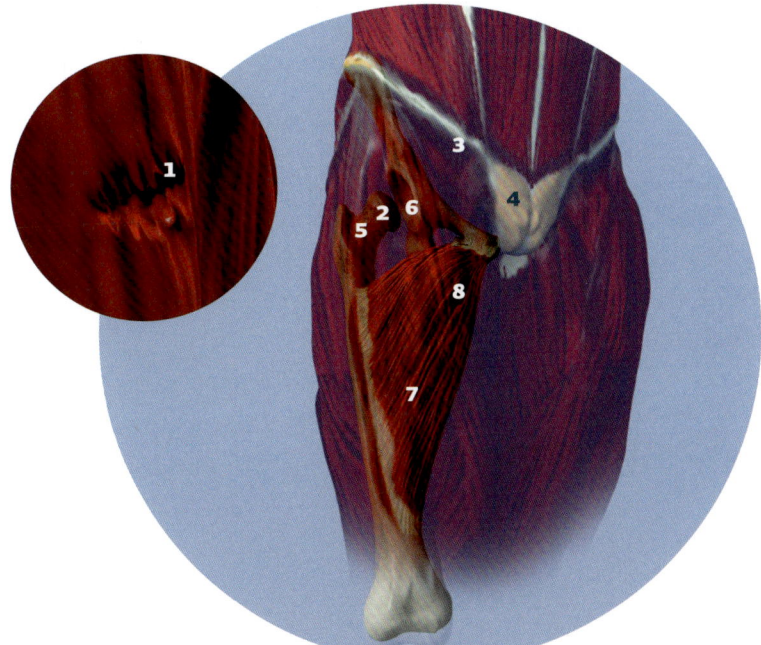

1 Muskelfaserriss
2 Hüftluxation
3 Leiste
4 Schambein
5 Hüftkopf
6 Hüftgelenkpfanne
7 Heranziehmuskel (Adduktor)
8 Zerrung von Nanolino

Oma Rosis Heilpflanzen

Echte Kamille (Matricaria recutita)

Die Kamille ist eine der ältesten Heilpflanzen überhaupt und wächst eigentlich überall. Du kannst sie wunderbar sammeln und trocknen. Bei Haut- und Schleimhautentzündungen kannst du Kamille als Heilpflanze äußerlich einsetzen. Der Sud oder alkoholische Auszug wird für Spülungen bei Entzündungen des Zahnfleisches oder der Mundhöhle verwendet. Bei Erkrankungen, Ausschlag oder Verletzungen des Popos oder im Genitalbereich führen Bäder oder Spülungen zu einer rascheren Heilung.

Fenchel (Foeniculum vulgare)

Wer Fenchelsamen in die Schlüssellöcher spukender Häuser legt, treibt so die bösen Mächte aus. Und: Wer Neuvermählten Fenchelsamen auf den Weg streut, sorgt für ihr Glück. Und: Man soll mit Fenchelsamen verzauberte Personen heilen können. Welch schöner Aberglaube!

Solch einen Rat hätte Harry Potter gut gebrauchen können! Als Tee wirkt Fenchel wunderbar entspannend bei Magenverstimmungen – schon bei Babys. Wenn du wieder einmal nach fettreichem Essen oder blähenden Mahlzeiten viel »pupsen« oder aufstoßen musst, kannst du dir auch den berühmten Antipupstee von Oma Rosi zusammen mit Anis, Kümmel und einem Pfefferminzblatt brühen. Du kannst alternativ auch die Samen des Antipupstees langsam nach dem Essen kauen. Am besten, du mischst noch einige Liebesperlen oder Traubenzuckerperlen darunter. Diese liebliche Verdauungs-Mischung essen Inder seit Jahrtausenden nach dem Essen, jeweils einen Teelöffel.

Nanolino hatte nach Gobbots Angriff seine Geschwindigkeit erhöht und gleichzeitig den Stachel des Rochens in Stellung gebracht. Er wollte Gobbot mithilfe der Hitzeenergie einzelne Gelenke verlöten oder verkleben. Doch Gobbot wich immer wieder geschickt aus.

Marie konnte ihm nicht helfen, denn Sobbot, der zweite Roboter, kam nun von der anderen Seite auf sie zugeschossen. Er hatte sie als neuen Feind ausgemacht und attackierte erneut mit Raketen. Marie parierte grandios und konnte im letzten Moment unter dem Geschoss wegtauchen. Es schäumte gewaltig in der Ader. Sobbot kam zurück, gleichzeitig griff eine große Krallenhand nach ihr.

»Hilfe, Hilfe!«, schrie sie.

»Drück auf die Energietasten, sobald du den Roboter vor dir siehst«, hörte sie Micro Minitec sagen.

»Wie denn?« Maries Hände zitterten. Plötzlich sah sie Sobbot im Zentrum der Cockpitscheibe vor sich. Das Herz rutschte ihr in die Hose. Sie atmete tief durch und presste mit aller Kraft die beiden roten Knöpfe. Ein gigantisches Zischen, ein heftiger Rückstoß. Sobbot leuchtete kurz auf. Dann trieb er wie leblos dahin.

»Ich hab's geschafft, ich hab's geschafft!« Marie war außer sich.

Aber zu früh gefreut. Auf einmal sah sie die Krallenhand von Gobbot auf ihr Boot zukommen. Marie konnte ihm im letzten Moment aus der Hand flutschen. Fassungslos beobachtete sie, wie Gobbot sich Nanos Boot zuwandte, es erneut mit Händen und Beinen umklammerte und den Kopf immer wieder wie ein Wahnsinniger gegen die Frontscheibe hämmerte. Dahinter saß Nano und hantierte wild auf dem Armaturenbrett herum.

»Der will das Glas zerbrechen Dr. X!«, rief sie ins Mikrofon.

»Alarm! Leute, helft mir!«, schrie Nanolino. »Gobbot greift an und will mich ersäufen.«

»Kleiner Medicus, jetzt machst du genau das, was ich dir sage«, sagte Micro. Es fiel ihr schwer, die Unruhe in ihrer Stimme zu verbergen, aber sie klang fest und entschlossen.

»Genau.« Nano versuchte zaghaft, zu lächeln.

»Du sagst nur mit bestimmendem Ton: Zehn Tesla, und die Sprachsteuerung wird dir gehorchen.«

»Zehn Tesla«, wiederholte Nano sofort. Im gleichen Moment wurden die Bewegungen von Gobbot extrem langsam, und er hörte auf, mit dem Kopf gegen die Frontscheibe zu schlagen.

»Verflucht, was ist das?« Scherge fing an, zu schwitzen. »Was ist das für ein Widerstand auf einmal? Das artet ja in Arbeit aus! Bin ich hier im Fitnessstudio?« Er keuchte und hustete. Das Boot wackelte ungeheuerlich, denn Gobbot hielt ja noch immer an dem Boot fest. Was Scherge nicht wusste: Micro hatte das Magnetfeld auf Stärke »Zehn« aktiviert, damit wurden die magnetischen Anziehungskräfte so hoch, dass Gobbot sich kaum noch bewegen konnte. Micro Minitec war begeistert. Sie hatte die Magnetfelder der neuen Aquarius bisher noch nie live getestet.

»So, Nanolino, jetzt wird's ernst!«

»Wie, erst jetzt?« Nano rümpfte die Stirn.

»Zieh schnell die Tauchermaske an, sie ist unter deinem Sitz, und nichts wie ab in die Schleuse! Dort wirst du automatisch mit einem durchsichtigen Tauchanzug aus der Dose sprühangezogen – dann geht's raus, kleiner Medicus. Du musst die Drähte auf dem Rücken vom Gobbot mit der Zange dort neben dir durchtrennen. Nur so können wir ihn unschädlich machen. Ich übernehme von außen die Steuerung.«

»Aye, aye, Madame. Wird gemacht!« Kurz darauf war er draußen. Seine Stirnlampe erhellte das rot schimmernde Gewässer. Er musste sich kurz orientieren, dann sah er Gobbot im Schein seines Stirnlichts. Nano schwamm mit kräftigen Zügen auf ihn zu. Marie hatte den Feind ebenso entdeckt und leuchtete Nano mit ihrem Blutkörperchen-Boot den Weg. Unzählige kleine und große Geschöpfe schwammen neben Nanolino. »Wie Plankton oder andere Kleinstlebewesen und Fische im Mittelmeer«, dachte er. Doch er hatte keine Angst vor ihnen, sondern nahm sich vor, noch mehr über sie zu lernen. Über diese wundervollen Blutzellen, Hormone, Vitamine und Spurenelemente. Er schwamm zu Gobbots Rücken, der immer noch schwerfällig das Schiff umklammerte und sich kaum bewegen konnte, und suchte mit seiner Stirnlampe nach den besagten Drähten.

Was er nicht sehen konnte: Professor von Schlotter war inzwischen wieder zu sich gekommen. Die Dosis der Lachmedikation hatte erheblich nachgelassen. Er ging zu Scherge, stürzte sich auf seinen Gehilfen, der in dem Körperanzug schwer gegen die Magnetkräfte ankämpfte, und krallte sich von hinten an ihn – so, wie Gobbot das Boot umklammerte …

Alle Anwesenden konzentrierten sich so sehr auf die Opa-Rettungsaktion, dass Professor von Schlotter heimlich Scherge zu Hilfe eilen konnte.

»Hi, hi, halte fest, mein Sohn. Wir haben es gleich geschafft«, flüsterte Schlotter, zog mit äußerster Kraft an Scherges Armen. Der wäre zu gerne das schlotternde Etwas losgeworden. Aber

im Gegenteil. Schlotter, der seine Sinne fast wieder unter Kontrolle hatte, riss ihm dabei einen Ellenbogensensor vom Arm.

»Verflucht, ich habe bestimmt eine Zerrung!« Irritiert ließ Scherge einen Moment das Boot los.

»Verflucht!«, schrie auch Nano, denn er hatte gerade Gobbots Rücken erreicht und wollte das kabelige »Rückenmark« durchschneiden. Der Roboter ruckelte und kippte seitlich weg. Eine Krallenhand griff behäbig nach Nano, wobei ihm die scharfe Messerhand des Roboters fast den Fuß abrasiert hätte. Marie, die aus ihrem U-Boot zugesehen hatte, richtete ihr Zielvisier auf Gobbot und – nichts passierte. Sie drückte. Ein-, zwei-, dreimal. Nichts.

»Es funktioniert nicht mehr!«, brüllte sie weinend ins Mikrofon.

»Was?«, hörte sie Micro erschrocken fragen.

»Ja, die ..., die ..., die Energie«, stotterte Marie. »Ich wollte Nano helfen und Gobbot unschädlich machen.«

»Du hast wahrscheinlich die Batterie entladen, Marie. Da ist nicht mehr genug Saft für einen Gegenschlag drin – so 'n Mist. Ich überleg mir was«, murmelte Micro und wandte sich an Dr. X, der den Steuerknüppel des Bootes sehr, sehr fest hielt und vorsichtig bewegte. Seine Handflächen schwitzten.

Inzwischen hatte Nanolino eine Möglichkeit gefunden, sich an dem harten Rücken von Gobbot festzuhalten. Er hing dort nun wie ein Rucksack, und die ungelenken Arme des Roboters konnten ihn nicht erreichen.

Gerade begann Nanolino, die Drähte an Gobbots Rücken durchzuschneiden, da fiel er mit dem Roboter hintenüber. Schlotter und Scherge hatten nun auch die Kontrolle über den zweiten Gobbot-Arm verloren. Der ominöse Wissenschaftler hatte seinen Gehilfen von hinten mit einem Arm in den Schwitzkasten genommen und dessen Arme an seinen Bauch gedrückt. Die Folge: Der Roboter hing nun nur noch mit den Füßen am Boot. »Ho, ho. Hier kommt der Schlächter vom Schlotterfeld«, rief Schlotter und griff mit der zweiten Hand in die Luft, als wolle er Nanolino zermalmen. Er erwischte ihn am Oberarm ... und wollte ihm just den Arm auf den Rücken drehen, da ... fast panisch schnitt Nano mit der freien Hand weiter an den Drähten ... und trennte einen nach dem anderen durch. Auf einmal schrumpfte der Roboter, seine Arme erschlafften endgültig und hingen schlapp am Körper. Gobbot entglitt Nano und wurde kleiner und kleiner. Nano traute seinen Augen nicht.

Was war passiert? Während er die Drähte auf Gobbots Rücken durchtrennte, hatte Marie den Roboter ins Visier genommen

und noch einmal auf einen der Energie-Schalter gedrückt. Aber nur auf einen. Es war der Schrumpfschalter, von dem ihnen Micro erzählt hatte und den sie für den Fall vorgesehen hatte, dass der Tesla-Angriff nicht funktionierte. Die Batterie von Maries Aquarius besaß zwar nicht mehr genug Energie für einen zweiten Tesla-Angriff, aber für den Schrumpfmechanismus hatte sie noch gereicht. Marie war stolz wie Oskar.

»Super-Marie, Super-Nano«, riefen Dr. X und Micro Minitec begeistert und klatschten sich ab. Das hatten sie von den Kindern gelernt.

Oma Rosi schlägt zu

Der Rest des Abenteuers ist schnell erzählt. Die Energie von Maries U-Boot reichte zwar nicht mehr, um Gobbot auf Staubgröße zu schrumpfen. Aber sie reichte allemal, um das schlappe Ungeheuer mit Magnetkräften an die Unterseite des Bootes zu bannen, ebenso wie den kaputten Sobbot, von dem nach dem Tesla-Angriff nicht viel mehr als ein Schrotthaufen übrig war. Nano war inzwischen wieder an Bord des Bootes gegangen, hatte sich den Taucheranzug ausgezogen und die Steuerung des Schiffes übernommen. Mithilfe seines Joysticks saugte er den Roboter und Maries Boot wie mit einem Staubsauger an die magnetische Außenhaut des Bootes, um sie aus Opas Körper transportieren zu können. Dr. X manövrierte sie mit Micro Minitecs Schneid-Klebe-Antrieb und Vollgas durch die dünne Schädelwand unterhalb der Hypophyse in die Nase – das Endgefecht hatte sich ja bereits in unmittelbarer Nähe der Riechzellen abgespielt.

Professor von Schlotter und Scherge wurden von Oma Rosi überwältigt. Was Oma Rosi auf einmal bei Schlotter zu suchen hatte? Nun, nachdem sie zu der demenzkranken Frau Bolle gefahren war und Nanolino schweren Herzens bei Opa Erwin zurückgelassen hatte, war ihr doch mulmig geworden. Hatte Opa Erwin Nano wirklich zu Dr. X gebracht? Sie wartete auf Nanos versprochenen Rückruf. Schließlich hatte sie es nicht länger ausgehalten und bei Dr. X angerufen. Ihr Verdacht bestätigte sich: Leoberta teilte Oma Rosi mit, dass Nanolino gar nicht in der Praxis aufgetaucht sei. Danach rief Oma Rosi Marlene auf dem Handy an und erfuhr, dass ihre Tochter im Stau steckte. Auch der Anruf zu Hause war vergeblich. Das alles konnte nur eins bedeuten: Opa Erwin hatte Nanolino nicht zu Dr. X, sondern doch zu Schlotter gebracht.

Also machte sie sich schleunigst auf den Weg dorthin. Als sie eintraf, fand sie zunächst nicht Opa Erwin, sondern Professor Schlotter vor, der sich an Scherge klammerte, wilde Bewegungen vollführte und dabei lachte oder weinte. Genaues war nicht auszumachen.

»Hi. Hi, hi, hi, hi«, schnupfte Schlotter. Oma Rosi holte kurz entschlossen mit ihrer Tasche aus und schlug sie den beiden Unholden über den Schädel. Deung, deung! Schlotter und sein Gehilfe sackten zusammen.

»Schlaft in himmlischer Ruh-uh, schla-aft in himmlischer Ruh«, sang Oma vergnügt, und dann machte sie sich auf die Suche nach den anderen. Sie fand sie gleich darauf im nächsten Zimmer. Alle waren sie um Opa Erwin versammelt, der kurz davor war, aus seiner Narkose zu erwachen, und kräftig zu niesen.

»Wo ist mein kleiner Nanolino?«, rief sie besorgt in die Runde.

»Keine Sorge – da kommt er gerade auf die Welt«, antwortete Dr. X. In diesem Moment nieste Opa Erwin kräftig und die beiden U-Boote flogen in hohem Bogen aus seiner Nase, und alle waren wieder beisammen. Nano und Marie wurden schnell wieder makrotisiert.

Doch wirklich verschnaufen konnte niemand, schließlich galt es, die zwei Verbrecher dingfest zu machen, die bewusstlos am Boden lagen. Schnell holten Nanolino und seine Freunde ein paar alte Kabel, die überall verteilt lagen, und knoteten sie zu einem langen »Strick« zusammen. Mit viel Geschick fesselten sie Schlotter und Scherge so, wie sie es schon oft in Filmen gesehen hatten. Dann zerrten sie die beiden in eine dunkle Ecke in einer der hinteren Hallen, damit Schlotter nicht so viel Sonnenlicht abbekam. Auch wenn sie zu den schlimmsten Verbrechern der Welt gehörten, so wollten die Kinder ihnen nicht mehr Schmerzen als nötig zufügen. Micro Minitec hatte schon Wachtmeister Spachtel informiert, der sich sofort mit seinen Kollegen auf den Weg machte.

Müde und zufrieden setzten sich alle gemeinsam vor den alten Schlachthof und warteten auf die Polizisten. Trotz der wärmenden Sonnenstrahlen hatte die Umgebung eine unheimliche Atmosphäre, und alle waren froh, als sie endlich

die Polizeisirene hörten. »Die Polizei ist da, die übernehmen den Rest schon. Jetzt lasst uns schnell diesen schrecklichen Ort verlassen!«, rief Oma Rosi. Wie auf Kommando sprangen alle hoch, liefen zu Micros Spezialauto, und ohne sich noch einmal umzusehen, fuhren sie davon.

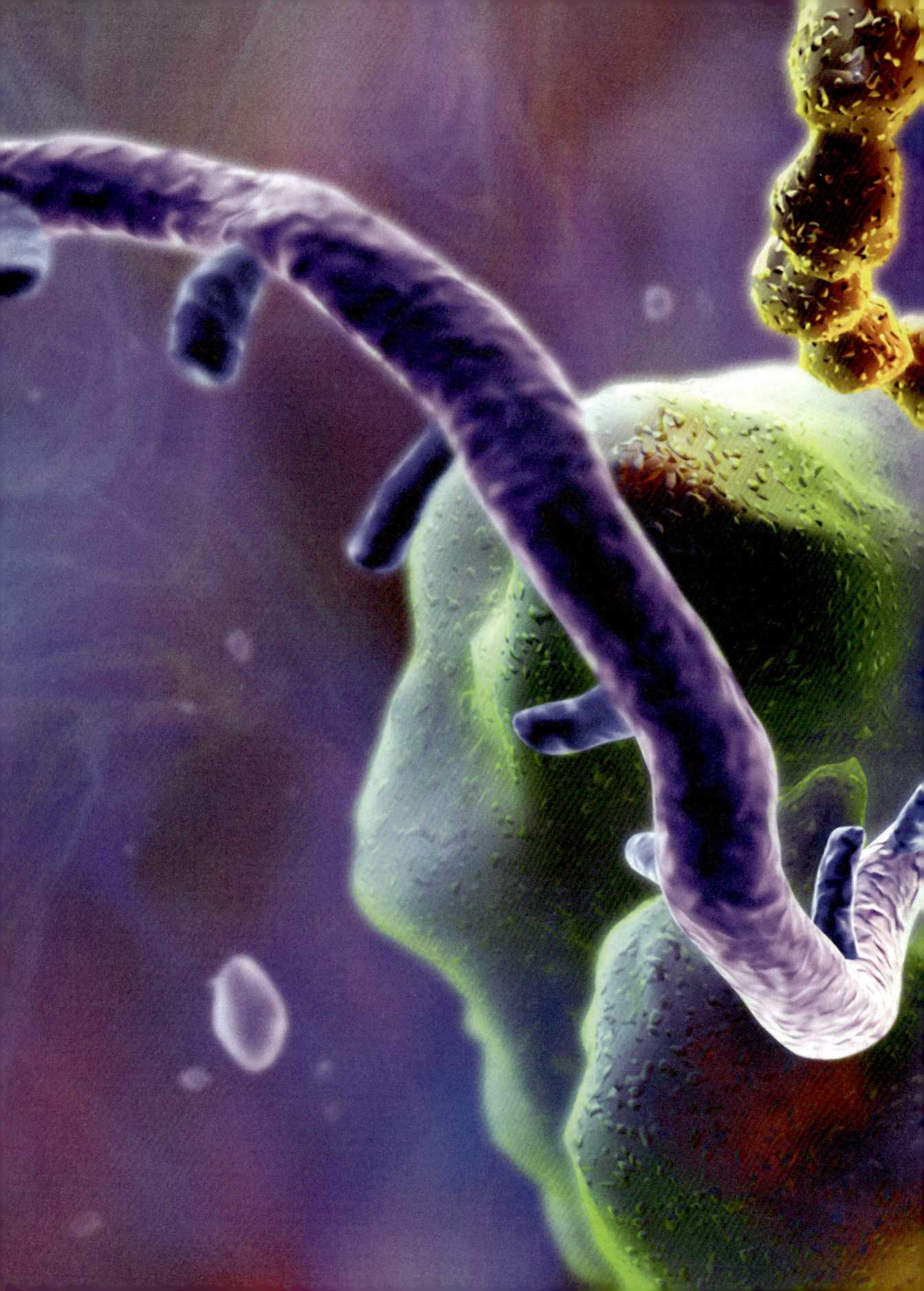

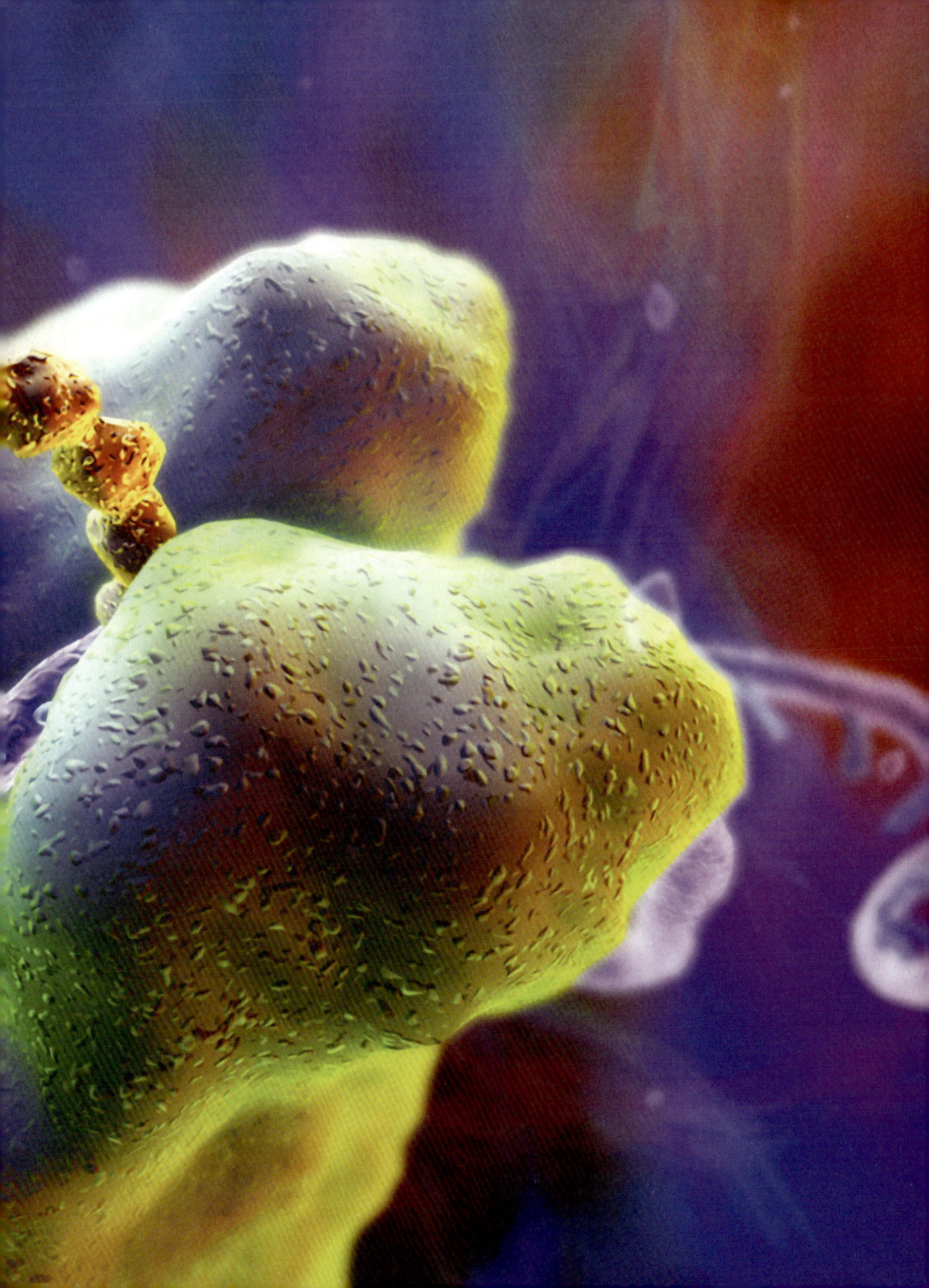

Tanzen, tanzen, tanzen

Lilly war selig. Freudetrunken tanzte sie um Manuel herum. Ihr bunter Zottelrock wippte und schlingerte zum südamerikanischen Rhythmus seiner Gitarrenmusik. »Wie anmutig sie sich bewegt und wie hübsch sie ist«, dachte Marie. Sie hätte sich in sie verlieben können und … ein bisschen verliebt war sie ja auch tatsächlich. Sie konnte ihren Bruder irgendwie verstehen. Marie klatschte vor Vergnügen zusammen mit Sarah, der Freundin von Manuel, die an den Strand mitgekommen war, zum Takt der Musik. Diese wundervolle Abendstimmung am Meer nahm sie alle gefangen: Die laue Luft, der liebliche Blütenduft machten die Seelen weit, und, das intensive Orange mit den tiefroten Schlieren der untergehenden Sonne und ihre Spiegelungen im blauen Meer ließen ihre Herzen höherschlagen. Die Wellen plätscherten genussvoll auf und ab, als hätten sie ein Eigenleben, und umschmeichelten Stein und Bein.

Nach diesem verrückten Abenteuer hatten sie sich alle eine Auszeit am Meer verdient. Mister Schlau hatte seine Einladung für Marlene Sonntag kurz entschlossen in die Tat umgesetzt und sie mit den Kindern, Micro Minitec und Dr. X zu dem Fußballcamp Brasilia am Meer eingeladen. Micro Minitec hatte blitzschnell aus ihren schnell wachsenden Spezial-Eiern ein Wohnmobil gebastelt – und schon war die ganze Bande mit Rappel, der jetzt auch endlich einmal mitspielen wollte – vielleicht als Schiedsrichter? – losgefahren. Tagsüber wurde fleißig für die nächsten Spiele trainiert, und abends versammelten sich alle am Strand und feierten ausgelassen ihren Sieg über Professor Schlotter und Scherge.

»Eine Stimmung zum Verlieben«, dachte Lilly. »Wo Nano nur bleibt?« Sie drehte sich so anmutig zur Musik, als wollte sie ihn in Gedanken umgarnen. Manuel feuerte sie an und glitt mit seinen flinken Fingern genauso geschmeidig über seine Saiten, wie Lilly sich bewegte. Sarah und Marie saßen im Sand und schmiegten ihre Köpfe aneinander, voller schöner Gefühle. Immer mehr Strandgänger gesellten sich zu ihnen und klatschten im Takt des Bossa Nova. Auch Frido, Ali und viele andere Schüler und Fußball-Kids waren gekommen. Selbst der Trainer Mister Schlau ließ sich im Hintergrund blicken – er hielt Marlene an der Hand. Die beiden sahen frisch verliebt aus.

Frido stupste Marie an und ließ seinen Blick vielsagend nach hinten schweifen. »Schau mal, die beiden.« Marie fielen fast die Augen aus dem Kopf. Sie wendete sich abrupt ab und schmiegte sich noch näher an Sarah. »Mama hat also ein Techtelmechtel mit Mister Schlau, ich fass es nicht. Nanolino ist in Lilly verliebt. Und ich?« In diesem Moment kam Kannickel angewetzt, sprühte eine Sandfontäne um sie herum und sprang auf Maries Schoß. Viele lächelten über diese besondere Hundeattacke. Wie feinfühlig ihr geliebtes Hündchen doch war. Beide kuschelten eng miteinander, und Sarah nahm Marie fester in den Arm, als hätte sie deren leichte Verstimmung gespürt.

»Und da kommt der kleine Mann mit ganz großen Ohren dran«, fing Manuel gerade an zu singen, als Nanolino auftauchte. Er grinste und ließ sich zu Marie in den Sand plumpsen. »Nano fliegt als Bodynaut, ganz dahin, wo ihr nicht schaut«, sang Manuel inbrünstig weiter, und Lilly tanzte noch grazier. Am Ende des nächsten Liedes »O wie ist das Leben schön!« klatschten alle Zuschauer stürmisch – Opa Erwin am lautesten – und riefen: »Zugabe, Zugabe!« Doch Lilly konnte nicht mehr. Sie sank in Manuels Arme und flüsterte schluchzend: »Manu«, wie sie ihn kurz nannte, »Manu, glaubst du, dass er mich liebt?«

Musik ist Medizin, Tanzen auch!

Wahrscheinlich sind wir die einzigen Lebewesen, die sich zu einem Rhythmus bewegen können. Wenn der DJ, ein Trommler oder Musiker einen Takt vorgeben, bewegen sich die meisten von uns innerhalb von Sekunden mit – egal, ob sichtbar oder nicht. Musik wirkt nämlich auch unmittelbar auf die motorischen Zentren im Gehirn, das uns unwillkürlich zum Klatschen, Tanzen oder Mitsingen animiert. Gehirn und Körper werden nicht nur besser durchblutet, sondern auch alle Nervenzellen im Hirn aktiviert. Musik stimuliert besonders unser Belohnungssystem: Hormonelle Botenstoffe (Endorphine) werden über dein Limbisches System ausgeschüttet und rufen Glücksgefühle und Wohlbefinden hervor. Musik und Tanz sorgen für emotionalen Ausgleich und sind ein wichtiger »sozialer Kitt«. Wer trällert, der ist oder wird fröhlich. Das Leben wird einfach einfacher und das Gehirn aktiver. Mein Vorschlag: Sing einfach mehrmals am Tag, und wenn es unter der Dusche ist, aber tanze woanders, sonst rutschst du noch aus. Es wird Zeit, Musik und Tanz in der Medizin zur Vorsorge und zum Heilen einzusetzen.

Ein Orangen-Salat wie aus 1001 Nacht

600 g Orangen
20 g Walnusskerne
2 El Rosenwasser
1 Tl Walnussöl
2 Tl Akazienhonig
1/4 Tl Zimt
1 Handvoll Minzblättchen

Du schälst die Orangen so, dass du auch wirklich alles Weiße entfernst, und schneidest die Orangen dann in ganz dünne Scheiben. Anschließend legst du sie ganz vorsichtig auf einen großen Teller. Öl, Rosenwasser, Zimt und Honig verrühren. Das Rosenwasser bekommst du aus der Apotheke. Dann träufelst du diesen Cocktail über die Orangen und streust klein gehackte Walnusskerne und Minzeblätter darüber. Du wirst sehen – es sieht nicht nur köstlich aus, der Salat wird dich einfach verzaubern. Du kannst auch auf die Orangen 200 g Hüttenkäse streuen und den Honig daraufträufeln, das Ganze mit Zimt bestäuben und mit Nüssen bestreuen.

»Wer?«

»Na, Nano. Wer denn sonst!«

»Ach so. Komm, wir müssen weitermachen.«

»Nein, antworte mir!« Sie trommelte mit ihren Fäusten auf seiner Brust, eine Träne lief über ihre Wange.

»Du bist ja ganz schön verknallt. Also, soviel ich weiß, hat er dich sehr gern.«

»Aber er ist doch manchmal so cool zu mir!«

»Männer! Sei mutig und geh auf ihn zu, Lilly. Vielleicht wartet er genau darauf.«

»Wie mache ich das denn nur?« Lilly seufzte.

»Mensch, Lilly. Nur Mut. Du bist so hübsch, und äh, tanzt, äh, voll cool …«, Manuel daddelte verlegen herum. **»Musik ist Medizin, Tanzen auch!«**, dachte er. Er war auch in sie vernarrt, aber auf seine Art, platonisch eben, wie er sagte. Er war Lillys bester Freund, und Sarah stand ihm insgeheim ja viel, viel näher. In sie war er verliebt, mit Herz und Seele. Fröhlich versonnen zwinkerte er Sarah zu. Dann gab er Lilly einen Kuss auf die Wange. Nanolino zuckte kurz zusammen – ihm war das Ganze ja nicht entgangen und wirklich nicht egal.

»Los, Lilly. Tanz noch einmal!«

Manuel streichelte ihr sanft über ihre krausen Haare und gab ihr einen kleinen Klaps. »Du bist wunderschön«, wisperte er ihr noch zu, griff zur Gitarre und spielte einen Flamenco, wie er ihn noch nie zum Besten gegeben hatte. Lilly wirbelte mutig und mit viel weiblicher Anmut – trotz verweinter Augen und rotem Kopf – in Nanolinos Richtung. Olé!

So lange er zurückdenken konnte, hatte Manuel Gitarre gespielt und seine Künste auf dem Instrument immer mehr verfeinert. Neuerdings komponierte er sogar. Wahrscheinlich war er sogar mit einer klitzekleinen Gitarre zur Welt gekommen. Von klein an hatte Manuel seine Gitarrenkünste verfeinert und dadurch viele Freunde gewonnen. Und Sarah? In sie hatte er sich vor Kurzem verguckt, auf einem Musik-Festival, wo Lilly wieder einmal zu seiner Musik tanzte. Ihre rehfarbene Haut und grazile Anmut beim Tanz schlug viele Zuschauer in den Bann. Auch Sarah war stehen geblieben und hatte sich von ihr und den südamerikanischen Klängen verzaubern lassen. Sie hatte dieses Festival besucht, weil ihr großer Bruder in einer Klezmer-Gruppe auftrat. Klezmer ist eine aus dem Judentum stammende Volksmusik. Nach dem Konzert ging Sarah kurzerhand zu ihm. »Was für ein Kontrast, deine flotten südamerikanischen Rhythmen und die melancholische Klezmer-Musik. Jede ist auf ihre Art total schön. Die Vielfältigkeit macht eben das Leben so spannend«, sagte sie später zu Manuel, der sich prompt in sie verliebt hatte.

»Ich bin in Israel aufgewachsen, und du?«, hatte Sarah ihn gefragt.

»Zwischen Zuckerhut und Matterhorn«, war seine globale Antwort gewesen. »Weißt du, ob weiß, ob schwarz, ob braun – ich liebe alle Fraun ...«

»Du Chauvi!« Sarah puffte ihn in die Seite. Sie hatte ihn aber verstanden: Ihm war es egal, woher ein Mensch kommt, welche Sprache er spricht oder welcher Religion er angehört.

»Auf den Einzelnen kommt es an«, meinte Manuel. »Es gibt so viele tolle Menschen in jeder Kultur, aber auch viele Vollidioten. Und du, du bist meine Traumfee, Sarah.« Das sagte er an dem Abend erstmals ganz liebevoll zu ihr. Und jetzt sah sie verliebt Manuel an, bewunderte, wie er Gitarre spielte.

Ende gut – wirklich alles gut?

Mister Schlau und Marlene standen derweil am Strand und schauten auf das Meer hinaus. Lange hatte der Trainer diesen Augenblick vorbereitet, war jede Einzelheit im Kopf durchgegangen – jetzt fehlten ihm die Worte, und, was schlimmer war, noch etwas Wesentliches fehlte. Er hatte alles genau geplant: Er wollte Marlene als Zeichen seiner Liebe einen Ring schenken. Nur leider lag dieser Ring nun auf seinem Nachttisch, wo er ihn vergessen hatte. Unsicher pulte er mit seinem großen Zeh im feuchten Sand und legte eine Napfmuschel frei. Interessiert bückte er sich. Das Mittelteil war herausgebrochen. Die Brandung hatte die Ränder der Bruchstelle weich geschliffen; wenn er Glück hatte, könnte das klappen.

Er fiel vor Marlene auf die Knie. Sie war zuerst etwas irritiert, schaute aber dann lächelnd auf ihn hinab.

»Mensch, Trainer, ein Schwächeanfall? Was ist los mit dir, mein Lieber?«

»Ja, du hast es erraten! Du machst mich schwach. Eigentlich wollte ich dir etwas schenken, aber ich habe es vergessen. Deshalb muss vorerst dies reichen.« Nervös klopfte er den Sand von der Muschel und pustete die letzten Krümel davon.

»Extra für dich gefunden.«

»Wie? Eine Muschel?« Marlene hob amüsiert die Augenbrauen. Sie ahnte, was nun folgte.

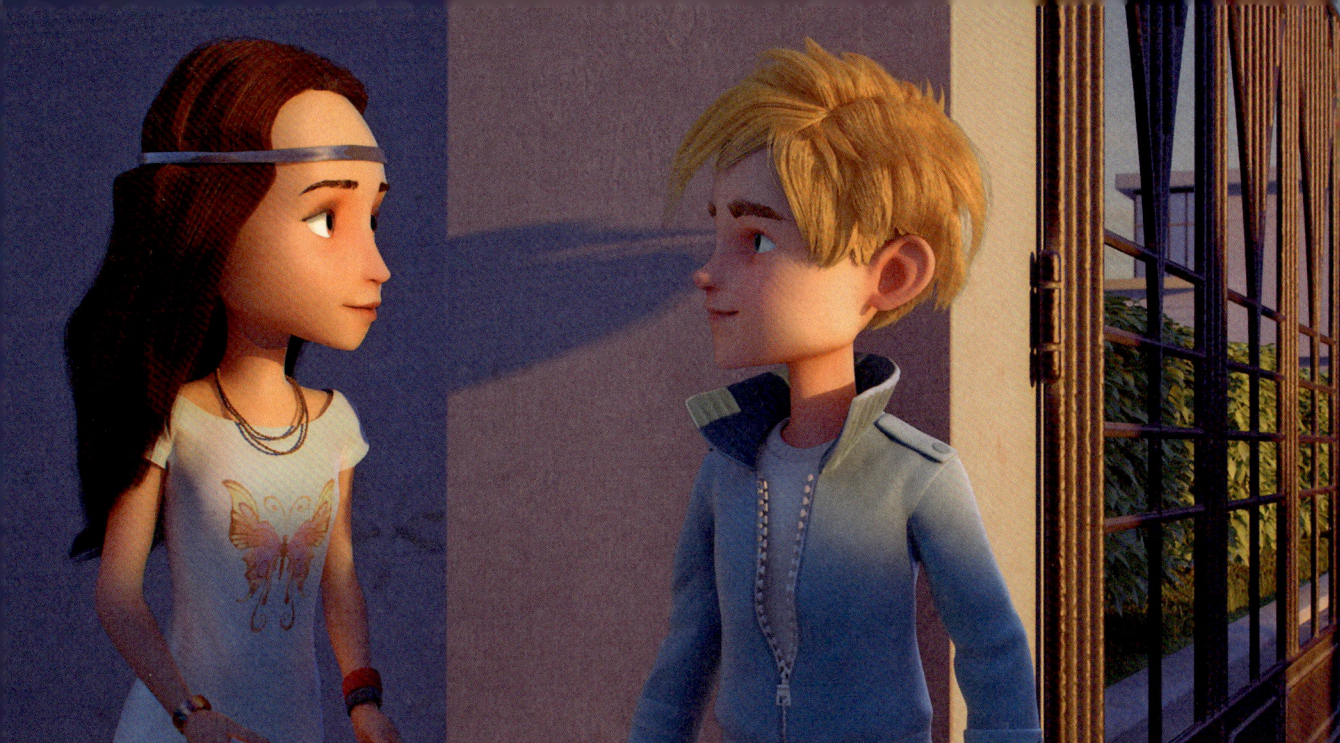

»Also! Schau mal genau hin. Hier.«

Die Muschel passte perfekt auf Marlenes Zeigefinger.

»Marlene, wir sollten zusammen leben oder so …«, sagte er etwas verlegen.

»Wie, wir?« Sie lächelte, ihre Augen wurden feucht. Dann sagte sie halb weinend, halb lachend ganz eindeutig: »Ja.«

Mister Schlau drückte sie fest an sich.

Lächelnd sahen die Kinder, wie die beiden eng umschlungen zu ihnen zurückkamen. So deutlich hatten sie bisher ihre Zuneigung noch nie öffentlich gezeigt. Marie zögerte, aber ging ihnen dann doch mit Nanolino entgegen. Marlene konnte sich die Erklärungen sparen, die Kinder waren längst im Bilde und hatten alles vorbereitet. Sie führten die Verliebten zu einem Altar aus Sand, den Marie liebevoll mit Muscheln, Steinen und Vogelfedern geschmückt hatte.

»Der neue Freund von meiner Mutter ist ja doch ein ganz Netter«, sagte Marie versonnen zu Sarah.

Frido spielte den Pfarrer und vermählte die beiden symbolisch unter grandiosem Beifall. Die Zeremonie wurde mit »himmlischen« Klängen von Manuel begleitet. Sarah verzauberte das Paar mit einem brasilianisches Liebeslied. Was für eine schöne Stimme! Der Vollmond leuchtete vom Nachthimmel, die Flammen der kleinen Lagerfeuer, die die Kinder zur Feier der Stunde angezündet hatten, knisterten. Ein voller Mond hüllte die Anwesenden in weiße Gewänder, und die züngelnden Flammen der kleinen Lagerfeuer sowie der betörende Duft von Jasmin machten die Herzen weit.

Die Kinder hatten Marlene einen Brautstrauß aus Seetang überreicht, den diese nach der Hochzeit den Mädchen zuwarf. Lilly fing ihn auf. Dabei guckte sie Nano verliebt an und tanzte verträumt und wiegenden Schrittes mit ihrem Strauß umher. Sie stolperte, und plötzlich lag der kleine Medicus mit ihr im warmen Sand. Sein Herz klopfte wild. Doch das war auf einmal egal. Unendliche Zärtlichkeit erfasste beide, und auf einmal berührten sich ihre Lippen. Nanolinos erster richtiger Kuss.

»Ich glaube, ich weiß jetzt endlich, wo ich die Seele suchen muss«, schoss es Nanolino durch den Kopf. »Sie ist gewiss dort, wo die Liebe entsteht …«

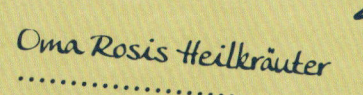

Oma Rosis Heilkräuter

Arnika (Arnica montana)

Im Mittelalter schrieb man der Arnika große
magische Liebeskräfte zu. Versuch mal, ob es
bei dir funktioniert! Dazu musst du einen anderen
Menschen mit der Blüte berühren, dann sollte
er ganz von Liebe zu dir erfüllt werden. So der
Volksmund. Ob ein Berühren mit der Pflanze wie
mit einem Zauberstab auch bei Verstauchungen,
Luxationen und Blutergüssen hilft? Wer weiß?
Salben und Tinkturen helfen schon.

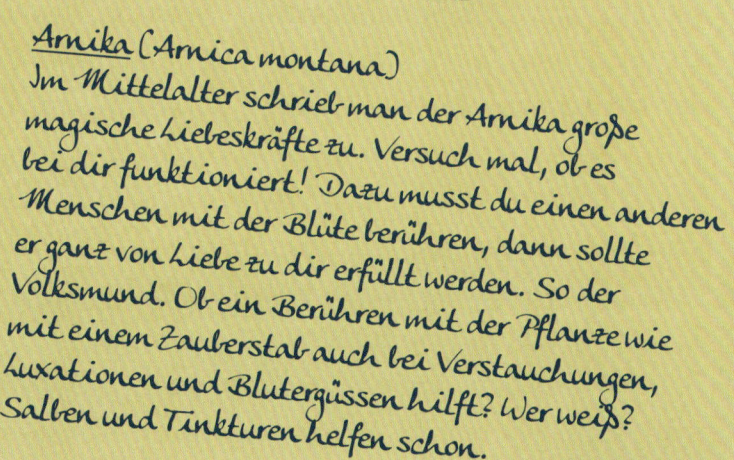

Emsig wie die Ameisen ...

Professor Götz von Schlotter lag immer noch mit ausgebreiteten Armen und Beinen scheinbar ohnmächtig auf dem verschmutzten Fußboden der Schlachterei. Es machte den Eindruck, als schlummere er total relaxed im Hier und Jetzt. Die Stille der Hallen wurde, wenn man genau hinhörte, nur von einem zarten, stakkatoartigen Scharren unterbrochen. Es klang, als würde irgendjemand mit Sandpapier über den Boden schleifen und zwischendurch mit Millionen von Fingernägeln auf eine Trommel klopfen. »Tr, tr, tr, tr ...« Und wenn man genau hinsah, konnte man etwas Unglaubliches entdecken: Langsam, ja gaaanz, ganz langsam bewegte sich der Smoking, nein, glitt der ganze Körper über den Boden. Eine unsichtbare Kraft bewegte ihn wie auf einem Luftkissen.

Doch was war das? An den Konturen des Körpers konnte man plötzlich unzählige schwarze Kleinstlebewesen ausmachen. Es kribbelte und krabbelte unter dem Professor gewaltig hin und her. Wie Ameisen oder besser wie ein Ameisenheer trugen Abertausende von Gobbots die bewegungslose Gestalt aus der Halle. Das rechte Auge des Professors zwinkerte ...

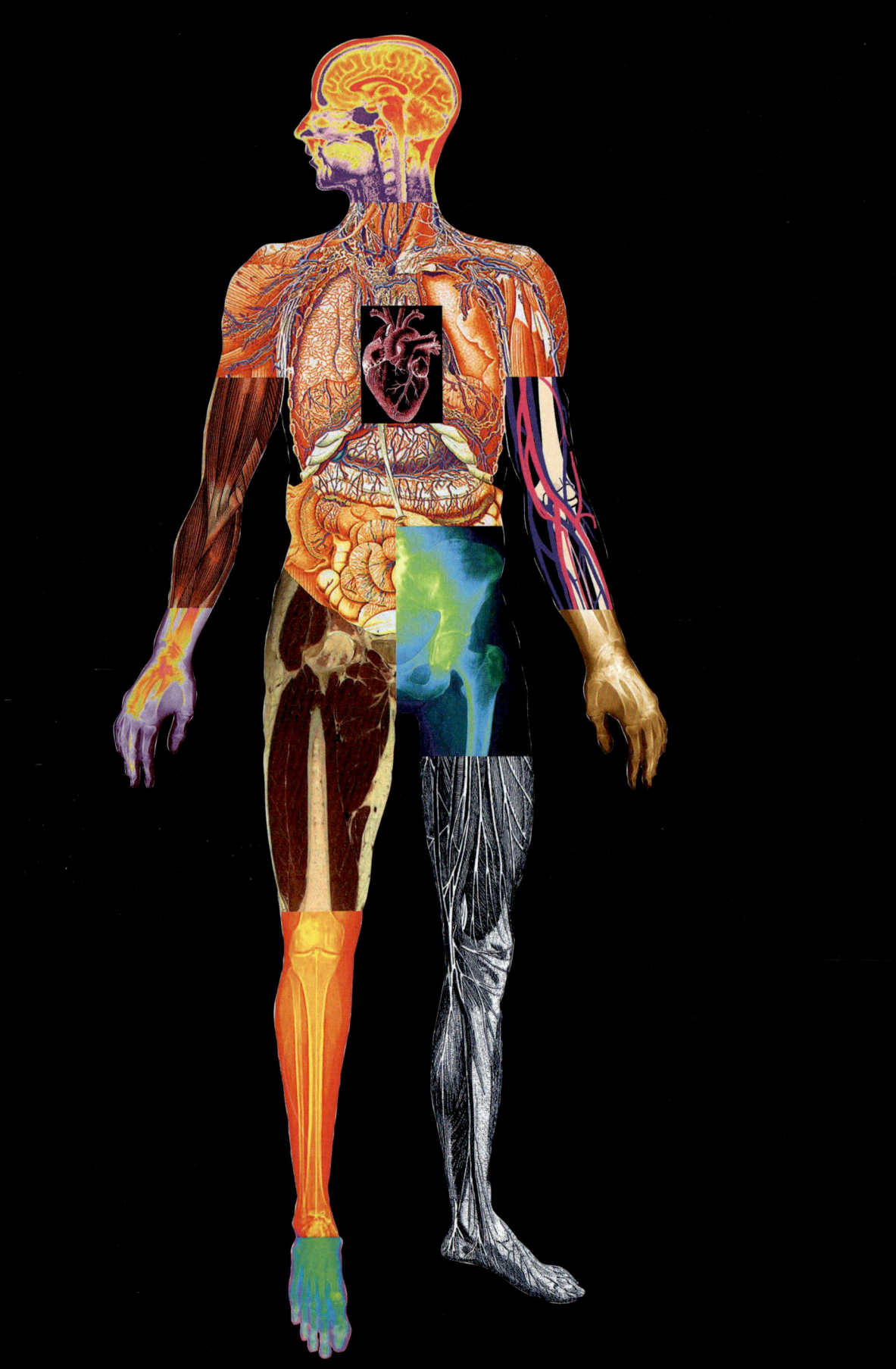

Medizinservice für Kinder (und Eltern)

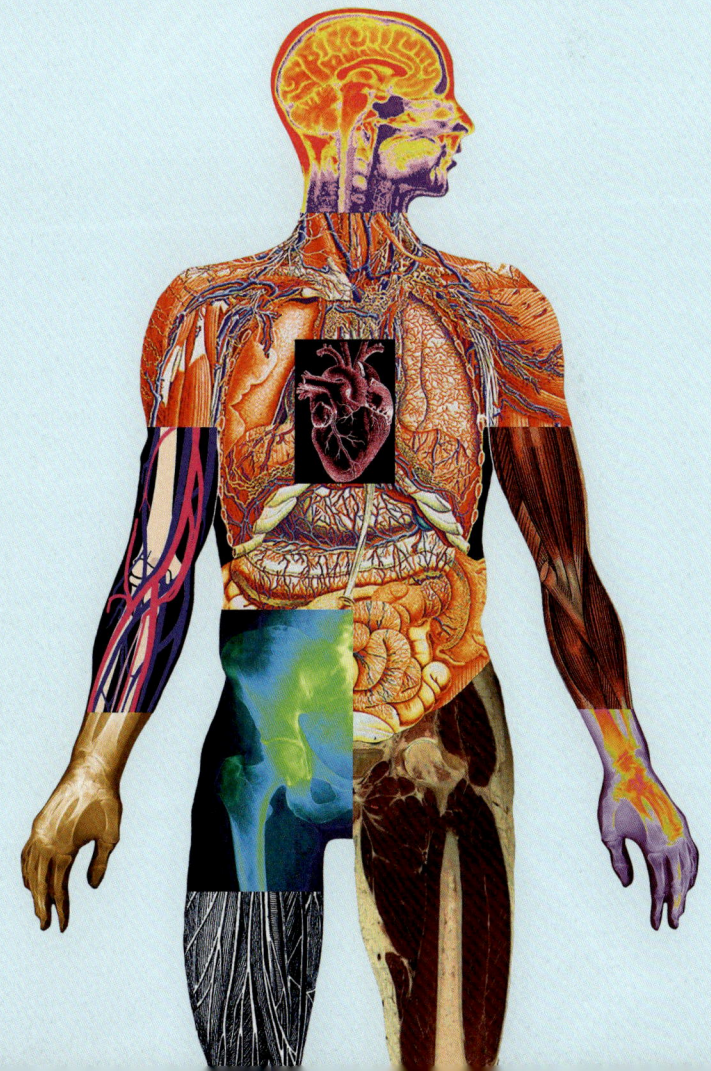

Röntgen und Kernspintomografie – leicht gemacht

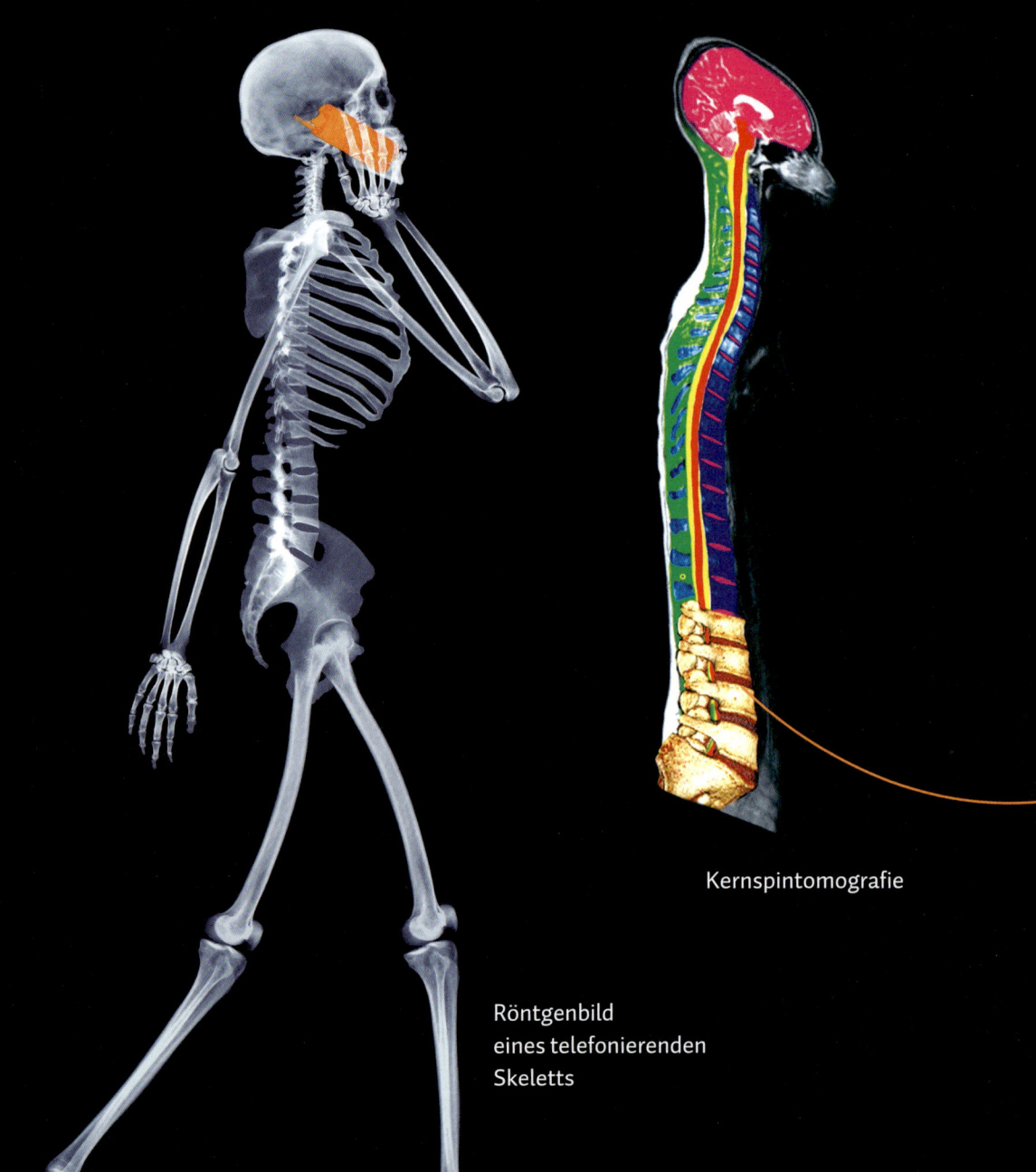

Kernspintomografie

Röntgenbild
eines telefonierenden
Skeletts

Horizontal-(Axial-)Schnitt der Lendenwirbelsäule (gesunde Bandscheibe)

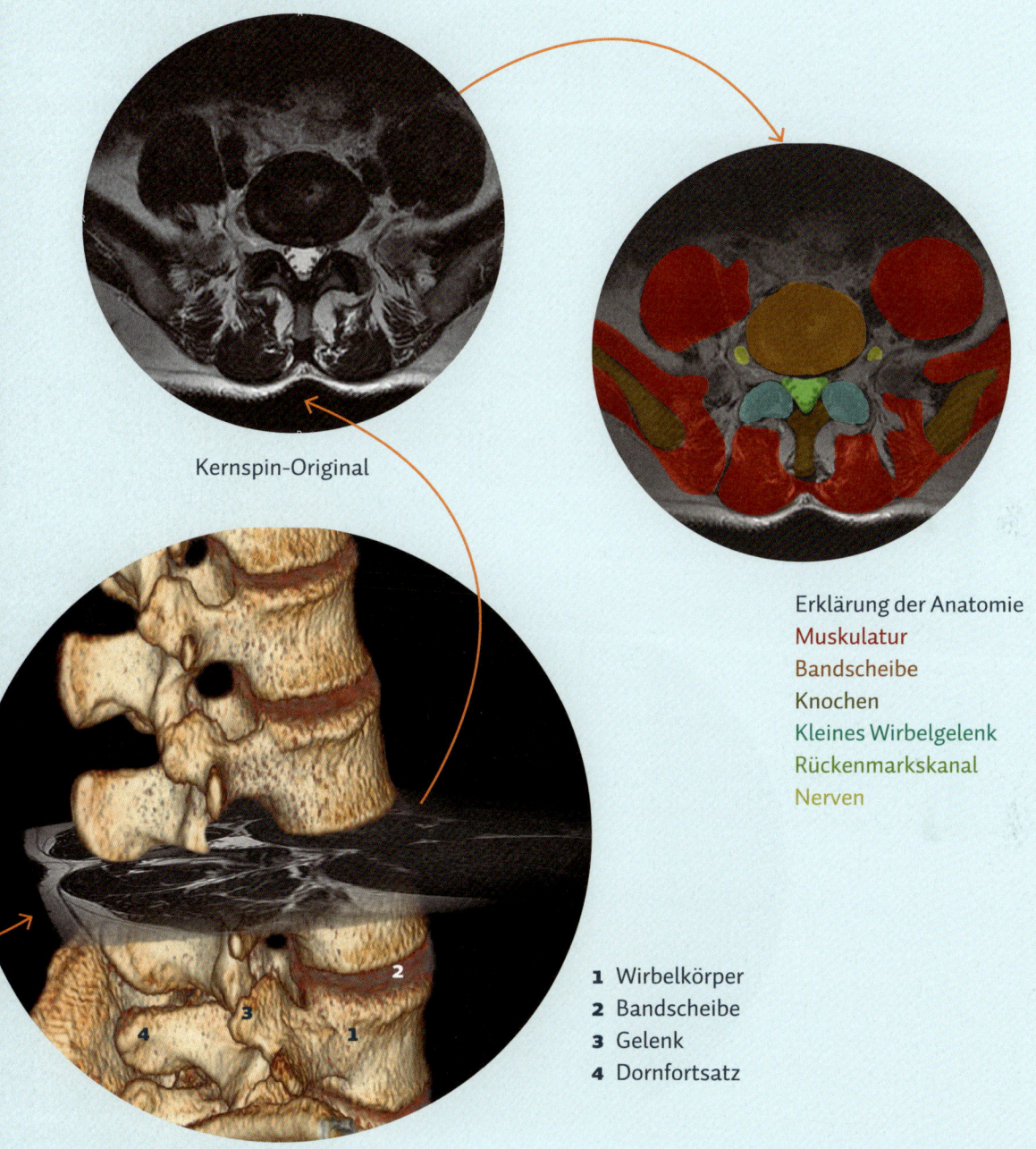

Kernspin-Original

Erklärung der Anatomie
Muskulatur
Bandscheibe
Knochen
Kleines Wirbelgelenk
Rückenmarkskanal
Nerven

1 Wirbelkörper
2 Bandscheibe
3 Gelenk
4 Dornfortsatz

Normale gerade Lendenwirbelsäule
Kernspintomografie

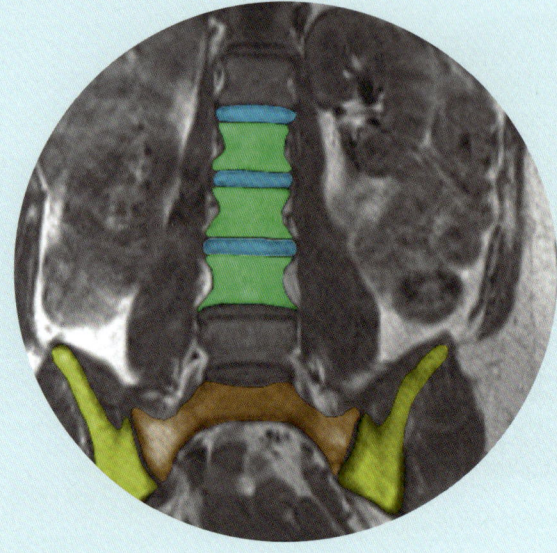

Beckenschaufeln
Kreuzbein
Wirbelkörper
Bandscheiben

Gerade Lendenwirbelsäule
Röntgenbefund

Im Röntgenbild bleiben
Bandscheiben und Weichteile
leider unsichtbar.

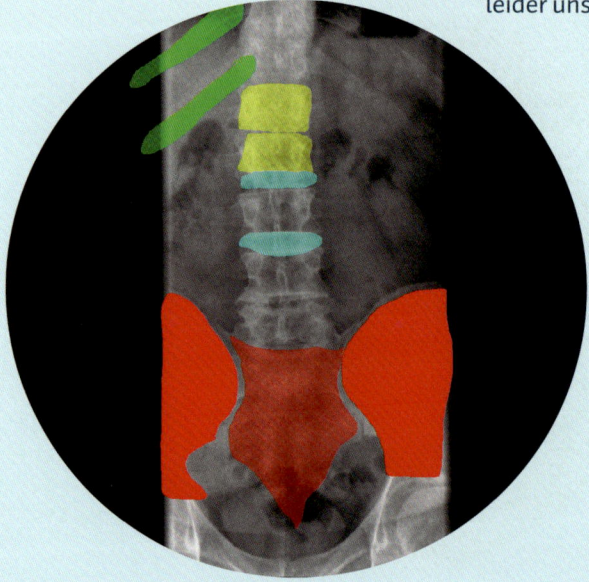

Beckenboden
Kreuzbein
Wirbelkörper
Bandscheiben
Rippen

Verdrehte Lendenwirbelsäule (Skoliose)
Kernspintomografie

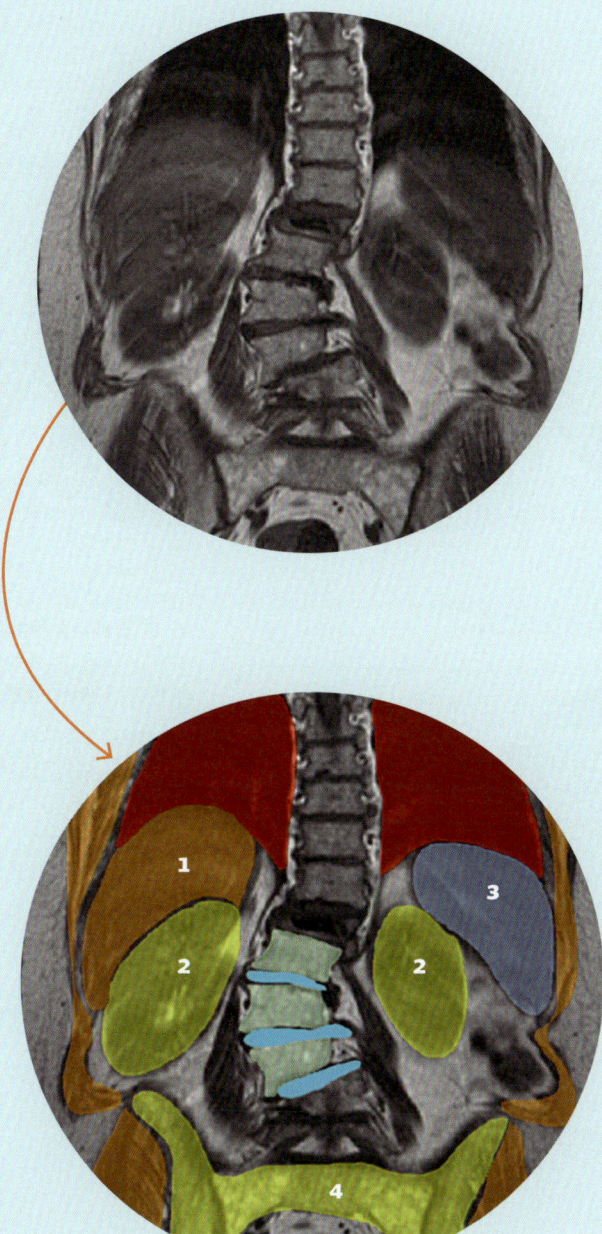

Lunge
Muskulatur
Wirbelkörper
Bandscheiben
Darm

1 Leber
2 Niere
3 Milz
4 Beckenschaufel
 mit Kreuzbein

Gesunde Lendenwirbelsäule
Kernspintomografie

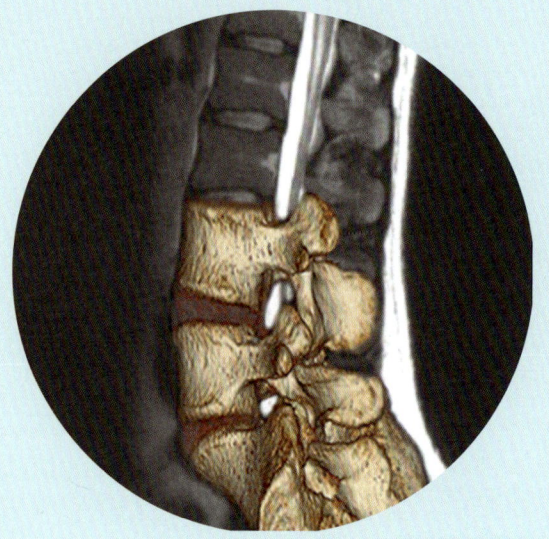

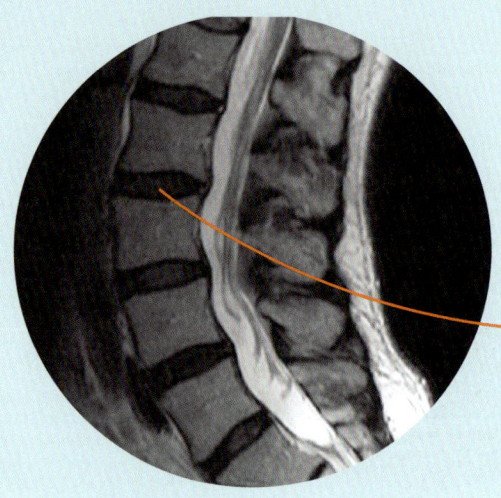

Halswirbelsäule (gesund)

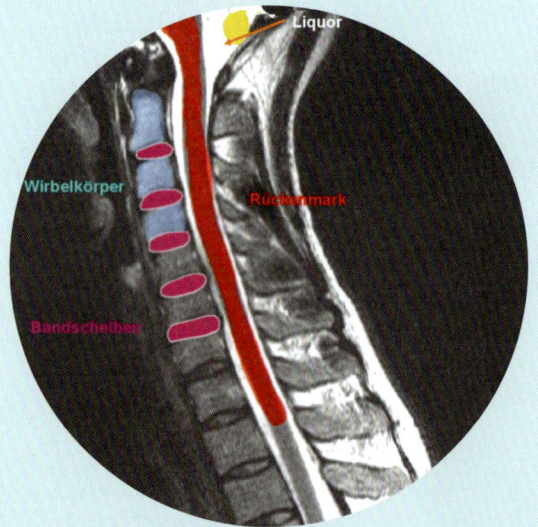

Liquor

Wirbelkörper

Rückenmark

Bandscheiben

(Massen-)Vorfall

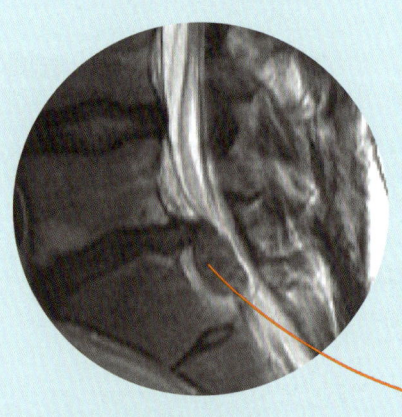

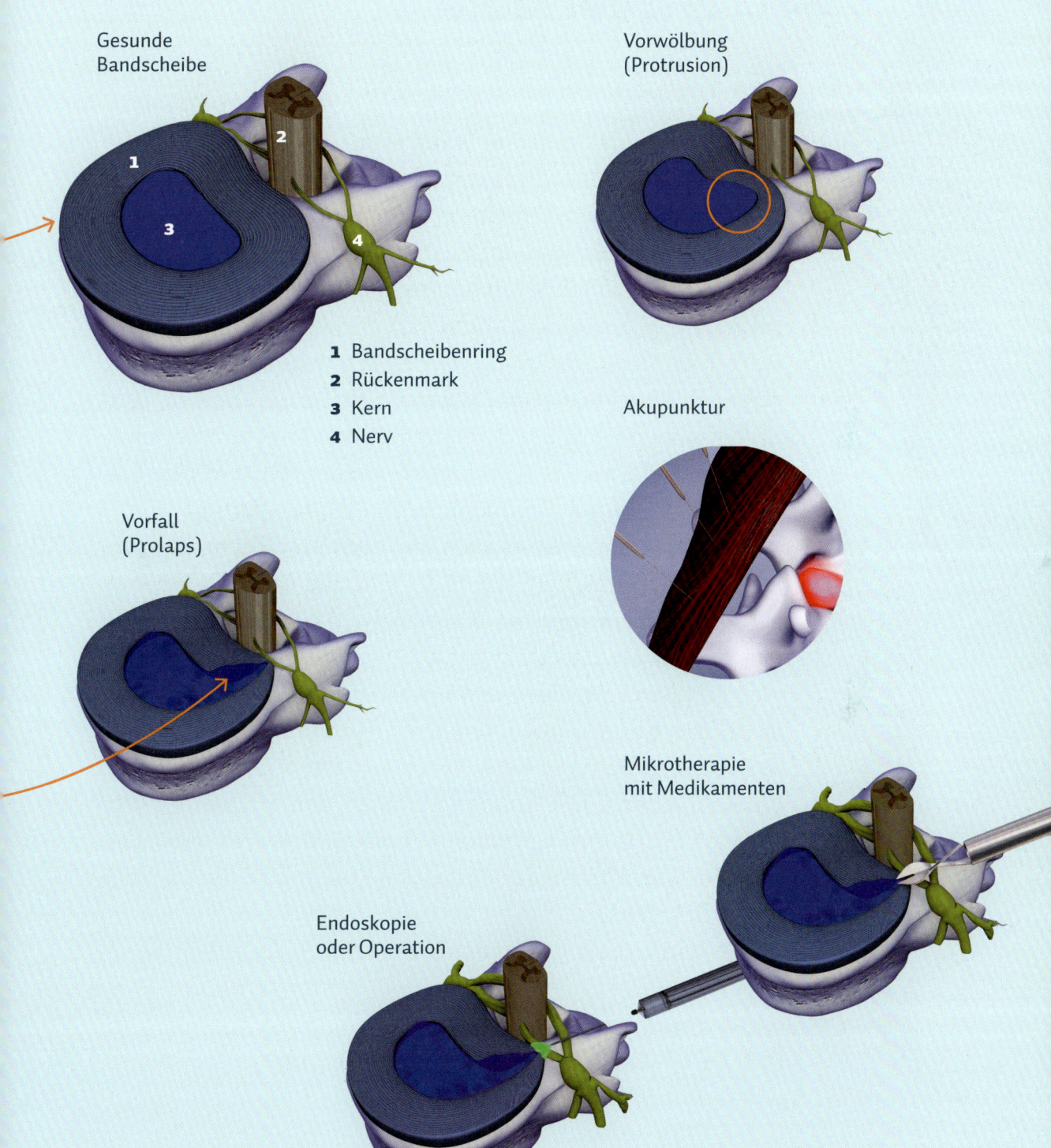

Die Bandscheibe: ihre Krankheiten und einige Therapieformen

Gesunde Bandscheibe

Vorwölbung (Protrusion)

1 Bandscheibenring
2 Rückenmark
3 Kern
4 Nerv

Akupunktur

Vorfall (Prolaps)

Mikrotherapie mit Medikamenten

Endoskopie oder Operation

Aufbau
der Wirbelsäule

Wie der Stahl als Gerüst im Stahlbeton vor allem in Hochhäusern dafür sorgt, dass diese stabil sind, so stärkt die Wirbelsäule als Stab den Rücken. Der Unterschied aber ist: Die Wirbelsäule ist stark beweglich und mit flexiblen Muskeln verbunden, der Stahl in Häusern hingegen nur mit starrem Beton. Deine Wirbelsäule gibt dir Rückhalt und macht dich standfest für den aufrechten Gang. Sie kann große Lasten tragen, aber auch unglaublich beweglich sein. Du kannst dich nach vorne beugen, nach hinten neigen, zur Seite drehen, den Kopf auf die Schultern legen oder zur Seite gucken, aber leider nicht wie eine Eule deinen Kopf um 360 Grad drehen. Zu schade, oder?

Dein Rückgrat – wie es auch im Volksmund genannt wird – ist neben der Stabilität, die es dir gibt und die vor allen Dingen durch die **knöchernen Wirbelkörper** garantiert wird, auch gleichzeitig ein Stoßdämpfersystem. Stoßdämpfer sind die kleinen Kissen zwischen den Wirbelkörpern, die **Bandscheiben.** Diese bestehen aus einem Faserring (Anulus) und in der Mitte aus einem gallertigen Kern (Nucleus). Die Wirbelkörper sind untereinander mit Gelenken verbunden, den sog. kleinen Wirbelgelenken (Facettengelenke). Diese funktionieren wie Scharniere in einer Tür. An der Wirbelsäule selbst sind über Sehnen Muskeln befestigt.

Die Wirbelsäule gliedert sich in sieben Hals-, zwölf Brust-

und fünf Lendenwirbel, fünf Kreuz- sowie vier bis fünf Steißbeinwirbel. Das macht zusammen drei- bis vierunddreißig Wirbel.

An der **Brustwirbelsäule,** dem Abschnitt zwischen Hals- und Lendenwirbelsäule, sind zwölf Rippen befestigt, die von der Wirbelsäule aus nach vorn verlaufen und die Brusthöhle umfassen. Sie können sich durch zwei Gelenkverbindungen an der Wirbelsäule beim Ein- und Ausatmen bewegen.

Innerhalb der Wirbelsäule im Rückenmarkskanal läuft das **Rückenmark,** es ist quasi die »Informationsautobahn« zwischen Körper und Gehirn. Denn aus der Wirbelsäule treten seitlich aus den Nervenaustrittslöchern Nerven aus, mit denen die Muskulatur in Bewegung gesetzt wird. Gleichzeitig laufen Nervenendigungen von den Muskeln, aber auch von den Organen durch diese Nervenaustrittslöcher in die Wirbelsäule hinein und melden über das Rückenmark dem Gehirn Veränderungen im Körper. Hauchdünne Nerven ziehen auch aus der Wirbelsäule zu den kleinen Wirbelgelenken, und diese messen die Stellung der Wirbelsäule im Raum. Sie gehören damit auch zu deinem Gleichgewichtssystem. Diese kleinen Gelenke können extrem wehtun, wenn

1 Halswirbel (7)
2 Brustwirbel (12)
3 Lendenwirbel (5)
4 Kreuzbein (5 verwachsene Kreuzwirbel)
5 Steißbein (4 oder 5 verkümmerte Schwanzwirbel)

sie durch falsche Bewegung ineinander verkanten und sich somit blockieren. Bei grippalen Infekten, aber auch bei bestimmten rheumatischen Erkrankungen entzünden sich die Gelenke manchmal schmerzhaft.

Rückenmark Bewegung ist natürlich nicht allein nur durch deine Knochen möglich, dann würde ja jedes Skelett laufen können. Deine Muskeln sind mit Sehnen an deinen Knochen befestigt und bewegen so dein Knochengerüst. Die Befehle dazu kommen von deinem Gehirn und werden von den Nerven direkt bis an deine Muskeln geleitet. Deine Muskeln wiederum senden Informationen, zum Beispiel über Lage und Belastung oder Schmerz, zu deinem Gehirn. **Hauptnervenbahn** ist das Rückenmark, unsere »Informationsautobahn«, wie du im oberen Abschnitt bereits gelesen hast. Es sieht aus wie ein sehr dickes »Elektrokabel« und leitet nicht nur alle Information vom Körper zum Gehirn und zurück, sondern hier fließt auch **Strom,** um Muskeln zu bewegen, alle Organe zu aktivieren und Daten auszutauschen. Dein Rückenmark verläuft durch die gesamte Wirbelsäule und wird von den **Wirbeln** geschützt.

Rückenbeschwerden hat jeder einmal Die meisten Menschen haben panische Angst vor Rückenschmerzen. Vielleicht auch du? Bei Rückenschmerz denkt in der Regel jeder sofort an die Bandscheibe. Daher denken viele dann gleich an eine Querschnittslähmung und eine möglicherweise notwendige Operation. Keine Angst! Achtzig Prozent aller Rückenschmerzen kommen allein durch eine verspannte **Muskulatur** zustande. Das ist auch ziemlich schmerzhaft. Aber verspannte Muskeln kann man lockern, indem man sie erwärmt, beispielsweise durch Bewegung, eine warme Dusche oder ein heißes Bad.

Die zweithäufigste Ursache dafür, dass die Wirbelsäule schmerzt, ist eine Verrenkung der kleinen Scharniere in der Wirbelsäule: der **Wirbelgelenke.** Diese können sich verkanten – wir nennen das Blockierung –, und das kann ganz heftig wehtun. Auch hier können Wärme, vorsichtige Massage oder krankengymnastische Übungen helfen. Speziell geübte Krankengymnasten oder Osteopathen können sanft versuchen, die Wirbelgelenke einzurenken.

Die wenigsten Rückenschmerzen sind auf die **Bandscheibe** zurückzuführen. Doch diese kann in der Tat auf die Nerven drücken und starke Schmerzen oder noch schlimmer Kraftverringerung oder sogar Lähmungen erzeugen. Aber keine Angst – auch eine Bandscheibe muss ganz häufig nicht operiert werden. Vielmehr kann man hier mit Wärme und Bewegung oder Massagen und Akupunktur beziehungsweise vorsichtigen Spritzen helfen, die Bandscheibe zurückrutschen zu lassen. Dazu gibt es heute hervorragende mikrotherapeutische Behandlungen: Unter Bildsteuerung mit moderner Computer- oder Kernspintomografie wird präzise eine hauchdünne Sonde an die Bandscheibe herangeführt, und es werden Medikamente um die schmerzerzeugende Bandscheibe und den quälenden Nerv eingebracht. Sollte mehr Bandscheibengewebe herausgetreten sein, kann man dies auch vorsichtig mit einer Hitzesonde verdampfen. Große Operationen, bei denen man die Wirbelsäule eröffnet, sind selten und werden nur noch dann durchgeführt, wenn Lähmungserscheinungen oder Schmerzen sehr schnell oder dramatisch zunehmen.

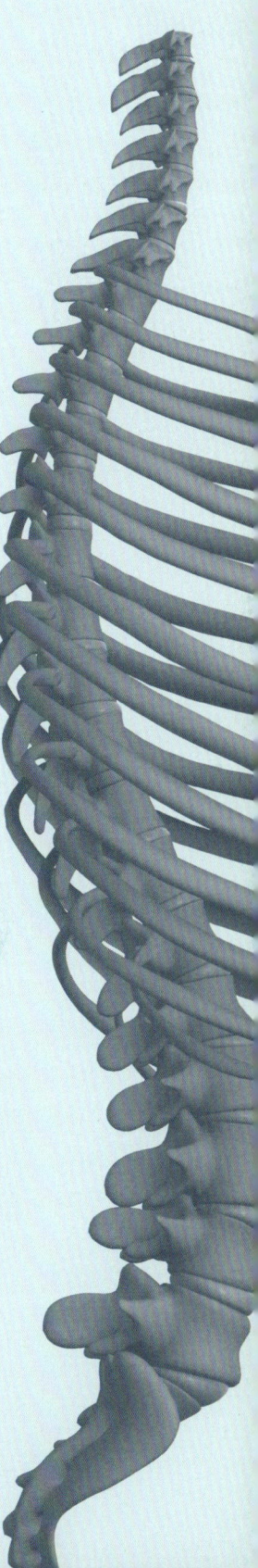

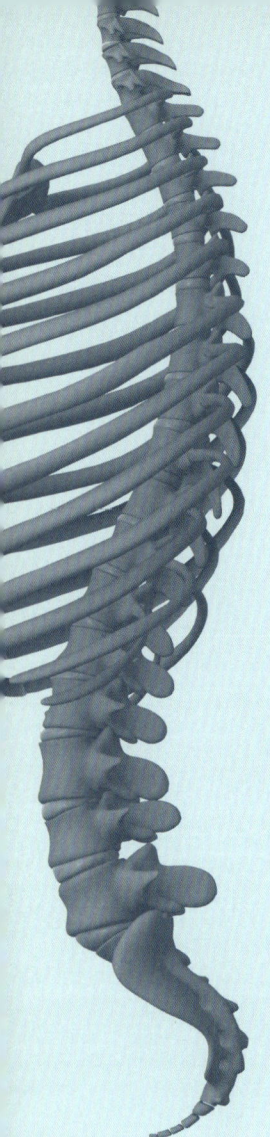

Am besten beugt man mit Sport gegen diese Beschwerden vor und indem man falsche Sitzhaltungen in der Schule, beim Musizieren oder bei der Arbeit vermeidet. Und nicht vergessen – bewegen, bewegen und noch mal bewegen!

Bandscheibenvorfall Bei einem Bandscheibenvorfall drückt ein Teil der Bandscheibe auf den Nerv, der zur Muskulatur führt, und zwar im **Nervenaustrittsloch.** Das kann richtig wehtun und zu schwachen Muskeln führen. Häufig sind auch die Gefühle in Armen oder Beinen gestört. Der Arzt greift in solchen Fällen zum kleinen Hammer und klopft beispielsweise vorne auf das Knie, um herauszufinden, ob die Nerven noch intakt sind. Er überprüft dabei die **Nervenreflexe.** Wenn der Unterschenkel bei diesem Klopfen auf das Knie oder hinten auf die Achillessehne noch hüpft, ist der Nerv nicht geschädigt.

Ein Bandscheibenvorfall kann aber auch in der Mitte der Wirbelsäule entstehen und dann auf das Rückenmark drücken. Hier ist im Gegensatz zum Nervenaustrittsloch noch viel Platz, sodass viel mehr Bandscheibengewebe austreten muss, bevor die Nerven lädiert werden. Im Nervenaustrittsloch wird der Nerv von der Bandscheibe auf den Knochen gedrückt, zum Schutz bildet sich **Nervenwasser,** das verhindern soll, dass Nervenzellen abgequetscht werden und damit absterben. Nur nimmt das Nervenwasser dadurch, dass das Gewebe anschwillt und sich ein Ödem bildet, natürlich auch viel Raum ein – wie du dir denken kannst. Damit wird das Nervenaustrittsloch sehr eng, und der Nerv wird noch mehr gepresst und tut noch mehr weh. Ganz schön paradox, diese Situation. Behandeln sollte man dann zunächst mit abschwellenden Medikamenten.

Der sogenannte **Hexenschuss** macht seinem Namen alle Ehre: Er schießt im wahrsten Sinne des Wortes mit einem Mal mit stärksten Schmerzen in den Rücken und / oder in ein Bein. Du kannst dich kaum noch bewegen. Es kann eine Vorwölbung der Bandscheibe sein, bei der der Gallertkern, nachdem man sich gebeugt hat, nicht wieder in die Mitte der Bandscheibe zurückschlüpft, sondern vorgewölbt bleibt. Meistens ist aber die Rückenmuskulatur schmerzhaft verspannt, vor allen Dingen immer wieder dadurch ausgelöst, dass sich die kleinen Gelenke verkanten. Wärme und Bewegen hilft hier am besten.

Der Hexenschuss des Halses ist der sogenannte **Schiefhals**, der auch mit Wärme behandelt werden muss.

Bei beiden Schmerzsyndromen solltest du aber zum Arzt gehen, der dir neben Wärme wie zum Beispiel Fangopackungen und Rotlicht, möglicherweise ein leichtes Schmerzmittel verordnet oder dich akupunktiert und dir Massagen verschreibt. Natürlich kann er nach der Untersuchung auch feststellen, dass du keinen Bandscheibenvorfall hast.

Wirbelsäulenverkrümmung (Skoliose) Die Skoliose ist eine besondere Form der Wirbelsäulenerkrankung. Hierbei kommt es zu einer nicht normalen Verkrümmung und / oder Verdrehung der Wirbelsäule nach rechts oder links oder manchmal beidseitig. Eine Skoliose ist häufig angeboren. Gerade wenn eine Skoliose vorliegt, ist es sehr wichtig, sich wirklich viel zu bewegen und vor allem die Rückenmuskulatur zu trainieren.

Psychische Ursachen

Gefühle wie Angst, Trauer, Stress und Mutlosigkeit beschweren nicht nur dein Herz, sondern können auch deinen Rücken belasten. Das kann sich zum einen in einer schlechten Körperhaltung ausdrücken, wenn man immer gebückt und traurig durchs Leben geht. Durch die ungesunde Haltung verschleißen deine Wirbelgelenke und Bandscheiben. Außerdem können Stress, Unzufriedenheit und Mutlosigkeit vorhandene Probleme verschlimmern oder sogar zu Schmerzen führen, bei denen sich oftmals keine körperliche Ursache finden lässt.

Was tun?

Schmerzen wegwärmen Wärme ist ein gutes Mittel gegen Rückenschmerzen. Die Durchblutung wird angeregt, und zudem wirkt die Wärme entkrampfend auf Muskeln und Nerven. Die einfachste Art, Wärme zu tanken, bietet zum Beispiel ein heißes Bad. Ausnahmen sind Ischias, das sind brennende Schmerzen im Po oder im Kreuz, die ins Bein ausstrahlen, oder Rheuma, meist entzündliche Erkrankungen der Gelenke. Hier helfen zum Beispiel kalte Güsse.

Massage Eine Massage stärkt den Rücken und lindert Schmerzen. Muskeln und Gewebe werden stimuliert, Blutkreislauf und Stoffwechsel angeregt und die Hormonproduktion intensiviert. Außerdem löst eine Massage Verspannungen, und Nährstoffe werden besser zum Knochenmark und in die Muskeln transportiert.

Nicht schonen – auch bei Schmerzen Eine Woche ohne Bewegung – und du verlierst 25 Prozent deiner Muskelkraft. Viele Menschen glauben, bei Rückenschmerzen würde nur Bettruhe und Schonung helfen. Das verschlimmert aber leider die Probleme, da die geschwächte Muskulatur die Wirbelsäule nicht mehr ausreichend schützen und stützen kann. Deshalb: Schon ein Spaziergang an der frischen Luft fördert die Durchblutung und unterstützt damit die Heilung.

Iss dich fit – Übersäuerung vermeiden Täglich frische Früchte und Vollkornprodukte sind wichtig für einen gesunden Rücken. Weißmehlprodukte, tierische Fette und Zucker übersäuern das Bindegewebe. Es geht, wie der Name sagt, um zu viel Säure im Gewebe. Das Ergebnis sind häufig Rückenschmerzen, da Gelenkknorpel abgebaut wird.

Winzige Bausteine zum Leben

Die lebenswichtigen Vitamine

Vitamine müssen in der Regel mit der Nahrung aufgenommen werden, weil der Körper sie meistens bis auf Vitamin K und Vitamin B_2, Folsäure und Biotin nicht selbst produziert. Diese werden von Darmbakterien in geringen Mengen produziert.

Man unterscheidet zwischen wasserlöslichen und fettlöslichen Vitaminen. Fettlösliche Vitamine können nur aufgenommen werden, wenn deine Leber ausreichend Gallenflüssigkeit bildet und deswegen in deinem Darm Fett verdaut und aufgenommen wird.

Fettlösliche Vitamine

Sie werden wie die Supermarktkette **EDEKA** ausgesprochen, umfassen also die Vitamine E, D, K und A. Sie können im Darm nur zusammen mit Fetten aufgenommen werden.

Vitamin A Entsteht aus dem Provitamin A, einer Vorstufe des Vitamins, im Darm und umfasst eine Reihe fettlöslicher und lichtempfindlicher Wirkstoffe wie das Retinol. Das Provitamin A wird aus der Nahrung aufgenommen und als Vitamin in der Leber gespeichert. Die Provitamine des Vitamins A sind die sogenannten Carotinoide, die du auch in den Mohrrüben findest und die der Mohrrübe unter anderem das orange Aussehen verleihen. Diesen weitverbreiteten Pflanzenfarbstoff, das Beta-Carotin, findest du auch im Kohl und im Spinat. Große Mengen an Vitamin A kommen in Buttermilch, Eiern, in Lebertran und der Leber vieler Tiere vor.

Vitamin A brauchst du, damit deine **Knorpelzellen,** aber auch deine Hautzellen wachsen können. Es ist unentbehrlich, um gut zu **sehen.** Solltest du ein wenig nachtblind sein oder eine Nachtblindheit verringern beziehungsweise die Sehschärfe optimieren wollen, solltest du vermehrt Vitamin-A-haltige Nahrung zu dir nehmen. Vitamin A ist auch wichtig, um **Infektionen** an den Schleimhäuten **abzuwehren.**

Achtung! Nimm nicht zu viel Vitamin A zu dir, sonst können auch Nervenstörungen auftreten. Das merkt man manchmal bei Babys, die zu viel Karottengemüse bekommen haben. Sie sehen quietschgelb aus.

Vitamin D Ohne Vitamin D würden dein **Skelett** und deine **Zähne** gar nicht so stark sein, wie sie sind. Also achte immer darauf, dass du genügend Vitamin D in der Nahrung bekommst.

Vitamin D ist quasi ein **unechtes Hormon,** weil es vom Körper gebildet werden kann. Nur braucht der Körper ganz viel UV-Licht dafür. Das Beste ist, du gehst ganz häufig an die frische Luft und siehst zu, dass die Sonne möglichst große Körperteile bescheinen kann. Das geht natürlich am besten im Sommer, am Strand, wenn du dich gut mit Sonnenschutzcreme geschützt hast. Die Vorstufen des Vitamins D werden aus Cholesterin gebildet, man nennt das Vitamin D deshalb auch gerne das Vitamin-D-Hormon. Auch aus der Nahrung, aus Milch, Eigelb, Fisch oder Lebertran kannst du Vitamin D aufnehmen. Vitamin D sorgt dafür, dass Mineralien in deine Knochen eingelagert werden, damit sie stabil sind und dir und deinem Rücken Halt geben.

Vitamin E

Vitamin E ist sehr wichtig für deine weitere Geschlechtsentwicklung, wird allerdings nur von Pflanzen hergestellt. Deshalb wäre es ja auch so wunderbar, wenn du mehr Vollkornprodukte, Getreidekeime, Pflanzenöle oder Blattgemüse zu dir nehmen würdest. Dies alles enthält Vitamin E und schützt weiterhin die Zellmembranen, verringert das Krebsrisiko und inaktiviert schädliche Cholesterine. Damit vermindert Vitamin E unter anderem auch die Gefäßverkalkung, die sogenannte Arteriosklerose.

Vitamin K

Damit dein Blut nicht ganz dünn wird und du möglicherweise verblutest, brauchst du Vitamin K. Dieses steigert in der Leber die Bildung von **Gerinnungsfaktoren.** Das sind Eiweiße, die bewirken, dass das Blut gerinnt. Wenn du gerne grünes Blattgemüse, Kohl oder Milch zu dir nimmst und auch öfter

Fisch isst, dann führst du dir sicherlich genügend Vitamin K zu. Vitamin K wird aber auch von Darmbakterien, beispielsweise von den berüchtigten Kolibakterien, gebildet. Aber: Finger weg von Kolibakterien! Im Darm sind sie gut. Wenn du sie jedoch essen würdest, könntest du Durchfall bekommen oder sogar schwer krank werden. Deshalb wasche immer gut die Finger nach dem Stuhlgang.

Wasserlösliche Vitamine

Vitamin B₁ Zum **Denken** und **Fühlen**, aber auch für die **Nervenfunktion** der Muskeln und des Herzens ist Vitamin B$_1$ wesentlich. Es ist bei der Bildung der sogenannten Botenstoffe in den Nerven beteiligt. Die Hälfte von Vitamin B$_1$ (Thiamin) wird für die Muskelfunktionen am Tag verbraucht. Gut wäre es, wenn du aufpasst, dass du genügend Kartoffeln – auch hin und wieder, aber nicht nur, Pommes frites –, Gemüse und Hefe zu dir nimmst und frische Getreidesprossen, zum Beispiel in Vollkornbrot.

Vitamin B₂ Damit dein Körper richtig gut **Energie** aus Zucker und Fetten gewinnen kann, aber auch der **Eiweißstoffwechsel** richtig Feuer bekommt, brauchst du Vitamin B$_2$. Ein Mangel zeichnet sich durch Entzündungen von Haut und Schleimhäuten, zum Beispiel im Mund, aus. Auch hier helfen wieder die Darmbakterien, genügend Vitamin B$_2$ aus der Nahrung bereitzustellen. Du findest Vitamin B$_2$ in Milch und Käseprodukten, Leber, Hefe und allen üblichen Getreidekeimen wie Sojasprossen. Du siehst, auch die »Babys« von Pflanzen, die Samenkörner, benötigen ganz viel Vitamin B und andere lebenswichtige

Grundbausteine für den Stoffwechsel. Samen brauchen diese Elemente genauso wie du, um zu wachsen. Denk daran, dass sie dir diese schenken, und iss sie ganz bewusst.

Vitamin B$_{12}$ Dieses Vitamin benötigst du unbedingt, damit **rote Blutkörperchen** gebildet werden, dein **Nervensystem** funktioniert, für den **Eiweißstoffwechsel** und zum Aufbau deiner **Erbsubstanz.** Es muss im Magen an ein spezielles Riesenmolekül, den so-genannten Intrinsic-Faktor (IF) gebunden werden, damit es wirksam werden kann. Bei chronischen Magenschleimhaut-entzündungen oder Magengeschwüren klappt das häufig nicht, und es kommt zu einem Vitamin B$_{12}$-Mangel, den man im Blut messen kann. Vitamin B$_{12}$ kommt anscheinend nur in tierischen Nahrungsmitteln wie Milch, Eigelb, Fisch oder Fleisch vor. In pflanzlichen Lebensmitteln sind zwar auch Spuren davon vorhanden, aber nur, wenn sie vergoren sind wie zum Beispiel Sauerkraut. Veganer sollten Vitamin B$_{12}$ deswegen in Form von Nahrungsergänzungsmitteln zu sich nehmen.

Niacin Dieses Vitamin ist für die **Energiegewinnung** aus dem Abbau von Fetten und Zucker sehr bedeutend. Darmbakterien synthe-tisieren Niacin aus der Aminosäure Tryptophan, sodass du in der Regel unter keinem Niacin-Mangel leiden musst. Niacin ist die Abkürzung von Nikotinsäure, die du mit vielen Lebensmit-teln zu dir nehmen kannst, zum Beispiel mit Hülsenfrüchten, Milchprodukten oder auch Weizenkeimen. Nikotin aus Ziga-retten enthält aber kein Niacin, auch wenn es sich so ähnlich anhört – im Gegenteil!, Nikotin schadet deiner Gesundheit.

Vitamin C Dieses Vitamin ist vor allen Dingen in Zitrusfrüchten, Zitronen und Orangen, aber auch in Hagebutten, dunkelgrünem Gemüse und Sanddorn enthalten. Leider können wir selbst kein Vitamin C herstellen, Pflanzen und Tiere dagegen schon. Du brauchst Vitamin C dringend, um den Stoffwechsel von Aminosäuren, also dem Baustein von Eiweißen, optimal zu regeln. Außerdem ist Vitamin C wichtig für die **Blutgerinnung**, **Wundheilung** und den Aufbau von **Bindegewebe**.

Vitamin-C-Mangel äußert sich häufig durch erhöhte **Infektanfälligkeit** oder auch **Blutungen im Mund**, bei denen Zähne ausfallen können. Man nennt diese Krankheit Skorbut, die früher häufig Seefahrer heimsuchte, wenn monatelang kein Vitamin C auf den Schiffen zur Verfügung stand. Wie Vitamin A und E ist Vitamin C auch ein Antioxidans. Ganz wichtig: Antioxidantien fangen sogenannte »freie Radikale«. So bezeichnet man Moleküle, die Sauerstoff enthalten. Sie haben allerdings ein Problem: Ihnen fehlt ein Elektron. Also suchen sich die freien Radikale ein Opfer, ein intaktes Molekül zum Beispiel aus der Zellmembran, Eiweißen oder der Erbsubstanz, und entreißen ihm blitzschnell ein Elektron. Dieser Raub heißt Oxidation. Attackieren nun viele freie Radikale Moleküle, spricht man von oxidativem Stress, der Zellen und Organe schädigen und Krankheiten hervorrufen kann.

Biotin Biotin wird auch »Schönheitsvitamin« genannt. Du brauchst es, um **Aminosäuren** – du erinnerst dich, das sind die kleinen Bausteine der Eiweiße –, **Kohlenhydrate** und **Fettsäuren** zu verstoffwechseln. Gerade gesunde **Haut**, **Haare und Nägel** scheinen viel Biotin zu erfordern. Biotin kommt häufig in Eigelb und Innereien vor und ist auch in Hefe enthalten. Hefe wird ja beispielsweise beim Backen von Brot und Kuchen benutzt, aber du kannst sie auch als Flocken auf Salat streuen. Das schmeckt köstlich, probier es mal.

Pantothensäure Die Pantothensäure ist besonders gut in grünem Gemüse, Nüssen und Getreide enthalten. Du benötigst das Pantothen für die Zellatmung genauso wie für deinen Fett- und Zuckerstoffwechsel.

Folsäure Das ist ein ganz wesentliches Vitamin, das du zur Bildung deiner **roten Blutkörperchen** dringend benötigst, ebenso wie bei jeder **Zellteilung,** also um neue Zellen und die verschiedenen Zelltypen zu bilden. Außerdem wird Folsäure auch beim **Stoffwechsel der Aminosäuren** gebraucht. Besonders viel Folsäure findest du in Vollkornmehl, in Leber und Milch, aber auch in dunkelgrünem Blattgemüse und Weizenkeimen. Folsäure wird auch von Darmbakterien im Dickdarm hergestellt.

Die wesentlichen Hormone

»Wir werden immer größer, jeden Tag ein Stück« – so lautet ein altes Kinderlied. Damit du wächst und deine Zellen angeregt werden, sich zu vermehren, müssen sie miteinander in Verbindung stehen und irgendwie hierzu angeleitet werden. Sie müssen quasi gleichzeitig bestimmte Nachrichten erhalten, die sie veranlassen, sich gleich zu verhalten. Informationen, die dafür sorgen, dass alles ganz geregelt und harmonisch in deinem Körper abläuft: nämlich dass Körper-, Blut-, Abwehr- und Nervenzellen zum Beispiel gleichzeitig wachsen. Sonst würde ja dein Körper total »verrückt« aussehen – mit zu langen Blutgefäßen, zu kleinen Hautzellen, Nervenendigungen, die irgendwo herausstehen, oder eine Nase wie Pinocchio. Damit das aber nicht der Fall ist, produziert dein Körper Hormone. Das sind Botenstoffe, die alle Prozesse im Körper regulieren. Sie steuern das Wachstum und bremsen es, regen Drüsen wie zum Beispiel die Schilddrüse an, Hormone für den Zellstoffwechsel zu liefern, andere wiederum für die Geschlechtsentwicklung. Auch der Geschlechtstrieb wird durch Hormone stimuliert; bei Männern ist es Testosteron, bei Frauen Östrogen. Hormone beeinflussen ebenfalls, wie der Körper auf Licht, Stress oder Sport reagiert. Deshalb nimmt man Hormone, wie etwa das Wachstumshormon, auch als künstliche Dopingmittel.

Wo werden die Hormone produziert?

Die Botenstoffe des Körpers werden in vielen verschiedenen Regionen des Körpers gebildet und besitzen unzählige Funktionen. Der »Steuermann« des gesamten Hormonsystems sitzt im Gehirn, es ist die sogenannte **Hirnanhangdrüse, die Hypophyse.** Sie steuert die Organe, die Hormone produzieren, wie zum Beispiel die Bauchspeicheldrüse, die Nebennieren, Eierstöcke und Hoden mit eigenen Hormonen.

Die Hypophyse bildet das **Wachstumshormon** (Somatropin), steuert dein Längenwachstum und ist an der Eiweißherstellung des Körpers beteiligt. Sie produziert auch das **Schwangerschaftshormon** (Prolaktin), das dafür sorgt, dass bei Schwangeren die Brustdrüse wächst und die Gebärmuttermuskulatur kräftig wird. Bei jungen Mamas ist es dafür verantwortlich, dass in der Brust Muttermilch fürs Babys entsteht. Das **geschlechtsregelnde** Hormon (Gonadotropin) aktiviert bei dir das Wachstum der Geschlechtsdrüsen, bei Jungen sind das die **Hoden,** bei Mädchen die **Eierstöcke,** in denen die Samen beziehungsweise Eizellen gebildet werden.

Das oberste Steuerorgan, der »Kapitän« sozusagen, der die Hypophyse aktiviert und kontrolliert, ist der **Hypothalamus.** Hier werden alle im Körper zirkulierenden Hormone registriert und genau bestimmt, welche Menge an neuen Hormonen ausgeschüttet werden muss und wann das geschieht. Nervenzellen des Hypothalamus produzieren ein Wasserhormon (Adiuretin), das den Wasserhaushalt reguliert. Ist im Körper zu wenig Wasser vorhanden, veranlasst der Hypothalamus, dass mehr Wasserhormon gebildet wird und du Durst bekommst. Wenn

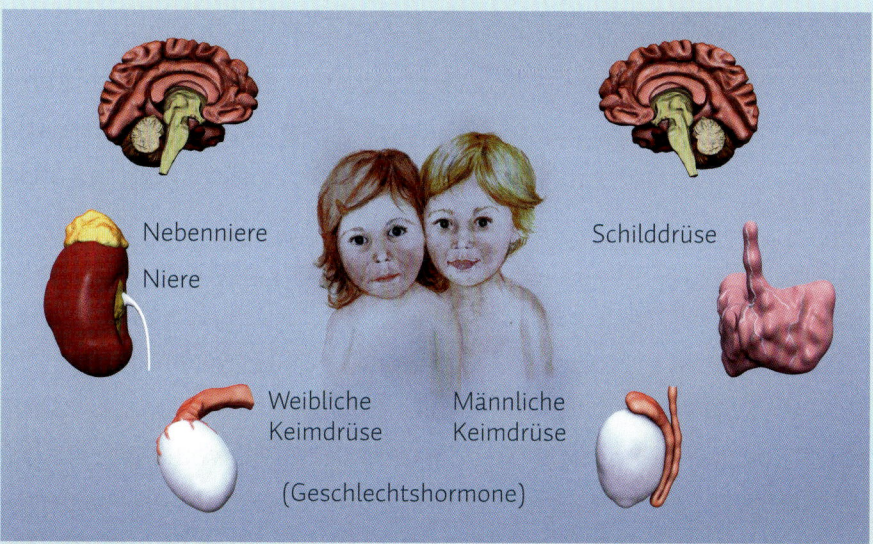

Nebenniere

Niere

Schilddrüse

Weibliche
Keimdrüse

Männliche
Keimdrüse

(Geschlechtshormone)

Zentrale Steuerung der Hormone durch die Hypophyse

du viel Wasser getrunken hast, wird das Hormon wieder ge-
bremst und Wasser aktiv über die Nieren ausgeschieden. Das
heißt: Du musst dann ganz schnell auf die Toilette.

Nebennieren Deine Niere besteht aus zwei Nebennieren, die
quasi jeweils als Dach auf den Nieren liegen und stark mit Gefäßen und Nerven versorgt sind. Die Nebenniere produziert
ihre Hormone in der Nebennierenrinde und im Nebennierenmark. Fast alle Hormone der Nebenniere nennt man **Stresshormone**, die den Körper bei Gefahr schützen. Natürlich wirken sie
auch, wenn keine Notlage droht.

Kortisol Das ist ein lebenswichtiges Hormon, das in der Nebennierenrinde unter anderem aus Cholesterin gebildet wird.
Es verringert entzündliche und allergische Reaktionen, regelt
auch den Wasserhaushalt und verringert die Wasserausschei-

dung bei Durst sowie aktiviert vor allen Dingen bei Stress die im Körper gespeicherten Energiereserven, zum Beispiel indem es den Zuckerspiegel im Blut steigert. Kortison ist ein chemisch veränderter Abkömmling von Kortisol und eines der bekanntesten entzündungshemmenden Medikamente.

Katecholamine Deine »Energiehormone«, die Katecholamine, werden im Nebennierenmark gebildet. Sie mobilisieren die Energiereserven des Körpers, nämlich Fette und Zucker (Glukose) aus ihren »Lagern«, die dann in die Blutbahn ausgeschüttet werden. Das Nebennierenmark, das sich aus dem Nervensystem entwickelt hat und vor allem aus Nervenzellen besteht, produziert Stresshormone und schickt sie bei Alarm in die Blutgefäße. Sie bereiten den Körper auf Kampf oder Flucht vor. Dein Herz schlägt schneller und dein Blutdruck steigt an, damit alle lebenswichtigen Organe mit Energie versorgt werden.

Weibliche Geschlechtshormone

Diese werden in den Eierstöcken gebildet und fördern beim Mädchen die Entwicklung der weiblichen Geschlechtsmerkmale.

Östrogen Dieses Hormon wird auch bei männlichen Lebewesen in geringen Mengen in der Nebennierenrinde und im Hoden produziert. Das Östrogen sorgt dafür, dass sich bei Mädchen Brüste und Schamhaare entwickeln, die sogenannten weiblichen Geschlechtsmerkmale. Bei geschlechtsreifen Mädchen sorgt es dafür, dass etwa alle vier Wochen ein Ei im Eierstock reift und durch den Eileiter in die Gebärmutter wandert. Auf seinem Weg dorthin kann es von einem männlichen Samen befruchtet werden. Östrogene verändern den Schleimpropf im Gebärmutterhals so, dass die Spermien, so heißen die männlichen Samen, leichter hindurchwandern können. Die Hormone wirken auch auf den Stoffwechsel und die Knochenbildung.

Gestagen Ist das Ei befruchtet worden, bereitet Gestagen die Schleimhaut der Gebärmutter vor, damit sich das Ei dort besonders wohlfühlt und einnistet und verhindert, dass noch ein Ei heranreift. Wenn es zu keiner Befruchtung gekommen ist, bringt Gestagen die Gebärmutterschleimhaut wieder in den Originalzustand. Das Ei wird abgestoßen und es blutet aus der Scheide. Man spricht von der monatlichen Periode oder Regel.

Männliche Geschlechtshormone

Testosteron Das männliche Sexualhormon wird im Hoden gebildet, bei Frauen geringfügig in der Nebenniere und den Eierstöcken. Es aktiviert das Wachstum der Geschlechtsorgane, vor allem Penis und Hodensack, ist prägend für Körperbau, Muskulatur und Größe des Kehlkopfes und löst den Stimmbruch aus. Bei geschlechtsreifen Jungen ist es dafür zuständig, dass sich die Samenzellen im Hoden bilden, und ist auch beim Geschlechtstrieb beteiligt.

Tabellen & Fakten

Mineralstoffe

Mineralstoff	Wirkung	Hauptlieferanten
Kalzium	Aufbau von Knochen und Zähnen, bedeutsame Rolle bei der Blutgerinnung, Muskelaktivität und Reizübermittlung	Milch, Joghurt, Käse, Gemüse (Spinat, Grünkohl, Brokkoli, Lauch), Hülsenfrüchte, Nüsse
Eisen	wichtige Rolle bei der Bildung von roten Blutkörperchen; zu viel schädigt Leber und Herz	Fleisch, Hülsenfrüchte, Brot, Wurst, Weizenkeime, Gemüse (Erbsen, Spinat)
Jod	unentbehrlich für die Bildung von Schilddrüsenhormonen; beeinflusst so den Energieumsatz, das Wachstum und die Wärmeregulation	Seefisch (1- bis 2 mal pro Woche), Milch, Milchprodukte, mit Jodsalz gewürzte Nahrungsmittel wie Brot, Käse, Wurst
Magnesium	wichtiger Baustoff für Knochen und Zähne, Steuerungsfunktion bei Muskeln und Nerven; beteiligt am Aufbau von Enzymen	Vollkornprodukte, Kartoffeln, viele Gemüsearten (besonders Hülsenfrüchte), Milch, Milchprodukte, Geflügel, Fisch, Bananen
Selen	zusammen mit Vitamin E Zerstörer von freien Radikalen, verringert das Krebsrisiko (Überdosierung allerdings sehr gefährlich!)	Fleisch, Linsen, Fisch, Eier, Spargel
Zink	wichtig für das Immunsystem, Rolle bei der Produktion von Keratin, einem Stoff in Haut, Haaren und Nägeln	Fleisch, Michprodukte, Eier, Hülsenfrüchte, Vollkornprodukte

Quelle: Deutsche Gesellschaft für Ernährung e. V. (DGE),
»Die Nährstoffe – Bausteine für Ihre Gesundheit«, Bonn 2011.

Register der Heilpflanzen

Sachregister

Erklärung der Bilddoppelseiten

Seite 14/15 Welch wundervoller Stern! Oder ist es die Sonne? Nein, hier siehst du die Gefäße deiner Netzhaut im Auge in Orange und Lila. Sie kommen aus deinem Sehnerv heraus, dem sogenannten »blinden Fleck«.

Seite 46/47 Keine Höhlen und auch kein Schweizer Käse. Korallen sind es auch nicht. Es sind kleine Balken, kleine Knochenbälkchen in deinem Skelett.

Seite 76/77 Das sind keine Streichholzköpfe – auch wenn du das nicht für möglich hältst. Hierbei handelt es sich um »Speichelzellen« deines Gehirns. In diesen Sekretzellen wird die Gehirn-Rückenmarksflüssigkeit (Liquor) gebildet.

Seite 104/105 Dies sieht fast aus wie indianischer Schmuck oder der erste Schritt eines Menschen auf dem Mond. Dieser Mond ist aber in dir. Es ist eine Struktur in einer Zelle: der Golgi-Apparat. In ihm werden neu gebildete Eiweiße und Fett verpackt zum Weitertransport. Sozusagen eine Eiweiß-Fett-Fabrik.

Seite 162/163 Dieses wunderbare Riesen-Gebilde ist noch viel, viel kleiner, als du es dir überhaupt vorstellen kannst. Kleiner als jede Zelle. Es ist das Kraftwerk deiner Zellen, das Traubenzucker und Fettsäuren in Energie umwandelt: ein Mitochondrium.

Seite 204/205 Ein blühendes Blumenbeet ist es nicht, obwohl sich eine Blume darin verbirgt. Es ist die Iris des Auges.

Seite 234/235 Ein Oktopus? Nö, falsch geraten. Das ist eine Nervenzelle aus deinem Gehirn.

Seite 272/273 Dieser Bandwurm ist gar kein Bandwurm. Es ist eine Eiweiß-Kette, die in der »Druckerei« deiner Zelle – dem Ribosom – sozusagen »gedruckt«, also hergestellt wird (Eiweiß-Synthese).

Die Quellen der übrigen Abbildungen

Alle medizinischen Sachillustrationen fertigte Stefan Paintner an, mit Ausnahme der nachfolgend aufgelisteten Bilder:

Professor Dietrich Grönemeyer, Bochum 152 oben + unten; 288 rechts; 289–292

Agentur Focus, Hamburg D. Phillips/Science Photo Library 14/15; NIBSC/SPL 19; Dr. Gary Gauglwer/SPL 18

Susumu Nishinaga/SPL 46/47; Steve Gschmeissner/Science Photo Library 76/77, 208/209; Science Photo Library 104/105; Hybrid Medical Animation/Science Photo Library 162/163, 272/273; Edelmann/Science Photo Library 234/235; Mehau Kulyk/Science Photo Library 286; D. Roberts/Science Photo Library 288 links

Okapia, Frankfurt Michael Ross/NAS 82 links

Pixelio, München Maria Lanznaster 120; D. Lange 135 unten

Roland Verreet, Aachen 136 rechts

Sebastian Seidl, Altdorf 212

Angelika Salomon, Spalt 260 oben + unten, 283

Simone Paintner, Köln 311 (Kinder)

Prof. Dietrich Grönemeyer, geboren 1952, ist der wohl bekannteste Arzt Deutschlands, Bestseller-Autor und »Vater« des »kleinen Medicus«. Der emeritierte Professor des Lehrstuhls für Radiologie und Mikrotherapie an der Universität Witten / Herdecke wurde 2013 zum Professor für Gesundheitswirtschaft an die Steinbeis Hochschule in Berlin berufen. 1997 gründete er das Grönemeyer-Institut für Mikrotherapie in Bochum. Er plädiert für Gesundheitsunterricht an Schulen und hat sich u. a. als Autor so erfolgreicher Bücher wie *Mensch bleiben, Lebe mit Herz und Seele* und *Wir Besser-Esser* einen Namen gemacht, zudem das Gesundheits-Musical *Der kleine Medicus* und das Mitmach-Theater *Medi-Circus* geschrieben und auf Deutschlands Bühnen gebracht, jetzt auch einen internationalen Kinofilm. Die Bücher *Der kleine Medicus* und *Die neuen Abenteuer des kleinen Medicus* begeistern Kinder wie Eltern gleichermaßen und transportieren wichtige Botschaften Grönemeyers: Hightech und Naturheilkunde müssen mit fürsorglicher liebevoller Medizin verbunden werden, im Mittelpunkt steht der Mensch.

DRESSLER · Andrea Janssen

Hörst du, wie Nanos Herz schlägt?

Prof. Dietrich Grönemeyer
Der kleine Medicus
Hörspiel mit Musik.
2 CDs. Laufzeit ca. 131 min.
Ab 8 Jahren.
ISBN 978-3-7915-0751-4

Der kleine Medicus geht ins Ohr: jetzt könnt ihr auch per Hörspiel mitfiebern, wenn die mikrotisierten Bodynauten Nano und Lilly im menschlichen Körper auf Entdeckungsreisen gehen und dabei gegen fiese Roboter und den üblen Professor von Schlotter kämpfen. Super spannend vertont, mit verteilten Rollen, Musik und atmosphärisch gelungener Geräuschkulisse.

DRESSLER

Auch als Buch und E-Book erhältlich. Weitere Informationen unter:
www.der-kleine-medicus.de und *www.dressler-verlag.de*

Reiseführer durch den menschlichen Körper

Prof. Dietrich Grönemeyer
Der kleine Medicus
Mit farbigen Fotos, Illustrationen
und farbigen Filmbildern.
352 Seiten. Ab 10 Jahren.
ISBN 978-3-7915-0742-2

Nano und seine Freunde haben eine Fitness-Kur gemacht: frisch über-
arbeitet, mit ganz viel neuem Wissen und in neuem Look sind sie wieder in spannender Mission unterwegs. Als mikrotisierter Bodynaut
kämpft der kleine Medicus gegen fiese Roboter und erklärt ganz ne-
benbei wie der menschliche Körper funktioniert. Natürlich mithilfe
vom »großen Medicus«, Prof. Grönemeyer.

DRESSLER

Auch als E-Book und als Hörspiel erhältlich. Weitere Informationen unter:
www.der-kleine-medicus.de und www.dressler-verlag.de

Nano im Kino – Das filmreife Bodynauten-Abenteuer

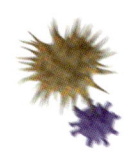

Prof. Dietrich Grönemeyer
**Der kleine Medicus –
Das Buch zum Film**
Mit vielen farbigen Filmbildern.
144 Seiten. Ab 8 Jahren.
ISBN 978-3-7915-0744-6

Prof. Dietrich Grönemeyer
**Der kleine Medicus –
Das Original-Hörspiel zum Film**
1 CD. Mit Christiane Paul, Malte Arkona,
Bernhard Hoëcker u. a., ca. 80 min.
Ab 6 Jahren. ISBN 978-3-7915-0753-8

Hollywoodstar kleiner Medicus: Nano und Lily machen sich – mikroskopisch klein geschrumpft – in einem Mini-U-Boot auf gefährliche Reise durch den Körper von Nanos Opa Erwin. Dem hat Professor Schlotter nämlich einen Roboter injiziert. Nun kämpfen sie mithilfe von Laborkaninchen Rappel zwischen Magensäure und Killerzellen gegen den fiesen Gobot. Doch der Sauerstoff wird knapp.

Das Buch zum Film mit Kinobildern und das Original-Hörspiel mit Filmmusik, echtem Kino-Sound und bekannten Synchronsprechern.

DRESSLER

Auch als E-Book erhältlich. Weitere Informationen unter:
www.der-kleine-medicus.de, www.der-kleine-medicus-film.de und *www.dressler-verlag.de*